余秋雨 著

给青少年的
中國文化課

① 了解这些难题

北京联合出版公司
Beijing United Publishing Co.,Ltd.

作者近影。2019 年 11 月 21 日，马兰摄

中国当代文学家、美学家、史学家、探险家。

一九四六年八月生，浙江人。早在三十岁之前，就独自完成了《世界戏剧学》的宏大构架。至今三十余年，此书仍是这一领域的权威教材。

二十世纪八十年代中期，因三度全院民意测验皆位列第一，被推举为上海戏剧学院院长，并出任上海市中文专业教授评审组组长，兼艺术专业教授评审组组长。曾任复旦大学美学博士答辩委员会主席、南京大学戏剧博士答辩委员会主席。获"国家级突出贡献专家"、"上海十大高教精英"、"中国最值得尊敬的文化人物"等荣誉称号。

在担任高校领导职务六年之后，连续二十三次的辞职终于成功，开始孤身一人寻访中华文明被埋没的重要遗址。所写作品，往往一发表就哄传社会各界，既激发了对"集体文化身份"的确认，又开创了"文化大散文"的一代文体。

二十世纪末，冒着生命危险贴地穿越数万公里考察了巴比伦文明、克里特文明、希伯来文明、阿拉伯文明、印度文明、波斯文明等一系列重要的文化遗址。他是迄今全球唯一完成此举的人文学者，一路上对当代世界文明做出了全新思考和紧迫提醒，在海内外引起广

泛关注。

他所写的大量书籍，长期位居全球华文书排行榜前列。在台湾，他囊括了白金作家奖、桂冠文学家奖、读书人最佳书奖等多个文学大奖。在大陆，多年来有不少报刊频频向全国不同年龄的读者调查"谁是你最喜爱的当代写作人"，他每一次都名列前茅。二〇一八年，他在网上开播中国文化史博士课程，尽管内容浩大深厚，收听人次却超过了六千万。

几十年来，他自外于一切社会团体和各种会议，不理会传媒间的种种谣言讹诈，集中全部精力，以独立知识分子的身份完成了"空间意义上的中国"、"时间意义上的中国"、"人格意义上的中国"、"哲思意义上的中国"、"审美意义上的中国"等重大专题的研究，相关著作多达五十余部，包括《老子通释》、《周易简释》、《佛典译释》等艰深的基础工程。联合国教科文组织、北京大学等机构一再为他颁奖，表彰他"把深入研究、亲临考察、有效传播三方面合于一体"，是"文采、学问、哲思、演讲皆臻高位的当代巨匠"。

自二十一世纪初开始，赴美国国会图书馆、联合国总部、哈佛大学、耶鲁大学、哥伦比亚大学等处演讲中国文化，反响巨大。二〇〇八年，上海市教育委员

会颁授成立"余秋雨大师工作室";二○一二年,中国艺术研究院设立"秋雨书院"。

二○一八年,白先勇、高希均先生赴上海颁授奖匾,铭文为"余秋雨——华文世界最具影响力的一支笔"。

近年来,历任澳门科技大学人文艺术学院院长、香港凤凰卫视首席文化顾问、上海图书馆理事长。(陈羽)

给青少年的信

为厚厚的《中国文化课》出一个"青少版",是一件快乐而又艰难的事。

快乐,是因为惊奇地得知,有大量小朋友花费整整一年时间,天天收听我在网上播出的这门课程。人们告诉我:"六千万人次,年龄从八岁到八十岁。"八岁是太小了,就说十几岁的吧,也让我高兴。因为讲述文化的最终意义,恰恰就是面对年青一代,而他们,迟早又会改写我们的课程。这是一个充满生命活力的动态结构,标志着中国文化的创新主调。我在讲课时曾反复表述一个观点:"中国文化是一条奔流不息的大江,而不是江边的枯藤、老树、昏鸦。"现在好了,有那么多年轻生命大踏步地加入文化课程,我看到了"奔流不息"的前景,当然快乐。

但是,快乐背后是艰难。因为中国文化时间长、体量大、分量重,要为年轻人提供一个恰当的入门图谱,很不容易。所谓"恰当的入门图谱",也就是要在历史坐标和国际坐标中分得清轻重,抓得住魂魄。这件事,我在给博士研究生讲课时已经反复思虑,但是那样的课程对青少年来说毕竟太复杂、太深奥了。这就像把一副沉重的担子压在稚嫩的肩膀上,实在于心不忍。

就说我那本根据网上课程整理而成的《中国文化课》吧，洋洋六百五十页，即使放在成人的书架上都显得太抢眼了，当然更比年轻人书包里的其他书籍厚得多、重得多。每次看到很多不认识的孩子捧着这么一本大书坐在屋子一角慢慢地读，我总觉得心中有愧。能不能让他们所捧持的书本变得更轻便一点儿？

——正是这个想法，形成了这个"青少版"。

这个版本为年轻读者进入中国文化，划分出了三个方面的课题，标题很轻松：

一、了解这些难题；

二、记住这些名字；

三、熟读这些作品。

这三个方面的划分，等于在一个学术迷宫中为年轻人开出了三扇方便之门，指引了三条简捷之路。其中的划分逻辑，也适合青少年的心理节奏，相信他们更乐于接受。

相比之下，第一方面的课程要艰深一点儿，其中包含着不少连文化长辈都不敢触碰的难题。我把这些

难题放在最前面，不是吓唬你们，而是要用一种特殊的方式吸引你们。我相信，年轻人头脑单纯、干净，反而会使这些难题走向清晰。第二、第三方面的课题，是介绍中国文化的一些伟大创造者和他们的创造成果。我希望年轻读者对这些名字和这些作品从一开始就产生亲切感。你们在以后一定会了解更多的相关内容，但是唯有早年的亲切感，会滋润终生。

　　三个方面的课题分成三册出版，年轻读者可以选一册或两册来读，也可以把三册一一读完。在这之后再去啃我那部厚厚的《中国文化课》原本，就会方便得多。当然，也可以不再去啃。

　　我前面说了，不管是啃还是读，这门课程将来都会被你们改写。

　　最后，我还要感谢雕塑家吴为山先生。正是我在整理《中国文化课》的时候，应邀参观了他在国家博物馆举行的作品展，我看到其中有很多中国古代文化名人的塑像，就想作为插图收入书中。他一口答应，并立即请他夫人送来了塑像的照片。这次编青少年版，

仍然采用了其中一部分。这也就可以让青少年读者看到，在文化上，古代和当代有可能产生如何美好的形象沟通。

余秋雨

于 2020 年 1 月

目录

CONTENTS

第一节
"文化"是什么

对于拿起这本书的年轻朋友，我要先说几句话。我不知道你年龄多大，十二岁，还是二十岁，在进入"文化"这座山的山门之前，希望能够先停下步子，远远眺望一下这座山的整体气貌、高度、体量，最好还要端详一下竖立在山门外面的路线指示地图。如果既不眺望也不端详，一头就扎进了山里边，只是埋头看着石级一步步往前走，那就可惜了，因为你不知道自己的汗水洒落在大山的哪一条筋脉上，更不知道如何和眼前的岩石林木对话。

山路很多、很陡，足以耗去你的大量精力，但是，即便耗尽了，你还是没有领略大山的魂魄。

这正是在你之前，很多年长的文化人所毕生承受的悲剧。他们一辈子都在讲文化，却不知道文化究竟是什么。

我希望你不要成为这样的爬山者。

"文化"究竟是什么？

　　在回答这个问题之前，我们首先要明白，这座山确实很重要，它注定是我们安身立命的地方，既是我们的出发地，又是我们的归落处。

　　你们早已是网络一代。因此，你们在知识、信息、表述、接受、游戏、消遣上，与世界各地的同龄人已经没有多少区别。但是，你们依然与远方的同龄人有很大差异，这差异，就在于文化。这种差异，在你们一生中会有很多变化，但不会完全消失，直至你们生命的结束。

　　这也就是说，文化，是我们生命的基座。

　　那么，它究竟是什么呢？

　　它是"名校学历"吗？

　　很多人认为是。但遗憾的是，中外历史上真正的文化创造者，都谈不上"名校学历"，其中不少人反而选择了中途辍学。中国现代一些像样的文化创造者，像齐白石、沈从文乃至鲁迅，都没有像样的"学历"。相反，无数拥有"名校学历"的人，却没有创造出什么令人注意的文化成果。

　　它是"遗产知识"吗？

　　现在，越来越多的人认为文化是古典诗词、文物古董、历史故事。可惜，有一个事实否定了这种看法。你看，很多的"跨国婚姻"最终离异，理由大多是"文化差异"，但细问之下，没有一对夫妻是因为背诵不出几首唐诗、鉴别不了几件玉器而结束婚姻的。可见，"文化差异"的要点，与"遗产知识"无关。

它是"历史记忆"吗？

历来人们热衷的文化，似乎都与记忆有关。一个人，如果能随口说出几个年号，记得几句古话，就算是很有文化了。一位教授，如果背得出汉代一场战争的死亡人数，说得出宋代一个学者的生卒年份，就有可能被尊为"学术泰斗"。但是，现在不是已经到了电脑、互联网、大数据、人工智能的时代吗？小孩子随手一按都能一清二楚的东西，为什么还要通过死记硬背来证明文化之所在？如果把记忆方面的事情交给当代科技，那文化还剩下什么？

有人说，我们提倡的"历史记忆"，是中国文化的千年教言。他们会用一些古代词语来概括，例如"刚健有为"、"自强不息"、"己所不欲，勿施于人"等。但是，这些词语如果翻译成外文，那么，在国外的历史文献、宗教话语中都能找到意思相近的词语。既然如此，我们怎么能够告诉世界，这是中国文化独有的精神内涵呢？

……

以上所说的每一项，其实都属于文化，却只是文化的部件，无法单独来概括文化的本性。要把握文化的本性，我们不能"瞎子摸象"，东捞一把，西捞一把，而应该回到科学思维上。

按照科学思维，世上万事万物都离不开定义。定义能用简明的语言，说明各种事物的本性，并把它们与其他事物区分开来。

文化，当然也需要寻找定义。自从英国学者泰勒开了个头之后，陆陆续续冒出来两百多个文化的定义。其实总数还要大得多，只是这两百多个比较像样，因而被留下来了。这些定义都很长，我全都仔仔细细看了一遍。结论是：你们都不要去看了，因为看了一定会头疼。美国学者洛厄尔说，为文化下定义，"就像用手去抓空气，你抓不到，但它又无处不在"。

中国的学者们也给文化下了很多定义，这里只介绍一下它们的汇总状态，那就是我们的大型辞书《辞海》为文化下的定义。这个定义很长：

文化，广义指人类在社会实践过程中所获得的物质、精神的生产能力和创造的物质、精神财富的总和。狭义指精神生产能力和精神产品，包括一切社会意识形式：自然科学、技术科学、社会意识形态。有时又专指教育、科学、文学、艺术、卫生、体育等方面的知识和设施。作为一种历史现象，文化的发展有历史的继承性；在阶级社会中，又具有阶级性，同时也具有民族性、地域性。不同民族、不同地域的文化又形成了人类文化的多样性。作为社会意识形态的文化，是一定社会的政治和经济的反映，同时又给予一定社会的政治和经济以巨大的影响。

这个定义，总共有二百一十七个汉字，又用了二十六个标点符号。我不知道大家听了，有什么印象。我的印象是：好像每句都对，但加在一起后，我更不知道文化是什么了。当然，也不知道天下有什么东西不是文化了。

我这么说，一点儿也不是为难《辞海》。我曾受邀出任《辞海》的"正版形象代表"，当然没有理由与它过不去。但是，这样的定义，实实在在反映了我们在人文科学上的严重困境。因为《辞海》的每一个条目，是长期以来这一领域研究成果的权威性总结。总结成这个样子，确实让人沮丧。

似乎什么都说了，却又什么都没有说，而且所有的句子都是那么空洞、重复、缠绕，丝毫找不到明快的判断，更找不到文字的吸引力。必须尽快结束这种状态了。文化那么重要，我们岂能让大家一进门就在定义的泥淖里挣扎得疲惫不堪、浑身泥巴？

因此，我们必须从这种泥淖中跳出来，洗去污浊，打起精神，为文化设计一个简明而又宏观的定义。

那就等年轻的朋友静一静心，等我下次给你们讲述。有点儿深，但你们只要稍稍用心，就一定能够听得明白。

第二节
最短的文化定义

很多年前，我制定了一个文化的定义，在香港凤凰卫视《秋雨时分》的栏目中公布，征求海内外学者的意见。多年下来，评价都很正面。因此，我可以把它在这个课程中当作正式教案了。

我为文化制定的定义，肯定是全世界几百个文化定义中最简短的，总共只有三十个汉字：文化，是一种成为习惯的精神价值和生活方式。它的最终成果，是集体人格。

对于这个最短的定义，我需要做一番解释。我前面提到的跨国婚姻的离异事件，就与我们的定义有关，可以作为解释这个定义的起点。例如，我知道一桩跨国婚姻的最初裂缝。男方是中国人，女方是美国人，两人是大学同学，在美国结的婚。女方并不苛刻，但实在不理解丈夫为什么每年清明节必须回家扫墓。工作很繁忙，并非长假期，路途那么远，何必年年回？但男方想的是，父母已年迈，亲族都看着，不能不回来。这中间，就触及了中国人的一个精神价值——亲情伦理；而每年重复，又成了一种生活方式。这两个方面，都是女方难以理解的。

举了这个实例，再读一下我的定义，就非常好懂了："文化，是一种成为习惯的精神价值和生活方式。"这对夫妻因"文化差异"而离婚，也就可以理解了。从这个实例延展开去，大家想一想，哪一种文化不牵涉到精神价值和生活方式？

从根源上说，我们遥远的祖先不管是择水而居还是狩猎为生，最开始都只是为了生活。当生活稳定成习惯，也就变成了生活方式，而"方式"就是文化。

在一定的生活方式中，人们会逐渐处置自己与天地的关系，与家族的关系，与他人的关系，那就出现了精神价值。精神价值一出现，文化就有了主心骨。

历史发展到今天，什么是中国文化？答案是中国人的精神价值和生活方式。例如，儒家伦理、诗词歌赋主要属于精神价值；几大菜系、中医中药主要属于生活方式。在中国文化的大盘子里，什么是山西文化？什么是上海文化？那就是山西人、上海人的精神价值和生活方式。再进一步，什么是八〇后文化、九〇后文化？是指不同年龄层的人的精神价值和生活方式。

很多文化人讲文化，却故意避开了文化的基本架构。他们对上，不问鼎精神高度；对下，又看不起衣食住行，一直在故作艰深的咬文嚼字中做着"小文化"、"死文化"。他们把文化大架构的一些边边角角拿来冒充文化的主干梁柱，使民众产生了极大的误会。我的文化定义，可以帮助他们重新出发，上精神之天，入生态之地，以新的活力创造新的文化。

现在要说下半句："它的最终成果，是集体人格。"

精神价值和生活方式经过长时间的沉淀，一定会结晶出一个东西来。这个东西，就是集体人格。

人格，指的是一个人的生命格调和行为规范。集体人格，是指一批人在生命格调和行为规范上的共同默契。这种共同默契不必订立，而是深入到潜意识之中，成为一种本能。

这个学术深度，最先是由大家熟悉的弗洛伊德创建的。他提出的"集体无意识"，已经打了一个基础。更重要的是，他的学生和对手荣格（Carl Gustav Jung，1875—1961），明确得出结论：一切文化最终都会沉淀为人格。荣格又说，对人类各民族而言，更重要的是集体人格。

荣格以歌德的作品《浮士德》为例，说明浮士德就是德意志民族集体人格的象征。这种集体人格是由文化沉淀出来的，早就存在，歌德只是把它写出来罢了。因此荣格讲了一句著名的话："不是歌德创造了浮士德，而是浮士德创造了歌德。"

在这里，荣格把"浮士德"当作一种集体人格的象征体。同样，中国文化的最后成果，也不是一大堆书，而是一大批人。也就是说，是中国人的集体人格。

荣格关于集体人格的说法，被一个比他小六岁的中国人听到了，那就是鲁迅。鲁迅也希望为中国人寻找集体人格，那时候他说的是"国民性"。他找到了一个"国民性"的象征体，那就是阿Q。除阿Q之外，鲁迅在《孔乙己》、《药》、《故事新编》等作品中，都在寻找"国民性"，也就是中国人的集体人格。在这一点上，中国现代作家中没有一个比得上他。

大家一定会说，鲁迅所寻找到的集体人格，都带有很大的负面性。确实，这也正是鲁迅对中国文化的严厉解剖。因为按照荣格的理论，阿Q、孔乙己正是中国文化沉淀出来的结晶体。鲁迅明白，改造国民性，提升阿Q、孔乙己等人所象征的集体人格，才是中国文化的出路。

鲁迅

说到这里，大家也就明白了我的文化定义所包含的三个关键词：精神价值、生活方式、集体人格。

作为组成文化含义的精神价值和生活方式，在早期时间顺序上，是生活方式在前，精神价值在后。但当精神价值一出现，文化就有了主心骨。文化定义的精华，是"集体人格"这个概念。它使文化找到了终极归结点，那就是人。

年轻的读者朋友们，把人作为文化的归结点，也就构成了一个重要组合，那就是"人文"。我们课程所说的文化，核心就是"人文"。这一点，中外高层文化思维几乎殊途同归。中国两千多年前的《周易》就说："文明以止，人文也"，"观乎人文，以化成天下"。欧洲文艺复兴时期为反对中世纪的神权和禁欲主义提出过人文主义。直到今天，"人文关怀"、"人文精神"、"以人为本"，仍然应该成为你们认识多种文化的终极指引。

第三节

神话：集体人格的“故乡”

我们已经明白，“集体人格”是文化的最终沉淀。但是，各种“集体人格”并不是形成于近代、现代，最早的种子，可能在神话中就播下了。每个古老的民族都有很多“大神话”和“小神话”，按照荣格的一个漂亮说法，正是神话，使得多种文化的“集体人格”都找得到“故乡”，成了“有故乡的灵魂”。

中国人的集体人格也是有“故乡”的。那“故乡”，首先来自神话，例如“女娲补天”、“精卫填海”、“夸父追日”、“嫦娥奔月”等等。每一个中国人的灵魂深处，都埋藏着这些遥远的“故乡”。

按照文化人类学的观念，传说和神话虽然虚无缥缈，却对一个民族非常重要，甚至可以成为一种历久不衰的“文化基因”。这在中华民族身上尤其明显，谁都知道，有关黄帝、炎帝、蚩尤的传说，决定了我们的身份；有关补天、填海、追日、奔月的传说，则决定了我们的气质。这两种传说，就文化而言，更重要的是后一种神话传说，因为它们为一个庞大的人种提供了鸿蒙的诗意。

在远古时代，神话是祖先们对于内心愿望的天真组建。这种组建的数量很大，其中如果有几种长期流传，那就证明它们契合了一个民族数代人的共同愿望。时间一长，也铸就了整个民族的性格。

中国古代的神话，我分为两大系列：一是宏伟创世型，二是悲壮牺牲型。

盘古开天、女娲补天、羿射九日，都属于宏伟创世型；而精卫填海、夸父追日、嫦娥奔月，则属于悲壮牺牲型。这中间，女娲补天、精卫填海、夸父追日、嫦娥奔月这四则神话，具有很高的审美价值，足以和世界上其他古文明中最优秀的神话媲美。

年轻的读者朋友们小时候一定听家长和老师讲过这些神话故事，但是我今天要提醒大家，这种神话故事和我们听过的其他故事很不一样。其他故事也许更有趣、更好听，但这些故事却隐藏着中国人的精神秘密。

因此，我希望年轻的读者朋友们面对这些熟悉的故事换一副严肃的心情，听我对它们做一番郑重的解释。

先说"补天"。主角是一位遥远而又伟大的女性：女娲。

在漫长的历史过程中，世道经常会走到崩溃的边缘。很多人面对天崩地裂的灾难，会逃奔、诅咒、互伤，但总有人会像女娲那样，站起来，伸手把天托住，并炼就五色石料，进行细心修补。要知道，看着已经濒于崩溃的世道快速灭绝而不去阻止，或落井下石，都不困难，而要炼石修补则难上加难。但在华夏土地上，请相信，一定会有这样的人站出来。

文明的秩序，并不是一旦创建就会永享太平，也不是一旦破裂就会全盘散架。天下是补出来的，世道也是补出来的。最好的救世者也就是最好的修补匠。

后代很多子孙，要么谋求改朝换代，要么试图造反夺权，虽然也有自己的理由，却常常把那些明明可以弥补、改良的天地砸得粉碎，一次次让社会付出惨重的代价。结果，人们看到，许多号称开天辟地的救世英雄，很可能是骚扰民生的破坏力量。他们为了让自己的破坏变得合理，总是竭力否定被破坏对象，甚至彻底批判试图补天的人物。久而久之，历史上就普及了一种破坏哲学，危害颇深。

面对这种情况，补天，也就变得更为艰难，又更为迫切。

但是，既然有过了女娲，那么，在华夏土地上，补天是基本逻辑。

再说"填海"。

这是华夏文明的又一种主干精神。小鸟精卫衔石填海的起点是复仇，但是复仇的动机太自我，支撑不了一个无限宏伟的行为。终于，这个神话的精神体量在传播的过程中越来越大，使之全然转化成了为人间消灾的高尚动机，产生了真正的伟大。

更重要的是，这个神话歌颂了一种任何人在有生之年看不到最终成果的行动。小鸟衔石填海，以日日夜夜的点点滴滴，挑战着无法想象的浩瀚和辽阔。一开始，人们或许会讥笑这种行为的无效和可笑，但总会在某一天突然醒悟，发现了一些更大的课题：在这样可歌可泣的生命投入中，最终成果还重要吗？而且，什么叫作最终成果？

海内外有不少学者十分强调华夏文明的实用性原则，我并不完全同意。大量事实证明，华夏文明更重视那种非科学、非实用的道义原则和意志原则，精卫填海的神话就是一个雄辩的例证。由此，还派生出了"滴水能穿石"、"铁杵磨成针"等相似的话语。这几乎成了中国民间的信仰：集合细小，集合时间，不计功利，终能成事。

如果说，类似于补天救世的大事不容易经常遇到，那么，类似于衔石填海这样的傻事则可能天天发生。把这两种精神加在一起，就是华夏文明能够在世界所有古文明中唯一没有中断和灭亡的原因之一。

再说"追日"。

一个强壮的男子因好奇而自设了一个使命：追赶太阳。这本是一个近乎疯狂的行为，却因为反映了中国人与太阳的关系而别具深意。

在"天人合一"的中国文化中，太阳和男子是平等的，因此在男子心中不存在强烈的敬畏。在流传下来的早期民谣中，不难发现人们与自然物对话、对峙、对抗的声音。这便是中国式的"人本精神"。

这位叫夸父的男子追日，是一场艰苦和兴奋的博弈。即便在博弈中付出生命代价，他也毫不在乎。追赶就是一切，追赶天地日月的神奇，追赶自己心中的疑问，追赶自身力量的底线。最后，他变作了一片桃林。

我想，不应该给这个神话染上太重的悲壮色彩。想想这位男子吧，追不着的太阳永在前方，扑不灭的自信永在心中，走不完的道路永在脚下。在这个过程中，天人之间构成了一种喜剧性、游戏性的互诱关系。这个过程也证明，"天人合一"未必是真正的合一，更多的是互相呼应。而且，很有可能永远也不能直接交集。以此类推，世间很多被视为"合一"的两方，其实都是一种永久的追逐。

最后，要说"奔月"。

一个叫嫦娥的柔雅女子投入了一次壮美的远行，远行的目标在天上，在月宫。这毕竟太远，因此这次远行也就是与人间诀别。

有趣的是，所有的人都可以抬头观月，随之也可以凭着想象欣赏这次远行。欣赏中有移情，有揣摩，有思念，让这次远行有了一种关及月下万民的心理背景。

"嫦娥应悔偷灵药，碧海青天夜夜心。"这"夜夜心"，是嫦娥的，也是万民的。于是，这则神话就把蓝天之美、月亮之美、女性之美、柔情之美、诀别之美、飞升之美、想象之美、思念之美、意境之美全都加在一起了，构成了一个"无限重叠型的美学范式"。

这个美学范式的终点是孤凄。但是，这是一种被万众共仰的孤凄，因此也不再是真正的孤凄。

也就是说，万众的眼、世人的嘴，能把最个人的行为变成群体行为，甚至把最隐秘的夜半出逃变成众目睽睽下的公开行程。

这一则奔月神话还典型地展现了中国文化的诗化风格。相比之下，世界上的其他文化所产生的神话往往更具有故事性。他们的神话中也会有诗意，却总是立即被太多的情节所填塞，诗意也就渐渐淡去。

请看，奔月，再加上前面说到的补天、填海、追日，仅仅这几个词语，就洋溢着最壮阔的诗意。而且，这种诗意是那么充满运动感，足以让每一个男子和女子都产生一种行为欲望，连身体手足都会兴奋起来。

这种最苍老又最不会衰老的诗意，已经植入每一个中国人身上。

第四节
文明的门槛

在享受古老的诗意之后，我们就要进入严肃的历史思维之中了。

中国文化，作为一种宏大的精神价值和生活方式，作为一个庞大人种的集体人格，究竟是什么时候产生，什么时候成形，什么时候跨进文明门槛的呢？在这些时候，世界上还有别的文化吗？它们是什么样子，在做什么？中国文化与它们相比，处于什么地位？

大家一听就知道，这些问题很遥远，因此一定是依稀朦胧，缺少实证，带有很多猜测成分的。怪不得，历来的很多考古学家都是诗人。

那些人从考古现场抬起头来，告诉我们一些判断。这些判断也容易被推翻，我们不着急，等他们继续慢慢发掘，慢慢协调，慢慢吵架。

现在大致可以说，对于尚未跨入文明门槛的中国，大概可以留下三个方面的朦胧印象。

第一印象，古代"中国人"的来源，分两拨：一拨是本土的，由直立人进化而来，时间应该是一百多万年前了；一拨是外来的，从考古 DNA 发现，有可能来自非洲，那应该是五六万年前的事了。过来的路线，先到中东，经过东南亚，再到中国这个地方。

第二印象，大概在两万年前，由血缘关系组成了相对固定的氏族集团。一万年前，由被动的采摘、狩猎，进入主动的农业种植。对于这个漫长的时期，后代常常用一些开天辟地的创世神话来描述，除了前面所讲的女娲，还有伏羲、盘古、有巢氏、燧人氏等美好形象。在这过程中，渐渐进入定居的生活，有过一段人人平等、共同消费的"大同"形态。后来由于贫富分化、战争掠夺，氏族渐渐联合成部落，产生了部落首长。

第三印象，部落首长带领民众，保护民众，又受到民众的崇拜。中国没有像世界其他古文明那样长期由祭司们来执掌外力崇拜，而只是投入现世崇拜，崇拜那些确实存在于大地上的部落首长。崇拜需要有美好的传说，因此从五千年前开始，进入了以传说来崇拜部落首长的时代。这些被崇拜的部落首长，确实都是既有责任心，又有创造力的杰出人物，如黄帝、炎帝、尧、舜、禹。其中还有一个蚩尤，曾经被污名化，其实也顶天立地。因此，历史上所说的"传说时代"并不虚无缥缈，而是有几个伟大的现世领袖把中华民族带向了文明的门槛前面。这个时代经历了大概八百年，是一个让后代每次回想都心存敬仰的时代。

正是这八百年，让几千年后这片土地上的民众都把自己称为"炎黄子孙"。

我有幸，应炎帝归息地湖南株洲之邀，为炎帝陵纪念塔书写碑文；又应黄帝出生地河南新郑之邀，连续多年担任"黄帝文化国际论坛"主席。两位五千年前的伟大王者，至今还在被隆重纪念，而且年年纪念，我实在为我们这个民族感到骄傲。

其实，炎帝与黄帝之间也发生过战争。炎帝是一个深接地气的农业科学家，打不过骑在马上更有未来意识的黄帝。历史上的战争，并不都是发生在正反两面，极有可能是伟大与伟大的对阵，炎黄之战就是最经典的例证。黄帝与蚩尤也打过，但是不管哪一方，都对中华民族做出了巨大贡献。

文明的起跑，非常重要。炎帝、黄帝和其他王者所带领的文明起跑，决定了奔跑的方向、方式、力度，然后在尧、舜、禹的接力下，中国人终于跨越了文明的历史门槛。

跨越的时间，应该是四千二百年前。大家算一算，炎帝、黄帝出现在五千年前，一代代经过八百年"传说时代"的热身和起跑，正好来到四千二百年前，也就是公元前二十一世纪。这很好记，因为我们现在是二十一世纪，一前一后都是二十一世纪，好像一张纸对折了一下。

公元前二十一世纪，正是中国朝代纪元的一个重要起点，也是夏朝的开始。夏朝的具体情况，我们期待着更多的考古发现，但心里却已明白，门槛在哪里。

跨越文明的门槛，是一件真正的大事。跨越没跨越，有几项全世界公认的入场标准。对此，我需要简单介绍一下。

跨越门槛的第一个标准，是看有没有青铜器。青铜器，在人类发展中处于重要地位。人之为人，使用工具是关键，而由石器工具上升为金属工具，是文明程度的一大飞跃。先是用红铜，后来发现在红铜中加锡而成的青铜，能大大提高硬度，熔炼出优质的工具和武器，于是就得到了广泛使用。从埃及、两河流域和印度河流域的考古来看，一切古文明都经历过"青铜时代"。而中国，在公元前二十一世纪进入夏朝时，就拥有了青铜器，而且越来越精美。

跨越门槛的第二个标准，是看有没有比较成形的制度。中国到夏朝，出现了世袭分封制的国家形态，形成了崇拜祖先、遵守等级的礼制雏形。

跨越门槛的第三个标准，是看有没有创造文字。世界上也有一些族群长久没有文字，但对中国这么一个庞大的文化实体来说却不能没有。中国在夏朝建立之前四百年就已经有了文字，到了夏朝，已经有了比较完整的甲骨文。

这三个标准，中国在四千二百年前都已具备，因此，跨越发生了，门槛进入了。中国文化，就此正式进入文明史。

这个门槛，是一个重大的分水岭。

对此，我可以做一个小小的对比。我的家乡是浙江余姚，那里有一个著名的河姆渡遗址，那是我们祖先最早种植水稻的地方之一，已有七千年历史。水稻当然很重要，但人们在那里没有见到青铜器和文字的遗迹，制度也不可考，因此只能算是"史前文化"，也就是跨越门槛之前的文化。正是在河姆渡之后的两千年，炎帝、黄帝开始引领祖先们起跑。

第五节
我们排第几？

中国文化终于跨越了。我们不能不问，中国的跨越，在全世界是第几名？

很多年轻朋友天真地希望在古代世界，什么都是中国第一，更何况是跨越文明门槛这样的排名。但是很遗憾，中国肯定不是第一，也不是第二。是不是第三，还有待商榷。

第一名、第二名是谁？是巴比伦文化和埃及文化。它们两个由谁排在前面，国际学术界观点不一。我经过比较和犹豫，选了巴比伦第一，埃及紧随其后。这两种文化跨越的时间比较靠近，都比中国文化早了一千多年。

巴比伦文化，也可以从地理方位上称之为美索不达米亚文化，即两河文化。哪两条河？幼发拉底河、底格里斯河。这是最早流入小学历史课本的河。在中国文化跨越文明门槛之前，这里已经创造了楔形文字，建立了城邦，制定了法典，发明了耕犁，冶炼了青铜，甚至已经开始研究数学和天文学。

尼罗河边的埃及文化也跨越得早。在中国文化跨越门槛的一千年前，上埃及和下埃及获得了统一，以国家形态建立了法老专制，创造了象形文字，然后一步步建造了至今仍震撼人心的金字塔、女王殿、帝王谷和太阳神庙。

印度文化也可以称作两河文化，指的是印度河和恒河。就早期而言，印度河更重要。这种文化的成熟期，应该与中国文化差不多，都在巴比伦文化和埃及文化的千年之后。因此，谁是第三名，谁是第四名，常常很难定夺。但是，自从我在二十世纪末的一天深夜，冒险穿过辽阔的恐怖主义地区，来到巴基斯坦信德省的摩亨佐－达罗（Mohenjo-daro）遗址，想法变了。早在中国文化跨越门槛之前，那里居然有了相当完整的城市设施，连排水系统、浴池、会议厅、防御塔，都一应俱全，也有了青铜器和纺织业。

当然，中国文化的遗址，特别是跨越文明门槛前后的遗址，还在被不断发掘出来，我只要一听到信息就会赶过去实地考察。但到目前，我还是把中国文化跨越门槛的时间，放在第四位。

第四位就第四位吧，而我又要紧接着论定：唯有这第四位，不间断地延续到今天。

对于这个论定,我曾以生命进行体验。我冒险贴地穿行数万公里的恐怖荒原,亲自考察其他三大古文化的现场遗留,来感知各种不同的湮灭状态和中断状态。

先说我考察的第一种古文化——巴比伦文化。

这个人类古文明的第一胜地,是一个永久的战场。战争哪儿都会有,但是这个地方却不一样,一马平川,水草丰美,土地肥沃,似乎每时每刻都在吸引着一切掠夺者和征服者的目光。因此,这里永远是战马奔腾、杀声震天。更麻烦的是,这片诱人的土地缺少地理纵深,缺少回旋余地,缺少山川障碍,因此在频繁的战乱中就很难保存文化了。它的文字、法典、耕犁、数学,以及城邦,一次次被踩在马蹄之下。有的入侵者生怕当地人保存文化记忆,还会挖开大河的堤岸来一次次冲刷。那两条大河,即使不挖开堤岸也会经常洪水泛滥,成为战争的帮凶。因此,那儿从古到今,都充满着不安全感,永远可以听到在血泊、硝烟中流浪的凄楚歌声。

我在巴比伦文化遗址考察的感受颇为哀伤,有兴趣的年轻朋友可参阅我的《千年一叹》。

相比之下,中国文化太幸运了。在地理上,中国西北部和西南部都有世界级的高山,而北部是沙漠,东部是大海,外敌不容易入侵。内战虽然很多，但内战双方都只想把持中国文化而不是消灭中国文化，因此没有文化上的存废忧虑。而且，中国幅员辽阔，遇到战争和自然灾害也有流转和迁徙的足够空间。正是这种流转和迁徙，保存了文化。

再说第二种，埃及文化。

埃及文化的失落，最让人震撼的是人种和血缘的失落。建造金字塔、女王殿、帝王谷、太阳神庙的杰出英才们，他们的后代到哪儿去了？

我说过，文化的最终成果是集体人格，也就是具有共同遗传因子的血脉人群。因此，法老的文化遗产并不仅仅是那些巨石和殿阙，更重要的是血缘人群。在埃及，这个话题比较悲凉，目睹一批又一批的外来人带着自己的文化长期职掌着这里的主导权。在首都开罗的阿拉伯人和亚历山大港的白种人之中，很难发现法老后代的踪影。我心中的埃及文化的人格遗产，找不到了。

在地理环境上，埃及文化倒是比较安全。大沙漠是大屏障，不容易遭受外来侵略，而尼罗河又水势平缓，与常常发生水灾的底格里斯河和幼发拉底河不一样。但是，长久的安

位于埃及卢克索的哈特谢普苏特女王神庙

修复前的狮身人面像与金字塔

定使埃及文明越来越保守，越来越封闭，越来越不在乎多方沟通。这样，埃及可以集中惊人的力量营造大量雄伟的建筑，似乎也没有发生过太多冲突，因此也不必像巴比伦文化那样早早地制定法典，因为法老的话就是法律。这一切，使埃及文化从"不必理解"变成了"不可理解"。而这种"不可理解"，正是统治者为了维持神圣光环的刻意追求。

太阳神庙巨柱上的象形文字，一直没有人完全读懂。想当年，种种文件和文告，只要那些能写能读的少数祭司一走，就立即变成了无解天书。

正是在这一点上，中国文化与它形成了巨大区别。中国文化历来不追求故弄玄虚的神秘，所有的文字都是"现世通码"，力求广为传播。连甲骨文，即便在几千年后发现时也很快就被基本读懂，更不必说在甲骨文之后秦始皇统一文字的壮举了。这种企图与广大臣民沟通的思维，使中国文化不可能枯萎在一个冷僻的高处。那番易解易懂的文字语言，成了中国文化"贴地流传，生生不息"的基础。

更重要的是，与埃及文化现在已经很难找到血缘后代的特点相比，中国文化恰恰把"祖先崇拜、传宗接代"当作重要的精神价值。与古埃及的社会结构不同，中国的姓氏宗亲是很难动摇的社会基座,孔子甚至希望朝廷也能以家庭为范本。因此,中国的血缘文化永远都在,处处都在,并由此形成了中国文化的生命后裔。

从开罗到卢克索,我一连穿行了七个农业省。在那么长的路途中,我没有看到一处呈现出中国农民式的勤奋。他们种得很粗疏、很随意,收得也很粗疏、很随意。在田头劳动的人很少,但又显然不是因为实现了机械化。这个对比,让我联想到了中国农耕文化"聚族而居,紧追时令"的基本生态。正是这种生态,决定了多数中国人的勤劳、刻苦、固执、顺天、守序的共同习惯。

印度河流域的摩亨佐-达罗都城遗址,每一项都不比巴比伦文化和埃及文化逊色。但是,就像后来印度历史频频出现的骤然中断一样,这种文化不知怎么就消失了,完全没有为后人留下它消失的前因后果、来龙去脉,好像根本没有发生过一样。

印度文化在宗教、天文、数学等方面对全人类做出过巨大贡献,但它的步履实在过于变幻莫测,让很多历史学家都一头雾水。它有过太多的"对手"和"主子",有过太多的信仰和传统，有过太多的尊荣和屈辱，有过太多的分裂和崩溃，结果，文化的灵魂散了神，混沌一片。它的很多优秀的文化就像一片片云霞一样在天上飘过，稍稍走神就找不到了。

印度文化中，那片最美丽、最高雅的云霞就是佛教。即便是在四大古文化的整体中，佛教也是唯一具有全球价值的珍宝，但在印度本土，却已在九世纪严重衰微，十三世纪彻底消亡。在本土消亡之后，佛教在世界各地流传，直到十九世纪后传回，可惜传回的也只成为一支小小的细流，未能成为印度文化的主流。主流是什么？谁也不知道。

与印度文化相比，中国文化在传承上至少有两个点不同。

第一，始终保持着一个稳定的主体构架。在中国文化史上，以《周易》为起点的哲思，以《诗经》为起点的文采，代代得以流传，并在这个基础上扩大了以诸子各家为代表的经典范围，成为中国文化的主干。文事可以日新月异，但主干却是风雨不倒。只要主干不倒，文化大盘即使衰落也不会中断。

第二，始终保持着几副严峻而可信赖的选择目光，构成稳定的留存。这是从《春秋》到司马迁形成的传统，使中国文化在行进的大道上出现了优胜劣汰、高低分明、防止堵塞的监察机制。而印度，恰恰缺少他们的"司马迁"。于是，历史和想象互相不分，真实和传说严重混淆。结果很有趣，历史消亡在想象中，真实中断在传说中。

第六节
中国文化的生命基元

我前面说过，人类社会进入成熟文明，有几条基本标准，其中，最艰难，也最重要的是使用文字。中国文字，是人类历史上运用时间最长、运用人口最多的文字。因此，它的使用，既是中华民族，又是人类整体成熟文明的确切印证。

中国文字大约起源于五千年前。较系统的运用，大约在四千年前。文字产生之后，经由"象形—表意—形声"这几个阶段，开始用最简单的方法记载历史，例如王朝谱牒，应该夏朝就有了，到商代的甲骨文和金文，已相当成熟。

相比之下，世界上其他古文化遗址中也有文字的印记。那些斑斑驳驳地爬在种种遗迹上的古文字，除了极少数的考古学家能猜一猜外，整体上与后代已经没有关系。中国的古文字，本来也该以苍老的年岁而枯萎了，却至今还能让亿万民众轻松诵读。例如"三人行，必有我师"，"温故而知新"，"君子成人之美"，等等，从词语到意涵，都毫无障碍地从两千多年前直接传导到今天的日常生活之中，而且在中国这么大的地域中统一传导，这难道还不奇怪吗?

随着文字，很多典章制度、思维方式、伦理规范，也大多一脉相承，避免了解读中断。

由此可知，文字，刻画出了一个民族永久的生命线。在人类的诸多奇迹中，中国文字，独占鳌头。

在人类后续成熟的文明史上，梵语、希腊语、拉丁语、阿拉伯语、希伯来语都曾产生过巨大的传播力度。曾经有一些西方学者认为，这些语言，包括古代人类的一切语言，都能在两河流域找到共同的源头。这种说法显然是出于对中国语言文字的无知。

中国文化虽然也遇到过很多低落期、荒凉期、危机期，但只要文字还在，渗透在它们里边的基因也还在，那么中国文化总会一次次出现"野火烧不尽，春风吹又生"的情景。

中国文字的漫长生命力，也决定了它们必须经常调整自我，改变形态。如果自古以来始终不做调整，就活不了那么长。身段柔软，是一切长寿者的特点。

无论是中国书法史、中国语言史还是中国音韵史，都能划出好几个演变时期。恒中有变，才能不朽。中国文化在整体上给人一种保守的印象，但事实上，中国文化的实际发生方式却是可以随机应变的。

与古埃及、古印度的各种"秘语系统"相反，中国的先哲们却坐着马车、牛车在四处游说，说的是修身、齐家、治国、平天下的道理，人人都能听懂。而且，中国的一切先哲都有诗人气质，都让自己的论述染上艺术色彩，结果，不仅使中国语言通体亲切，而且诗化多情。

如果用科学主义的西方语言学来分析，中国语文常常带有多义性、整体性、混沌性、不确定性和易变性的特点，这对自然科学和社会科学的研究来说，确实是一种缺点，应该改革。但从更宏观的视野来看，却渗透着中国文化和中国人的本性。它在混沌中亲民，在模糊中出没，在多义中隐约，结果，反而是它走得最远。

中国文字在苦风凄雨的近代，曾受到远方列强的嘲笑。那些由字母拼接的西方语言，与枪炮、毒品和科技一起，包围住了汉字的大地，汉字一度不知回应。但是，就在大地即将沉沦的时刻，甲骨文突然出土，而且很快被读懂，告知天下：何谓文明的年轮，何谓历史的底气，何谓时间的尊严。

　　这些文字证明，中国人和中国文化早在几千年前已经彻底摆脱了蒙昧时代、结绳时代、传说时代，找到了可以快速攀缘的麻石台阶。如果没有这个台阶，在那些时代再沉沦几十万年，都是有可能的。有了这个台阶，则可以完整表达，深入沟通，开始哲思，焕发诗情，而且可以上下传承。

　　这些文字，一旦被书写，便进入一种集体人格。这种集体人格有风范，有意态，有表情，又协和四方、对话众人。于是，书写过程也成了一种人格的共建共融过程。

第七节
最初的审美信号

如果说中国人心中的历史审美图像系列有一个奠基处，那就是商代。商朝所留下的青铜器和玉器，给中国艺术奠定了最初的审美信号。

尤其是青铜器，实在会让后代许许多多的艺术设计师汗颜。

这里特别需要给大家引入一个符号——饕餮纹。这在青铜器里已经成为一种模式图案，是由一种凶猛、贪婪的野兽头部提炼出来的。当它被提炼出来之后还保持着线条的威猛、狰狞，成为当时文化共性的基本图像。

饕餮纹后来慢慢地离开原始形态，变得越来越抽象，但线条的力度始终保存，这有点儿惊人。它的不再贪婪、不再凶猛，却积淀了一个残酷而艰难的血与火的时代。饕餮纹使商代由伟大走向美丽，并用一种形式保存住了伟大和美丽。

除了饕餮纹，商代的第二项美学贡献，就是前面提到过的甲骨文所体现的早期书法美。

甲骨文里的象形文字，摆脱了埃及早期象形文字那样对自然物种的直接描摹功能，而是全部线条化了。线条又经过简化、净化，变成一种具有抽象度的通用符号。但是，文字除了实用意义之外还有审美意义，就是要求每一个字拿出来都好看。这个时候，早期的书法家出现了。这是除了饕餮纹外，商代审美的第二重点，也是中国书法艺术的起点。

商代的第三个美学贡献，是"美"的概念的正式确立。在甲骨文里，第一次出现了"美"字。从象形的角度解释，我们古人比较讲究物质，羊大了就觉得美，但是许慎做了补充，这个"美"字里面包含着"甘"字的含义。这就由物态上升到味态，由体量上升到风味了。现在又有学者提出"美"字的组合不是"羊"、"大"，而是"羊"、"人"。那就是"羊人为美"，即羊和人连在一起为美，这个意义就很不一样了，进入到了文化人类学的范畴。古希腊有羊人剧，古人最早进行表演的时候往往模仿动物的形象，羊是人最喜欢模仿的一种对象。所以在中国文字里，这个"美"字，一定也是和当时的舞蹈联系在一起的。这个舞者，在当时就是巫。如果看看和商代同时代的三星堆遗址，就可以知道古人的舞蹈是怎么回事，知道把模仿动物的人形作为美是多么自然。

商代完整地创造了"美"字，而且不久之后，中国的智者已经把它和"善"分开来讨论了，叫尽善尽美。"美"字有了一种独立的观照，这就了不得了。加上前面讲到的饕餮纹和甲骨文书法，商代在审美意义上已经开拓得比较完整。

终于听到声音了，那是《诗经》。

《诗经》使中国文学从一开始就充满了稻麦气息和人间感情。这种气息和感情，将散布久远，至今还能感受到。

《诗经》中，有祭祀，有抱怨，有牢骚，但最主要、最拿手的，是在世俗生活中抒情。其中抒得最出色的，是爱情。这种爱情那么"无邪"，既大胆又羞怯，既温柔又敦厚，足以陶冶风尚。

在艺术上，那些充满力度又不失典雅的四字句，一句句排下来，成了中国文学起跑点的砖砌路基。那些叠章反复，让人立即想到，这不仅仅是文学，还是音乐，还是舞蹈。一切动作感涨满其间，却又毫不鲁莽，优雅地引发乡间村乐，咏之于江边白露，舞之于月下乔木。终于由时间定格，凝为经典。

没有巴比伦的残忍，没有卢克索的神威，没有恒河畔的玄幻。《诗经》展示了黄河流域的平和、安详、寻常、世俗，以及有节制的谴责和愉悦。

黄河流域被诗句安顿了，那么长江流域呢？先不要着急，人们终究会看到，在万里长江最关键部分，将会走出一个诗人，他叫屈原。我们在《记住这些名字》、《熟读这些作品》中将有详细介绍，这儿只能略提一句，作为悬念。不管怎么说，从《诗经》到屈原，已经奠定了中国文化诗性品格的基础。

回过头去，我们看到了，背靠着一大批神话传说，熔铸着一尊尊青铜器，刻写着一行行甲骨文，吟唱着一首首《诗经》，中国文化隆重上路。

其实，这也就是以孔子、老子为代表的先秦诸子出场前的精神背景。

第八节
奠基时代

大家知道，跨越文明门槛后就开始进入了文明生活，但是进入文明生活，并不等于已经精神自立。我们不妨看看今天四周的社会生活，进入文明生活的人很多，完成精神自立的人不多。整个人类也是一样，造出了青铜器，就精神自立了吗？能运用文字，就精神自立了吗？生活于一种制度之中，就精神自立了吗？显然不是。

人类还需要等待一个重要时期，集中最聪明的头脑，来思考一系列最重要的问题。如果没有这个时期，人类还是会在文明生活的外表下，仍然处于精神蒙昧的状态。

于是，有一种神秘的力量，迫使人类摆脱这种状态。

如果要用神话的方式打一个比方，那就是，创造万物的天神看到人类已经拥有很多文明手段，但都是在夺权，在战争，在吵闹，就喝令人类静一静，好好接受一次精神文化的培训，同时还选出一批高水准的老师，派到各个文明区域。

这次精神文化大培训，果然发生了。德国法兰克福学派把它称为"轴心时代",这种提法已经被世界上很多历史学家接受。但是,我却不太赞成,因为他们划出的时间太长,从公元前八世纪到公元前二世纪,有六百年,这"轴心",也就太大了。我经过仔细分析,觉得至少应该减去两百年,从公元前六世纪到公元前二世纪,大概是四百年。"轴心时代"这个命题是一个比喻,意义比较模糊,我把它更改为"奠基时代"。

这四百年中,世界各地涌现了很多开天辟地的文化巨人。巴比伦、印度、波斯和希腊都在范围之内。在这个"奠基时代",中国文化不仅没有缺席,而且表现精彩。

请看以下这些年龄排列——

老子和释迦牟尼几乎同龄,只差几岁;

孔子比释迦牟尼小十几岁;

孔子去世后十年,苏格拉底出生;

墨子比苏格拉底小一岁,比德谟克利特大八岁;

孟子比亚里士多德小十二岁;

庄子比亚里士多德小十五岁;

阿基米德比韩非子大七岁;

......

我不知道大家看了这个年龄排列后有什么感觉。在那么漫长的历史上，这些文化巨人几乎同时出现在世界上。他们太像是一起接到了同一个指令而手拉着手并肩"下凡"的，只是在云端告别，各自去了不同的地方。

既然在人类的精神奠基工程中占据了那么大的份额，那就进一步夯实了中国文化的世界身份。

这个现象，不仅让我惊叹，而且让我感动。因为当时的中国大地，充满着战乱和阴谋，按照庄子的说法，是"天下大乱，贤圣不明，道德不一"。在这种情况下，照理是出不了什么大文化的，最多出一点儿琐碎的应急文化、避祸文化。大文化需要对天地人生做终极思考，哪里会有人在兵荒马乱中做这样的事情呢？但是，怎么想得到，这片土地居然做到了，让人惊讶地走出了一批伟大的精神导师。随着他们的身影，中国文化一下子走向了高贵，而且是世界级的高贵。

我很想让今天的年轻人更多地了解他们。因为他们比我们所有的人都厉害。是他们，决定了我们成为我们。

第九节
百家争鸣与稷下学宫

在中国古代具有精神奠基意义的思想大师中，影响最大的，是以孔子、孟子为代表的儒家和以老子、庄子为代表的道家。其中，老子、孔子、庄子，还有一个墨子，我将在本课程第二册《记住这些名字》中详细介绍。在本册下半部分讲述儒家"君子之道"和道家对"大宇宙"和"小宇宙"的观念时，我还会比较系统地解释他们的思想追求。

我在写这些思想大师的时候，着重描绘了他们不同的目光和不同的路途。这里需要补充的，是另一个重要的思想门派法家的特殊存在。

如果说，儒家的目光是温暖的，道家的目光是超逸的，墨家的目光是热烈的，那么，法家的目光则是峻厉的，会让人产生一阵阵寒意。

老子淡淡地走在路上，孔子苦苦地走在路上，墨子急急地走在路上。路边树丛间，早就有几副冷冷的目光。以韩非为代表的法家学者，完全不讲老子、孔子、墨子的情怀，只相信对实际利害的严格管理，并把这种管理组成一种绝对权力。在韩非看来，社会管理离不开"法"、"术"、"势"三种力量。"法"是法令如山，赏罚分明；"术"是运用谋术，控制群臣；"势"是集中权势，制服天下。

猛然一听，法家让人不太愉快，但仔细一想，社会历史还真少不了法家。无论是老子、孔子，还是墨子，都是理想主义者，但法家是现实主义者。对于现实的社会政治，老子主张尽量少管，听其自然；孔子主张道德领先，苦口婆心；墨子主张一腔热血，行侠江湖。这三条道路，其实都很难有效地把整个社会管理起来。法家强硬地追求有效，追求力量，结果大家知道，真正让秦国强大起来最后统一中国的，就是法家。

但是，法家在通向效果的道路上，运用了太多的残忍手段和阴谋，结果他们自己的生命也被残忍手段和阴谋缠住了。早在韩非出生前五十几年，法家思想的早期实践家商鞅，已经死于"车裂"的酷刑。韩非死于他的同学李斯之手，李斯也是一位杰出的法家政治家，最后被腰斩灭族。

可以说，在诸子百家中，法家最硬又最惨。他们以强力推动了社会改造，让世界看到了一个早早统一的中国，这个贡献确实很大。但是，从文化上说，人之为人，还必须有温馨、柔和、仗义的一面。就人性而言，除了铁拳人生外，更需要慈爱人生、诗化人生。而法家思想家是以自己的声音和生命，做出了最大的自我恶化和自我牺牲。人们容易忘记他们的贡献，喜欢转过身去欣赏那个白发行走者、那个棕衣行走者和那个黑衣行走者。

简单来说，这些行走者更有诗化魅力。魅力是一种不公平的吸引力，法家学者即使集中了他们最看重的全部"法"、"术"、"势"，也形不成魅力，反而还会走到魅力的反面。

我刚刚说到，法家的韩非和李斯是同学，那他们的老师是谁呢？是荀子。荀子是儒家集大成者，很长时间主持着的一个学术机构，叫作稷下学宫。他被看成是这个学宫里"老师中的老师"。稷下学宫，在山东临淄的稷门附近。临淄，是当时齐国的王都。

我为什么对稷下学宫如此重视？因为中国文化在那里获得了一种聚集和整合，蔚为壮观。不管是以历史眼光还是以世界眼光看，都令人振奋。

中国文化在人类精神的奠基时代能够涌现出百家争鸣的

景象本来已经令人叹为观止，而且，在当时的信息传播条件下，所谓"争鸣"，大多是后人把各种学说拼合在一起，很难近距离地争论起来。出乎意料，他们真的拥有了一个会合的场所，"百家争鸣"变成了事实。

稷下学宫创办于公元前四世纪中叶，延续了一百三十多年。

我在《中国文脉》和《中国文化课》中，都以古希腊哲学家柏拉图创建的雅典学院与中国的稷下学宫做对比。雅典学院比稷下学宫早办二十年，这在漫长的历史上应该称作同时。雅典学院也是一个大师云集、思想活跃的所在，可惜后来在欧洲的中世纪完全中断了。直到文艺复兴时期，人们重新想起。拉斐尔还为此画了一幅著名的壁画。

百家争鸣的盛况，在中国也没有很好延续，因此同样被渐渐遗忘。

从各种文献来看，当年稷门附近，实在是气魄非凡。那里铺了宽阔的道路，建了高门大屋，成了四面八方学者们的向往之地。齐国朝廷做事，总是大手笔，他们给各路学者很高的待遇。因此，当时诸子百家中几乎所有的代表人物都来过。他们像平时一样，身后跟着很多学生。过去孔子周游列国，也带着一批学生，像是一个"流亡大学"，现在，一个个"流亡大学"在这里集中了，这里也就成了当时中国的最高学府，人数常常是数百上千。

稷下学宫解决了天下所有高等学府都会遇到的两大难题。

第一个难题是，这个学宫是由齐国朝廷出资的，具有政府智库的职能，那又如何保持对朝廷的独立性？解决的方法是：学宫里的诸子都不任官职，也就是"只问政，不参政"，因此也不必对自己的观点担负行政责任。朝廷所需要的，就是他们身处行政体制之外的独立思维。体制之内也会有很多聪明头脑，如管仲、晏婴，但那只是"内循环"，而稷下学宫要提供的则是循环圈之外的声音。对于这种声音，朝廷听过之后也可以完全不予采纳，这叫"两相自便"。例如，孟子就对时政发表过很多意见，朝廷觉得不切实用，没有接受，但这一点儿也没有影响他在稷下学宫中的崇高地位。

第二个难题是，稷下学宫主张"百家争鸣"，那如何不让争鸣变成众声喧哗、嘈杂一片？答案是：稷下学宫除了欢迎各路自来的学者，还会隆重聘请一些真正重量级的大师来"镇宅""压舱"，保持着清晰的学术等级评估。同时根据各路学者的学问、资历、成就，学宫分别授予"客卿""上大夫"、"列大夫"，以及"稷下先生"、"稷下学士"等不同称号，而且已经有了"博士"和"学士"之分。这就避免了在"百家争鸣"、"言论自由"的幌子下的鱼龙混杂、泥沙俱下。

遗憾的是，这两大被稷下学宫解决的难题，后来又成了难题。

第十节
秦汉王朝的文化选择

大规模文化的留存，除了文化人自身的力量之外，还必须依靠行政架构的加持、国家力量的选择。齐国以行政资助来创办稷下学宫，有利于诸子百家的留存。但是，齐国毕竟太小，无法对整体文化承担维护、推广、传承的职能。因此，一种大文化要留存于天下，还需要依靠更大的国家力量。

正巧，奠基时代所形成的"智能大爆发"，也滋生了更宏大的政治构想，于是，一个个大帝国也就水到渠成地诞生了。人类文化，因而从"奠基时代"，过渡到了"帝国时代"。这情景，我们从巴比伦帝国、波斯帝国、所罗门帝国、孔雀王朝、罗马帝国中都可以看到，而中国文化，则迎来了秦汉帝国。

文化遇到帝国，并不是必然。世上很多文化并没有遇到相关的帝国，而很多帝国也没有遇到像样的文化。它们相遇，无论是文化还是帝国，双方都未必有主动意愿。但是，如果它们陌路相逢，就会碰撞出很多事端。

秦汉帝国时代的中国文化，是一个更开阔的台阶。

一般来说，在帝国建立之初，文化的日子并不好过。一代雄才大略的政治人物还在为军事进攻和政治整合而忙碌，无心文化，反而为了统一思想而控制文化，手段往往非常鲁莽。

中国文化遇到的第一个真正的大帝国——秦朝，更是这样。秦始皇听从李斯的主张，焚烧《诗》、《书》和“百家语”，只有医药、卜筮和种树的书才可幸免。这严重地破坏了文化传承。与此相应，他还下令坑杀了一些儒生。中外历史人物的功过，往往很难论定，但只要动手破坏文化了，就永远不被原谅。秦始皇的“焚书坑儒”，无论如何是一件大坏事。

在确定“焚书坑儒”的负面意义之后，我们可以回归公正的立场，大方地承认秦始皇也为文化做出了不少正面贡献。正面贡献中最为重要的一项，前面已经提及，那就是统一了文字。正是这个举措，使得全人类人数最多的族群，不管流浪到什么地方，也不管遭遇到什么灾难，都不会在文化上溃散。这项功绩，怎么评价也不会过。

即便不遇到灾难，中国国土那么大，方言那么多，如果不是秦始皇统一文字，不知道会崩解成多少地方政权，分裂成多少文化碎块。环视世界各地，这种可能性极大，那就谈不上什么"同文同宗"的文化规模了。

除了统一文字，秦王朝还做了不少文化大事。例如，把原来的"分封制"改为"郡县制"，这从行政格局上改变了精神价值和生活方式，决定了中国文化的走向。又如，建造万里长城，既有军事意义、工程意义，又有心理意义、美学意义。每个中国人心中都有这道既漫长又悠久，既壮观又怨伤的墙，因此它也成了一种精神文化的象征。

秦王朝对中国文化的最终贡献，是给中国文化颁发了最正式的"身份证"。正是这个空前统一的王朝，使中国终于成了严格意义上的中国；随之而来，中国文化也终于成了严格意义上的中国文化。

这一切加在一起，可以说秦王朝为中国文化打下了一个稳固的底盘。

接下来，汉王朝则为中国文化树立了一个框架。汉王朝的文化框架，首先是"黄老思想"，与道家有关。秦朝太残酷、太热烈、太劳累了，汉王朝早期的统治者希望让民间休养生息，决定采取"无为而治"的方针。但是要让整个统治集团接受这种方针，就要借助文化的力量了。于是，老子的哲学，加上传说中的黄帝的思想，让"无为而治"的温和主张成了全社会的精神指引。结果，效果极好，汉文帝和汉景帝时的"文景之治"出现了，老子的哲学也就取得了极高的声誉。这是文化与政治亲密结缘的开始。

政治需要文化来帮助，结果也帮助了文化。

"文景之治"的成功，也是老子"无为"思想的成功。"无为"，不是毫无作为，而是相信民众会选择最适合自己的生活方式，统治者要顺其自然。

但是，这种思想也有局限，因为普通民众很难在日常的安居乐业中发现整体危机，更没有能力来解除这种危机。汉王朝当时遇到的最大危机就是北方匈奴的入侵和抢掠。要减少匈奴的入侵和抢掠，只能"和亲"，就是把皇家的女儿嫁给他们的首领。但有时候，她们嫁过去不久，匈奴又来入侵了，没完没了。面对这样的危机和屈辱，一个年轻的帝王站了出来，决定不能"无为"了，而必须大有作为，他就是汉武帝。

大有作为是一个复杂的系统工程。因为在战场上，马背上的匈奴实在太强悍了，要对付，必须组建骑兵，物色将军，寻找战马，改进武器，而且必须在实战中总结失败的教训……。要有效地完成这一庞大的系统工程，当然需要集中权力，树立威望。这在已经尝到"无为而治"甜头的全国上下，不大适应，因此汉武帝必须在"黄老思想"之外选择另一种文化支柱。

他选择了儒家，选择了董仲舒提出的"罢黜百家，独尊儒术"的主张。

其实董仲舒的儒学，与孔子、孟子已有很大的不同，他从"天人合一"发展到了"天人感应"，把儒家的统治理念联系到了"天意"，其中包括了法家和道家的一些理念。

气盖百世、赫赫武功的秦汉王朝，都在寻找精神理由，因此它们都是文化王朝。秦王朝选择了法家哲学，汉王朝先撷取了道家哲学，然后又改造了儒家哲学。它们都是文化哲学的施政实践，因此也可以说是哲学王朝。

那些著名的帝王，那些有名的战争，那些出名的转折，说来说去，无非都是在实践法家的刚烈雄伟、道家的清净生息和儒家的奋发有为。谁也没有跳出文化的手掌心，谁也没有逃离学者的大构想。

这一点，与巴比伦帝国、波斯帝国、所罗门帝国、孔雀王朝、罗马帝国相比，只有中国做到了。那些帝国和王朝，都不缺哲学家和文化人，却从未被一种完整的文化哲学所左右。

汉王朝选择了中国最重要的文化哲学，精神格局也就越来越大，因此又保持着继续拓宽和弥补的意向。接着，还是在汉代，佛教传入了。这一来，中国文化的宏伟雏形已经"三足鼎立"。

这种文化上的健全，加上军事上的胜利，使一个"汉"字变得大气磅礴。因此，曾被秦王朝包罗的中原百姓，也就由"秦人"改称为"汉人"，而华夏民族也称作"汉族"了。

第十一节
凿通西域

汉武帝为了借助外力一起对付匈奴，希望中国与域外沟通。这是一个军事、政治课题，但说到底，还是文化课题。他派出的使者张骞，担负的任务很多，但历史承认，最终还是文化使者。

在史书上，他派张骞"通西域"这件事，被称为"凿通西域"。这个"凿"字非常形象，好像是用一把凿子，一点点地去开凿原先阻挡在路上的一座座石山。工程很艰难，速度并不快，但决心很大，目标明确。

请注意，是"凿通"，而不是"打通"。用的是凿子，而不是大刀长矛。

本来，汉武帝是很能打仗的，他手下也有一大批名垂史册的将军，但他平常用兵，只是为了扫除边防的战祸。对于他所不了解的西域，他放下了刀剑，拿起了凿子。

这种和平主义的思路，带来了和平主义的结果。现在全世界都知道了，他一凿子、一凿子凿通的，就是丝绸之路的雏形。

多年前，我在甘肃兰州召开的一个国际论坛上演讲，说丝绸之路是人类文明的第一通道。当时很多人听了有点儿不习惯，因为按照世界历史的传统观念，人类文明的第一通道应该是地中海。但是，我解释，丝绸之路与地中海通道的最大区别，是以和平为主调，还是以战争为主调，因为我们说的是"文明第一通道"。这几年，从国外出版的一些著作中得知，不少西方学者的观点也变了。

汉武帝有能力远征他国而不远征，这使他与世界上其他帝国的君主划出了明显的界线。

早在汉武帝之前，亚洲、欧洲、非洲的那些帝国，都已经一次次打得昏天黑地。远征，已经成为一个帝国、一个帝王的最高荣誉所在。远征的目的，是要打败另一个帝国，俘虏它的臣民，消灭它的文化。这种事，汉武帝不做，后来的皇帝也不做。正是这种传统，验证了中国文化的一大本性，那就是我十几年前在联合国世界文明大会上演讲时所论述的"非侵略本性"。

我们过去总喜欢讲战争的故事，为什么不多讲讲凿通的故事呢？战争，很可能是在破坏文化，而凿通，却一定有利于文化。因为文化的本义就是"凿通"。

第十二节
难忘魏晋

大帝国的大文化，并不是文化的最佳状态。

在秦汉两代，文化的大底盘、大框架、大目光都已建立，怎么还不是最佳状态呢？因为它还缺少一个最重要的东西，那就是大创造。

文化的终极生命，在于创造。也就是说，无论是底盘、框架，还是目光，都是为创造设置的，都是在等待创造。

那么，在大帝国、大文化构想中，能够期待创造势头的活跃吗？很难。因为文化创造的主体，永远是个体生命。在好大喜功、轰轰烈烈的背景下，必然是群体话语鼎盛，个体话语冷落。而且，那种群体话语常常带有四个特性：排场性、雕饰性、虚夸性、近似性。例如，一度名声很大的汉赋，就明显地集中了这些毛病，我怎么也喜欢不起来。就连赫赫有名的贾谊、司马相如的那些赋，也是这样。

这中间存在着一些必然逻辑。

在西方，罗马共和国和罗马帝国如此强盛辉煌，似乎什么也不缺了。而且在文化上也非常骄傲，只要被罗马帝国征服的地方，总有规模巨大的露天罗马剧场。但是所有的聪明人一眼就可以看出，它怎么也比不上以前那个小小的希腊所创造的文化。

记得几十年前，我编写《世界戏剧学》时，就曾为这件事大吃一惊。我在写完希腊悲剧的章节之后，很想在罗马戏剧中找一点儿像样的余脉，却怎么也找不到，尽管罗马有钱有势，张罗了大量的所谓"戏剧盛典"。

同样的道理，汉代的文学比不上《诗经》和楚辞，汉代的哲学比不上诸子百家。值得人们深思的是，在《诗经》、楚辞、诸子百家处于最佳创造状态的时代，并没有大帝国的支撑，整个社会还处于混乱、分散、贫瘠之中。由此可见，文化创造所需要的条件比较特别。

汉王朝历时四百多年，于二二〇年灭亡，从此，中国历史又进入了一个大分裂、大动荡的时代，历时近四百年。奇怪的是，恰恰是在这大分裂、大动荡的时代，文化创造的勃勃生机又出现了。

这里包含着深刻的文化哲学，因此接下来我要讲讲分裂时代的中国文化。

魏晋南北朝时期是真正的乱世。

英雄们相继谢世了。英雄和英雄之间龙争虎斗了大半辈子，他们的年龄大致相仿，因此也总是在差不多的时间离开人间。像骤然挣脱了条条绷紧的绳索，历史一下子变得轻松，却又剧烈摇晃起来。

这中间，最可怜的是那些或多或少有点儿政治热情的文人名士了。每当政治斗争一激烈，这些文人名士便纷纷成了刀下鬼，比政治家死得更多更惨。

何晏，玄学的创始人、哲学家、诗人、谋士，被杀；张华，政治家、诗人、《博物志》的作者，被杀；潘岳，与陆机齐名的诗人，中国古代最著名的美男子，被杀；谢灵运，中国古代山水诗的鼻祖，直到今天还有很多名句活在人们口边，被杀；范晔，写成了皇皇史学巨著《后汉书》的杰出历史学家，被杀；……

这个名单可以开得很长，置他们于死地的罪名很多，而能够解救他们、为他们辩护的人，却一个也找不到。

因为一切解救的理念和途径都已废弃。既然无处讲理那就不再信理，于是，在沉重的杀气下，站出来一群重新思考天地、事事特立独行的年轻人，他们后来一直享有一个共同的称呼——"魏晋名士"。代表者就是阮籍、嵇康，我会在第二册《记住这些名字》中详细介绍。

根据我所制定的文化定义，"魏晋名士"在生活方式、精神价值和集体人格三个方面，都做出了非同凡响的更新和重建。

他们一切从零开始，一切重新思考，也包括对奠基时代的重新思考，对诸子百家的重新思考，对秦汉时代的重新思考，对英雄时代的重新思考。

他们对已有的文化表示出极大的不信任，因此很像是中国文化的叛逆者。而实际上，他们改变了中国文化的质量。这对于中国文化来说，相当于一次再生。

如果没有他们，中国文化很可能陪伴着疲倦的诸子百家和威严的秦汉帝王一起老去，而且会老得很快。

乱世的文化，在层次上要比其他时代复杂得多，因为有更多的断裂，更多的突破，更多的反叛，随之也有更多的精彩。

我们要衡量曹操和诸葛亮这两个人在文化上的高低，就远不如对比他们在军事上的输赢方便，因为他们的文化人格判然有别，很难找到统一的数字化标准。但是，如果与后来那批沉溺于清谈、喝酒、吃药、打铁的魏晋名士比，他们两个人的共性反倒显现出来了。不妨设想一下，他们如果多活一些年月，听到了那些名士的清谈，一定完全听不懂，很可能回过头来对着昔日疆场的对手耸耸肩。这种情景就像当代两位年迈的将军，不管曾经举着不同的旗帜对抗了多少年，今天一脚陷入孙儿们的摇滚乐天地，才发现真正的知音还是老哥儿俩。

然而，如果再放宽视野，引出另一个异类，那么就会发现，连曹操、诸葛亮与魏晋名士之间也有共同之处了，例如，他们都名重一时，他们都意气高扬，他们都喜欢扎堆，而我们要引出的异类正相反，鄙弃功名，追求无为，固守孤独。

他，就是陶渊明。

于是，我们眼前出现了这样的重峦叠嶂——

第一重，慷慨英雄型的文化人格；

第二重，游戏反叛型的文化人格；

第三重，安然自立型的文化人格。

这三重文化人格，层层推进，逐一替代，构成了那个时期文化演进的深层原因。

其实，这种划分也进入了寓言化的模式，历史上几乎每一个文化转型期都会出现这几种人格类型的转换。

深刻意义上的文化史，也就是集体人格转换史。

不同的文化人格，在社会上被接受的程度很不一样。正是这种不一样，决定了一个民族、一个社会的素质。

一般说来，在我们中国，最容易接受的，是慷慨英雄型的文化人格。

这种文化人格，以金戈铁马为背景，以政治名义为号召，以万民观瞻为前提，以惊险故事为外形，总是特别具有可讲述性和可鼓动性。正因为这样，这种文化人格又最容易被民众的口味所改造，而民众的口味又总是偏向于夸张化和漫画化的。例如我们最熟悉的三国人物，刘、关、张的人格大抵被夸张了其间的道义色彩而接近于圣，曹操的人格大抵被夸张了其间的邪恶成分而接近于魔，诸葛亮的人格大抵被夸张了其间的智谋成分而接近于仙（鲁迅说"近于妖"），然后变成一种易读易识的人格图谱，传之后世。

中国民众最感到陌生的，是游戏反叛型的文化人格。

魏晋名士对于三国群雄，是一种反叛性的脱离。这种脱离，并不是敌对。敌对看似势不两立，其实大多发生在同一个语法系统之内，就像同一盘棋中的黑白两方。魏晋名士则完全离开了棋盘，他们虽然离三国故事的时间很近，但对那里的血火情仇已经毫无兴趣。开始，他们是迫于当时司马氏残酷的专制极权采取"佯谬"的方式来自保，但是这种"佯谬"一旦开始就进入了自己的逻辑，不再去问社会功利，不再去问世俗目光，不再去问礼教规范，不再去问文坛褒贬。如此几度不问，等于几度隔离，他们在宁静和孤独中发现了独立精神活动的快感。

从此开始，他们在玄谈和奇行中，连向民众做解释的过程也舍弃了。只求幽虚飘逸，不怕惊世骇俗，沉浮于一种自享自足的游戏状态。

对于以陶渊明为代表的安然自立型的文化人格，中国民众不像对魏晋名士那样陌生，也不像对三国群雄那样热络，处在一种似远似近、若即若离的状态之中。

第十三节
北方的马蹄声

到魏晋时代，老子和孔子学说已经传承了九百多年。这是多么漫长的岁月，如果历经九百多年还不老化，那就不是一个正常的生命体了，因为一切正常的生命体都会新陈代谢。人是如此，文化更是如此。

幸好，在公元三世纪、四世纪，中国文化在整体老化的危机中听到了别样的声音。居然，是来自北方的马蹄声。

这些马蹄声的起点，是大兴安岭北部的东麓。那儿有一个仍然处于原始游牧状态的民族，叫鲜卑族。鲜卑族中的拓跋氏一支，渐有起色。他们曾在汉武帝的征战下西迁和南移，又曾与匈奴残部联合，战胜其他部落，称雄北方，并建立王朝。这个王朝，根据一位汉族人士的提议，称为"魏"，历史上叫作北魏王朝。经过半个多世纪的征战，它完成了对黄河流域的统一，成为强大的统治者。

鲜卑族踏进文明门槛比较晚，当他们问鼎中原的时候，拥有文字的时间才一二百年。由这样一个民族来统治已经辉煌了两千多年的黄河流域，来统治高尚精雅的汉文化，会不会让汉文化遭遇空前浩劫而彻底崩溃？

这种情况，在人类文化史上比比皆是，不胜枚举。也就是说，已经走向老化的中国文化，又面临着一个更大的危机。但是，后来发生的事实证明了一个千古真理：更大的危机极有可能是转机。暴风雨后，云霞满天。

按照常规，蛮强的马队在征服已开发地区的过程中，极有可能大量屠杀、大量抢掠、大量奴役、大量驱逐。当年秦始皇、汉武帝为什么要花那么多力气对付匈奴？就是要防止这种情景的出现。其实在鲜卑族统治集团中，也一直存在这样的"狼派势力"。其中有一批人竭力主张在中原废弃耕地，将其变成草原，因为那才能使他们的游牧健儿纵横驰骋，保持统治地位。

这中间出现的是一个沉重的文化选择题：选择游牧文化，还是选择农耕文化？

对鲜卑族来说，选择前者很容易，因为是轻车熟路，信马由缰；选择后者很困难，因为要改弦易辙，从头学习。

如果能够保留农耕文化，就会有大量稳定的赋税所得，即使不再征战也会获得充裕的财源。但是要达到这个目的，必须实行均田制、户籍制、州郡制、赋税制，每个"制"的实行又必须依仗熟于此道的汉族官吏。这对游牧民族的首领来说，等于一下子掉进了一个完全陌生的世界，从精神价值到生活方式，彻底错位。因此在他们统治集团内部，为了这个文化选择一次次拔刀相向，血迹斑斑。

但是，在鲜卑王廷，终于站出来几个愿意改造自身文化的明智者，其中最著名的代表者是一个勇敢的年轻人，叫拓跋宏。他在历史书上的身份，叫作"北魏孝文帝"。

拓跋宏四岁即位，朝政由祖母冯太后掌握。这位祖母也很杰出，对拓跋宏影响巨大。祖母去世时，他已经二十三岁，才独立执政，但他独立执政后才九年就去世了，享年三十二岁。因此，这是一个在我心目中永远年轻的中国帝王。拓跋宏和他的祖母在执政期间，究竟做了哪些事？

一、官员禁止说鲜卑语，改说汉语；

二、官员放弃鲜卑服饰，穿汉族服装；

三、改变原始祭祀，改为汉族礼制；

四、主张由鲜卑贵族带头，与汉族通婚。

另外，拓跋宏还决定把首都从山西大同，迁到河南洛阳，以便实行汉族的"文治"。他规定，以后鲜卑贵族说自己的籍贯，只能说河南洛阳。

简单来说，他实行了相当彻底的"汉化"。当然遇到大量反弹，但他总是惩罚得非常干脆，即使是对家人也不留余地。

这么多有关文化大选择的强硬命令，出自一个充分掌握了权力的少数民族统治者，而周围并没有人威逼他这么做，这确实太让人惊叹了。我认为，这不仅在中国，而且在世界历史上，也是极为罕见的。

孝文帝拓跋宏的历史贡献，显而易见，既推动了鲜卑民族的文明进步，又保存了汉民族的文化传统，可谓相得益彰。但是，我认为，孝文帝拓跋宏对文化的最大贡献，是他自己也不清楚的，那就是拓宽了汉文化的生命气场。

第十四节
云冈石窟：中国由此迈向大唐

我前面说了，以孝文帝为代表的北魏王朝，除了提升了自己的文化，还拓宽了汉文化的生命气场。

对此，可以借一个比喻来说明：一群流浪汉闯荡一座大城市，很快变成了城里人，这是一件小事；但是，如果他们快速改变了这座大城市的气场和视野，那就是一件大事了。

顺着这个比喻，我们要说，让一个少数民族接受汉文化，这不太难；如果让汉文化借此接受辽阔而陌生的马蹄空间，这就太艰难、太伟大了。以孝文帝拓跋宏为代表的鲜卑族智者们，为汉文化做了两方面的大事。换句话说，克服了汉文化的两大严重弊病。

哪两大弊病呢？第一个弊病是，汉文化的主导者们缺少在陌生的大空间中驰骋和掌控的力量；第二个弊病是，汉文化的主导者们缺少对世界上其他文化的了解和深入。

这两个弊病都与"陌生"有关：陌生的空间、陌生的文化。孝文帝拓跋宏原来也算是一个骑马而来的陌生人，由陌

云冈石窟第 20 窟

生人解决陌生的问题，听起来很奇怪，却包含着深刻的文化哲理。

先讲第一个"陌生"。作为中国文化的主体历时悠久，精致高雅，但对于茫茫旷野不太关心、不太在乎，也缺少掌控能力。

这在中国文化走向衰老的情况下，显然是一种重大缺陷。中国文化已经在自己的老庭院里寻找过多少遍了，仍然没有出现新生的气象。那么，要找的气象一定在老庭院外面，而且可能在很远的地方。

很远的地方，有游牧民族的万里风光，这使汉文化深感陌生。例如这首民歌：

敕勒川，阴山下。天似穹庐，笼盖四野。天苍苍，野茫茫，风吹草低见牛羊。

一种对草原大地的强烈自豪感，却又自豪得那么平静。这种大气，正是汉文化所缺少的。

除了"天苍苍，野茫茫"的视野之外，还需要有这个视野里的人物和故事。在汉文化的思维习惯中，战争总是残酷

中国由此迈向大唐（刻于山西大同云冈石窟，余秋雨题）

的，战士总是痛苦的。 这种追求和平的心理很不错，但是你能想象吗，在北方的旷野里，在战马的奔腾中，也会产生特殊美丽的人物和故事，例如，花木兰的传奇。

"唧唧复唧唧，木兰当户织。"这首大家都能背诵的《木兰诗》，就是北朝民歌。 与汉文化里常见的人物和故事相比，男女之间性别的界限，战争与和平的界限，全都成了可以轻松跨越的游戏。

北方的马蹄带来了一个陌生的辽阔空间，一种陌生的集体人格。 于是，文化有可能从根本上发生改变。

接下来，要讲第二个"陌生"了。孝文帝拓跋宏和他的前辈，为中国文化引进了一批陌生的"远方同行"。 也就是说，把中国文化置于世界文化大家庭之中了。 这么一件大事，居然由少数民族的首领在操盘？ 确实如此。 在讲述理由前，我希望大家到山西大同的云冈石窟去看一看。

大同，当时叫平城，北魏王朝的首都所在。 那儿的云冈石窟，是五世纪建造的，主题是从印度传入的佛教。

来到石窟，你一定会惊讶，这么早的佛教石窟为什么出现了希腊、罗马式的廊柱？再一看，那些巨大的雕像，大多是高鼻梁、深眼窝，明显具有希腊雕塑的余风。 如果看得更细一点儿，那就会在很多洞窟中发现巴比伦文化和波斯文化的一系列审美记号。

光从云冈石窟就可发现，世界各大文化融合了。

北魏王朝的多数君主，既崇尚汉文化，又崇尚佛教。他们想，既然已经向汉文化拜师了，那么，为什么不多拜几位老师呢？因此，他们通过一个从远方抢来的伟大雕刻家昙曜之手，把印度的佛雕艺术落户于云冈。

佛教原来并不主张造像，后来亚里士多德的学生亚历山大东征时，军队里带了一些希腊雕塑家。结果，在印度创造了一种以希腊功法雕塑佛像的犍陀罗艺术。犍陀罗艺术不仅以希腊功法雕塑佛像，而且还夹带了亚历山大一路东征所见到的巴比伦文化和波斯文化的一些元素。

你们在云冈一定能够发现，中国文化已经处于世界各大文化的宏大包围之中。对此，中国文化一点儿也不自卑，相反，它从域外同行的千姿百态中获得了元气。

当时世界上各大重要文化在这里汇聚了，而主角汉文化也获得了自我更新。这种大手笔汇合在一起，必定要出大事。

什么大事？你们到云冈石窟参观完之后，会在西边石坡上发现我写的一方石碑。我写了八个字：中国由此迈向大唐。

据说，现在每天在这个石碑前照相的人很多。大家看完石窟之后，就同意了我的这个结论。

是啊，诸子百家、秦汉帝王、三国英雄、魏晋名士，再怎么努力，也营造不出一个伟大的唐朝，因为他们各自都缺少一些重要条件。现在，重要条件在山西大同的云冈石窟聚集并展示了。

唐朝的出现，还需要西边的一些故事，我下次再讲。

昙曜（吴为山雕塑作品，立于云冈石窟）

第十五节
凉州风范

前面说到，北魏王朝的统治者不仅带来了北方旷野的"陌生"，而且带来了世界文化的"陌生"。那么，他们是经过一条什么样的通道，把印度文化、波斯文化、巴比伦文化带到山西大同来的呢？

这条通道很长，其中关键的一段是河西走廊，在现在的甘肃。但是，走廊并不是全部，它所联结的两端，更是广阔无垠。一端是中原大地，另一端通向西域、印度、波斯、罗马。

我说过，北魏王朝在山西大同建造云冈石窟，与他们抢来的一个伟大雕刻家昙曜有关。那么，他们是从哪里把昙曜抢来的？又是用什么方法抢的？

"昙曜"在古文中的意思，是在密布的云层中照下的一缕阳光。他，就是这缕阳光。他是西域人，长期生活在凉州，也就是现在的甘肃武威，主持了天梯山石窟的建造。天梯山的石窟中，明显地引进了犍陀罗艺术。

四三九年，北魏王朝发动了一场战争，把昙曜抢走了。按照当时的说法，是从凉州抢到平城。路，实在是非常遥远。

被抢的不仅仅是昙曜一人。北魏王朝用武力，把凉州的世家大族、佛儒学者、著名工匠三万余人，全都抢到了平城，其中还包括了三千余名高僧。用今天的话来说，这是一次用军事手段完成的"文化精英大迁徙"。由于规模巨大，这也变成了一次文化中心的大移动。

这三万余人在凉州过得很好，现在要到一个完全陌生的远方去定居，而且不得不去，因为有军队押送。但军人的态度并不凶，一路上对他们照顾有加，因为这三万余人既是俘虏，又是客人，而且是北魏君主日夜思念的客人。

骑在马上的将军们明白了一个道理：一辈子打来打去，先抢财物，再抢土地，最后是抢文化。抢文化，很麻烦，但这件事关系到北魏王朝的文化重量，关系到他们的统治权威，更关系到他们入主中原的合法性。文化，是这支迁徙队伍要完成的唯一主题。

这支队伍，也给中国传统文化带来了重大的结构调整。这三万余人中，最重要的是有佛学家和雕塑艺术家。这也就是说，原来中国文化不太重视的两大思维，宗教思维和审美思维，已经大踏步地登堂入室，改变了中国文化的主体结构。

再过一些年，这支队伍中的一部分，以及他们的子女和学生，还要回过头来向西迁徙。因为孝文帝拓跋宏发现，文化中心的建立，还需要其他多种条件。在当时的情况下，大同还很难成为全国的文化中心。因此又出现了一场迁徙，目的地是洛阳。随之我们看到，云冈石窟的风采闪现在洛阳的龙门石窟之中了。

洛阳已经逼近了长安，因此不妨说，孝文帝所指挥的后一场迁徙，也就是在为中国文化寻找真正的中心。他很有眼光。

不管是大同的云冈石窟，还是洛阳的龙门石窟，都被学者称为"凉州模式"。也就是说，起点都在凉州。那么，我们不能不追根溯源地询问，凉州是怎么成为文化争夺的目标的呢？说来好笑，这居然也与以前的一场"文化大争抢"有关。

那就来好好看一看凉州。一般史书讲中国文化，很少涉及凉州，这是重大缺漏，因此我要特别多讲一点儿。

凉州那一带成为"走廊"，首先是汉武帝做的事，他的年轻战将霍去病功劳最大。但是，生态高于政治，如果生态恶劣，即使一时成了走廊也会荒废。恰巧，河西走廊不是这样。祁连山的冰川雪水十分丰沛，因此没有旱灾，但四周毕竟干燥，又没有涝灾，这就使农耕文明得天独厚。而且，这里又有水草丰美的畜牧场。汉武帝还要让这条走廊在良好天气之外再聚集人气，因此又实施了军事移民和屯垦移民。军事移民当然是指驻军，特别要说的是屯垦移民。这种移民提出的原则是"无事则耕，有事则战"。这样，屯垦者很快多达十八万人。这中间，有很多是中原来的士兵，他们把家乡的农耕技术带了过来，因此此地很快农事发达，连那些中原来的人都不想走了。

四世纪初，中原发生了"永嘉之乱"，民众纷纷南逃和西逃，西逃的重要目标就是河西走廊的重镇凉州。西逃者中，有很多殷实的大家族、深厚的大学者，带来了高层级的生活方式。于是这里就更繁荣了，甚至被称为"小长安"。

四世纪初，儒家学者张轨到凉州任"刺史"，这就使凉州成了西北地区研习和传播中华文化的中心，其后陆续有郭荷、郭瑀、刘昞等大学者聚集，文化浓度越来越高。现代史学家陈寅恪曾经称赞这里虽然地处偏远，却能在频频战乱中保存汉代中原文化学术，直至融入隋唐文明，功劳实在不小。

在凉州，比中原文化更令人瞩目的是佛教文化。佛教在凉州发生的故事，无论是精彩程度还是密集程度，都远远超过了儒学。这些精彩的故事，主要发生在四世纪和五世纪。如果要与中原文化做比照，那正是陶渊明和谢灵运的时代。那个时代在中原发生的事情都比较黯淡，但是如果把目光投向西北，景象就完全不同了。

先是一个叫苻坚的国君发起的一次文化大争抢。苻坚是"十六国"时前秦的国君，他在夺得政权后，很想统一中国，因此在南征北战间恭恭敬敬地请了当时的名僧道安，作为自己的精神文化导师。但是，道安在讲了几次课之后告诉他，自己的学问还有欠缺，真正懂得大乘佛教教理的，叫鸠摩罗什，应该向他求教。

苻坚看了一眼年近七十高龄的道安，心想，让这么一位老人钦佩的人，该是多大年龄了啊，就问鸠摩罗什多大岁数了。道安回答，三十多岁。

这让苻坚吃惊了。一位古稀学者居然推荐一位年轻学者，那位年轻学者必然是真有大本事了，就再问："您见过他吗？"

道安说："见不着，他住得太远了，在龟（qiū）兹。"龟兹，是一个重要的西域地名，在现在的新疆库车，以当时看来，简直是远在天边了。

苻坚一想，再远也要把这位让古稀学者推崇的年轻人请来。但是，当时所谓的"请"，其实也就是"抢"。苻坚打听到了，鸠摩罗什的母亲就是龟兹国王的妹妹，如此皇家要人，派几个黑衣侠客去抢肯定不能成功，唯一的办法是发动一场战争，派出一支庞大的军队去打龟兹，然后抢人。

他派出吕光将军，作为这场抢人远征的司令。终于，在三八四年，吕光赢得了战争，抢到了鸠摩罗什。抢到了，就要送回长安，但路途确实是太远了，走了一半，才到凉州。到了凉州，吕光将军听到一个惊人的消息，派他出来抢人的国君苻坚已经下台。苻坚先是惨败于著名的淝水之战，后又被杀。吕光想：既然这样，我们为什么还要回长安呢？干脆，在凉州住下得了。反正有军队，一切都能安顿下来，他就做起了凉州的统治者。

那么，被他抢来的鸠摩罗什该怎么处理呢？吕光对他的学问并不太懂，但知道他是人人争抢的宝贝，必须严加看守。就这样，鸠摩罗什在凉州住了整整十六年。

鸠摩罗什在龟兹，乃至整个西域，都是最高等级的佛教学者。这么一位大学者滞留凉州十六年，能做什么呢？除了继续精修佛理外，他还在汉语学习上下了极大功夫。正好吕光派到他身边看守的那些士兵，来自中国很多地方，鸠摩罗什也顺便学会了很多汉语方言。十六年，已使他成为一位精通汉文的语言学家，这为他后来在长安主持翻译工作，起到了极大的作用。他在中国历史上，是一位与唐代玄奘齐名的大翻译家。玄奘的很多翻译，还要沿用他的经典译法，例如《心经》里的名句"色即是空，空即是色"，就是鸠摩罗什的译法。

说到他到长安主持翻译工作，那又是另一场文化争抢大战了。原来，新的后秦君主姚兴突然想到前辈有一个稀世宝贝遗落在凉州了，就下决心要抢回来。凉州怎么肯放？因此姚兴派出十万雄师讨伐凉州。结果，四〇一年，鸠摩罗什被姚兴抢到了，来到了长安。

同样是由长安出发的争抢，第一次，鸠摩罗什还很年轻；但是，当他真到长安时，已经五十七岁。

为了争抢一位文化人、一位哲学家、一位佛学家、一位翻译家，居然一次次派出重兵，而争抢的路途又非常遥远。这样的事情，虽然有点儿荒唐，却让我敬佩。发生这种事情的中国，一定会孕育一个伟大的时代。

对凉州来说，几十年的马蹄，一会儿挟着一个文化大师来了，一会儿又挟着文化大师走了。但是，文化不像财富、权势那样，被抢走就没有了，文化有根，有气，有脉，只要来过就播下了种子。抢走了一位文化大师，却抢不走那里已经形成的文化氛围。没有了鸠摩罗什的凉州，依然是文化中心。

因此，在鸠摩罗什被抢走的三十八年之后，又有浩浩荡荡的军队来抢文化了，那就是我前面讲到的北魏王朝的军队。他们的胃口很大，一口气抢走了三万多人。

被争抢走的凉州文化，在各地蔚然成风。首先是大同的云冈石窟，尤其是处于中心地位的"昙曜五窟"，接着是洛阳的龙门石窟，最终落脚于长安。几乎整个黄河流域，都被凉州渗透了。

凉州因为在文化上功劳巨大，竟然获得了不可思议的报偿，那就是出现了一个归结性的世界级盛典。公元七世纪初，隋炀帝在凉州举办了一次隆重的"世界博览会"。

隋炀帝即位后，便接受裴矩关于进一步拓展西域商路的建议，让河西走廊和凉州又一次鲜明地进入朝野视线。山西人裴矩目光远大，在我看来，他是当时少有的"宏观经济学家"。他以"互市"的观念来反对古代的贸易保护主义，而且编制《西域图记》标明丝绸之路的三条行经路线，因此是重新疏通国际通道的关键人物。正是在他的鼓动下，隋炀帝在六〇九年到河西走廊上与凉州并列又相邻的张掖，举办了一场由西域二十七国参加的贸易盟会。

隋炀帝下令，凉州、张掖两地的仕女必须盛装出席。除了大量商品的展示外，凉州乐舞、西域诸艺和中原艺术家悉数会聚。参与的人群，摆出了延绵数十里的阵仗。

这是一次真正意义上的古代"世界博览会"。初看似乎以贸易为重点，其实是中原王朝与西域各国全方位交流的重新启动。

隋炀帝是中国历史上唯一亲临河西走廊的中原帝王。他亲自重新疏通丝绸之路的壮举，让我联想到他的另一壮举——开凿大运河。一条横向的走廊，一条竖向的运河，这实在是中华文明的两大命脉。他在位仅仅十四年，竟然准确地握住了这两大命脉，实在很不容易。不少史书对他颇有贬抑，因为他过于好大喜功、奢靡无度，但是我对他的一些大思路，却颇为肯定。

隋炀帝一死，唐朝就建立了。唐朝的话题很多，但显然一直保留着浓重的凉州风范。在此，我们不妨看两首《凉州词》。

一首是王之涣的：

黄河远上白云间，一片孤城万仞山。羌笛何须怨杨柳，春风不度玉门关。

另一首是王翰的：

葡萄美酒夜光杯，欲饮琵琶马上催。醉卧沙场君莫笑，古来征战几人回？

这种豪放乐观的壮士情怀，正是唐文化的主调。那么多唐代诗人心中，怎么也放不下这个凉州。

第十六节
长安：世界性的生活方式

终于到了唐代。

唐代是中国文化的最高荣誉所在，因此，也是中国文化取得世界身份的最高一级台阶。

最高台阶，总是具有标志意义。因此，"唐"这个字，常常成为中国、中国人、中国文化的简单标记。世界各地的"唐人街"，以及"唐装"、"唐服"、"唐乐"，都是例证。

唐代，不仅在中国是至高坐标，在世界也是至高坐标。这并不是中国人做出的判断，而是世界共识。记得我到国外一些著名古城的遗址参观时，总会遇到这样的讲解："这应该是七世纪世界上最壮丽的城市。"观众们自然地等待着讲解员不能不说的下半句："当然，除了长安。"在埃及的卢克索，一位胖胖的女讲解员在说，卢克索的古名叫迪比斯，是整个古代世界的顶端城市。刚说出这一句，她瞟到了几个中国人的脸，就赶紧笑着说："当然，我没有把中国唐代放在里边。"

国际上历史学家的论断就更多了，我作为一个中国人不好意思多加引述，但对一位着意构建"二十一世纪全球通史"的美国历史学家斯塔夫里阿诺斯有点儿兴趣。他在最新版的《全球通史》中做出这样的论断：罗马崩溃之后欧洲进入了中世纪时期，而中国则突飞猛进，一直是世界上人口最多、最富饶、最先进的国家。从六世纪到十六世纪，中国文明以其顽强的生命力和对人类遗产的巨大贡献，始终居于世界领先地位。

七世纪，当长安城人口多达百万的时候，罗马城的人口已不足五万。即使是以前还没有衰落的罗马古城，在面积上也只有长安的七分之一。而西罗马帝国灭亡后的欧洲，处处弥漫着中世纪神学极端主义的阴云，经常燃起焚烧"异教徒"的火堆。

再从欧洲往东边看，曾经气魄很大的波斯帝国已经在七世纪中叶被阿拉伯势力占领。唐朝为了保护他们的王室，还设立过"波斯都护府"。印度，在差不多的时间因戒日王的去世而陷于混乱。当时世界上比较像样的首都，除了长安之外还有君士坦丁堡和巴格达。君士坦丁堡是拜占庭帝国的都城，是联结东、西方的枢纽；巴格达是当时气势如虹的阿拉伯帝国的中心。但是，把这两大都城加起来，还不到长安城的一半。

大家记得，我在讲述"文化的定义"时已经表明，文化，首先是一种习惯了的精神价值和生活方式。那么，先说生活方式吧。我必须告诉大家，唐代长安已经习惯了一种世界性的生活方式。这恰恰是唐代文化的重要基础。

首先，当时的长安人过着一种没有国界的商业生活。

长安城占地八十多平方公里，其中有两个商市，一个叫东市，一个叫西市，各占一平方公里，加在一起占长安城的四十分之一，面积似乎不大。但是不管是东市还是西市，各有一个"井"字形的街道格局，划成九个商业区。相比之下，西市更集中了大量外国客商，比东市繁荣得多。

东市虽然没有西市繁荣，但也是够热闹的。我在《仰望长安》一文中曾经引用了一个日本和尚圆仁的日记。他到长安来研习佛法，住在东市。那天，他在日记里写道：六月二十七日东市在半夜失火，烧毁了曹门以西二十四行的四千四百余家商铺。

这个日记，是一份重要的经济资料。一场大火烧掉了东市曹门外二十四行的四千多家商铺，那么东市一共有多少行？据说有二百二十行。那请推算一下，一共应该有多少商铺？这还只是在不太繁荣的东市。西市会是什么样呢？

西市一派异域情调，而这种异域情调是长安城的主调。饭店、酒肆很多，最吸引人的是"胡姬酒肆"，里边的服务小姐都是从中亚和西亚过来的美艳姑娘。在酒肆周围，处处可见拜占庭风格的建筑、罗马的艺术、印度的杂技魔术，很多店铺喜欢装饰希腊的缠枝卷叶忍冬花图案。

我前面说过，波斯被阿拉伯人占领了，但在长安街上，既能看到波斯人，也能看到阿拉伯人。我在史料中并没有发现他们互相寻衅斗殴的记录，大致算是相安无事。波斯人在战场上是输家，但在商场上却是赢家。宝石、玛瑙、香料、药品，都是他们在经营。更让人耳目一新的是，波斯服装风靡长安。现在伊朗女性的服装有颇多限制，但在那个时代正好相反，她们因大胆、时尚而引领潮流。不仅衣料很薄又有美丽图案，而且紧身、低胸，经常变换，让各国女子，特别是中国女子大开眼界。现在我们在敦煌壁画中，还能看到波斯服饰的美丽踪影。

长安街头，外国人很多。三万多名留学生，其中日本留学生就前前后后来过一万多。留学生也能参加科举考试，仅仅在唐代晚期，得中科举的新罗（朝鲜）士子就有五十多名。科举制度实际上是文官选拔制度，因此这些外籍士子也就获得了在中国担任官职的资格。他们确实也有不少留在中国做官。

不仅有这么多外国留学生和外国考生，更难得的是，朝廷还对他们极为重视。几年前，西安出土了一个方形的墓碑，上面刻有墓志铭。墓主是一个十九岁的日本留学生，他在长安去世了，中国皇帝居然亲自给这个外国留学生写了墓志铭。墓志铭中提到"日本国"，这是历史上第一次正式在汉文中出现"日本"两字。二〇〇五年，我去东京参加联合国世界文明大会，日本正在纪念唐代留学生墓志铭这件事，我也应邀参加了隆重的仪式。我在仪式中想，才十九岁的一个外国孩子，唐朝皇帝居然亲自写墓志铭，这是一个什么样的朝代啊！

因此，十几年前西安市决定修复唐王朝皇宫所在地——大明宫遗迹，日本政府决定对基础工程出资援建。我是这一遗址修复工程的文化顾问，知道这是国外对唐朝的一种报恩。

有一位波斯人，被唐王朝派遣到拜占庭帝国做大使。请注意，他是波斯人，却是唐王朝的大使！他的名字，在中国史册中叫"阿罗喊"。当代日本学者羽田亨认为，"阿罗喊"就是"亚伯拉罕"，犹太人里一个常见的名字。既是波斯人，又是犹太名，极有可能是一个居住在波斯的犹太人。

一个波斯犹太人居然担任了中国大使，去了拜占庭上任。由此也证明，唐朝由于处于世界性的生活方式之中，一切界限都有可能消除。

这种世界性的生活方式，又发生在一个世界级的城市环境中。长安的朱雀大街，宽一百五十五米，比巴黎的香榭丽舍大道还要宽三十多米。长安的街道两边都安置了下水道，下水道边上种植了榆树和槐树，旁边还有一米左右宽的人行道。

长安城里划分成一百零八坊。每当太阳下山之后，长安就宵禁了，把一个个坊关起来，市民只能在坊内活动，以此来维持一个国际级大都市的秩序和安全。市民如果觉得不太自由，可以移居到东边的洛阳或四川的成都去。最自由的地方是南方的扬州，它已经是一个有大量外国船只来来往往的码头，而日夜的生活更是富裕放达、无拘无束。因此，"腰缠十万贯，骑鹤上扬州"，是很多唐代人的梦想。

第十七节
精神格局和整体诗性

我们已经明白，唐代长安普及了一种世界性的生活方式。这种生活方式中显然包含着精神价值，两者合在一起就构成了我所定义的文化。大家都知道唐代拥有充分的精神价值，但奇怪的是，它没有主体信仰，在精神上非常开放。

唐太宗李世民本来并不怎么信仰佛教，他自称是老子后裔（都姓李），曾下令"道先佛后"。后来因为要欢迎玄奘从印度取经归来，并向玄奘请教，信仰发生了变化，还亲自为玄奘翻译的《瑜伽师地论》写了序言，那就是大家知道的《大唐三藏圣教序》。

唐代让我特别佩服的是，收容了不少已经被毁灭的外国宗教。不管是摩尼教，还是拜火教，在原来的流传地都遭遇了不幸。摩尼教的创始人摩尼，被处以死刑，死得非常惨，但在唐朝却建造了摩尼教的道场。拜火教，又叫祆教，也叫琐罗亚斯德教，这个教曾经迫害过摩尼教，后来被伊斯兰教消灭了，但在唐朝死而复生。仅仅在长安的朱雀大街上，就有拜火教的四座教堂，而且建得都很好。

　　唐代在宗教上的成功，造成了一个极好的精神成果，那就是此后的中国一直没有产生过"一教独大"的现象，随之也没有产生过宗教极端主义。

　　唐代也不在乎文化意义上的"精神主体"和"国家哲学"。它的"国家哲学"就是"道无常名，圣无常体，随方设教，密济群生"。

　　对此，我可以做一个散文化的比喻——春天时节来到一个生机勃勃的山谷。

　　问山谷主人："你喜欢哪一种花？"

　　主人说："我喜欢每一种花。"

　　再问："难道不能精选出一种吗？"

　　主人说："选了一种，就没有了春天。"

　　这就是唐代的精神价值。

　　讲过了生活方式和精神价值，按照我的文化定义，可以深入到集体人格了。

　　唐代的集体人格中，能够明显找到北方大漠狼烟的成分。还记得孝文帝下令，要求鲜卑族贵族与汉人通婚吗？现在看到最明显的血缘成果了：唐高祖李渊和唐太宗李世民的生母都是鲜卑人。李世民的皇后也是鲜卑人。结果，唐高宗李治的血统，四分之三是鲜卑族，四分之一是汉族。

这个让所有中国人世世代代都骄傲的唐朝，它的皇家血脉，居然是这样的构成。历史上最健全集体人格是怎么构成的？这里似乎隐藏着某种"另类答案"。

进入了集体人格，即便并无血缘，也被裹卷。如果说，包括鲜卑族在内的北方少数民族和西域人士，都被习惯地通称为"胡"，那么在唐代，"汉人胡化"盛极一时。大家不仅听胡乐，吃胡食，而且在人生格调上也转向轻健勇猛。用李白的诗句来概括，就是"儒生不及游侠人"。就连最文雅的王维，也十分赞赏这样的青春形象，他的诗中有这样的句子："少年十五二十时，步行夺得胡马骑。"

"胡化"，是在冲破狭小心理空间之后，对生命力的高度活化。这种活化，使中国文化的集体人格中，增加了"呼鹰"、"挥鞭"、"仗剑"、"杀虎"等强悍的气息。随之而来，衣服也开始流行小腰身，连女子化妆，也以"髻堆面赭"为时尚，也就是把发髻束起来，不再做鬓角装饰，也不再追求脸白唇红，反而故意以深色涂脸，还把嘴唇的颜色涂得更深，近似黑色。这一系列细节，都在崇尚豪爽刚健的野外行动风尚。

在这些外部形象之中，包裹着一种惊人的青春气息。

唐代集体人格最诱人的就是这种青春气息。这种青春气息，我们在诸子百家中没有见过，他们总是显得过于老成。在秦汉王朝也没有见过，在那里，即使是年轻人也被巨大的社会职能掩盖了年龄。在魏晋名士中倒是见过，但他们过于凄美而短暂，总是昙花一现。唯有在唐代，青春勃发成了主要的人格特征。

唐代集体人格中的青春气息，保留着很多天真的成分。睁大眼睛看奇妙的世界，一直保留着学习的心态，于是处处有发现，时时有好奇。

唐太宗的墓葬，最能体现一代集体人格的极致状态。

世界上没有另一位帝王的陵墓会是这样精彩。什么话也不说，只用墓主骑过的六匹战马的浮雕来概括一生。须知，墓主是一位千言万语也说不尽的盛世开拓者，但他不要千言万语，只要这六匹马。

这个构思已经充分表明，墓主的人格核心是什么。

昭陵六骏之拳毛䯄

　　唐太宗的陵墓昭陵，比之于有着无数兵马俑守护着的秦始皇陵墓，有一种以小博大的智性、个性、灵性、诗性。六匹战马并不是人，却能产生对一个人的无限想象，而且能把这个人漫长的生平贯通，实在是充满诗意的构思。

　　这个构思能够成立，还取决于一种宏大的集体心理，那就是唐代朝野上上下下都要接受让六匹无言的战马来象征一个帝王、一个帝国。这似乎不太可能，但在唐代，大家竟然接受了。由此可知，六匹战马的浮雕，早已成为当时的"社会公共图像"，成为六首全民都可吟诵的"组诗"。

　　你看，连陵墓都在写诗了，这就说明，唐代的集体人格，从生到死，都是创造性的，艺术性的，充满诗人情怀的。而且，鉴于大家都乐于接受，证明唐代出现了人类历史上十分罕见的"整体诗性"。

　　一讲到"整体诗性"，我们就会兴奋起来，因为显然要面对重点中的重点——伟大的唐诗了。

　　唐诗就像一个非常堂皇的古典庭院，我们不能急匆匆地随脚踏入，而应该稍稍停步，整理一下自己的衣衫，然后抬头仰望一会儿，想想此前对这个庭院有什么样的猜测和误会。

对象越伟大，越容易产生误会。

粗粗一想，现在的人们常常会对唐诗产生一些似是而非的理解，例如：

一、以为在唐代，大家都在背诗；

二、以为凡是唐诗都写得很好。

这些误会，把平庸混同于天赋，把记忆混同于创新，把流行混同于佳作，尤其是把惯性混同于诗性。

所谓诗性，其实是一种不可重复的创造敏感，敏感于自然和人性之美。如果把这种敏感变成了可以无限重复的搭建，这个误会就大了。

为此，我对目前社会上引导青少年大量背诵唐诗和其他古诗的风潮不太认同。对此我想多讲几句，因为听说我们这个课程的很多学员也进入了这个误会。

优秀的唐代诗人，并不愿意背诵太多别人的诗。因为他们心里都明白，优秀作品一旦产生，就变成了一种不可被别人介入的凝结体。它们已经占据了特定的表达方式，剥夺了别人再度运用的权利。也就是说，一个诗人背诵别人的诗，并不是提醒自己应该怎么写，而是提醒自己不应该再这么写。既然如此，一个处于良好创作状态下的诗人，怎么会让许许多多从外面捡来的障碍挡住自己的路？

　　读得太多的群体，一定是创作才华比较缺少的群体；同样，读得太多的时代，一定是创作思维比较僵化的时代。

　　那么，优秀的创作者会读一些什么呢？唐代诗人回答道，他们读山水、读天地、读人心、读自己。

　　因此，如果现在老师和家长要孩子们背诵一些古诗，让孩子们领略古代诗人"读山水、读天地、读人心、读自己"的美好成果，是一件好事。但是，如果老师和家长在背诵古诗的数量上提出了过分的要求，甚至要他们到外面参加比赛，那就应该警惕了。

　　不妨请孩子们回想一下，当你们一起结伴出去游玩的时候，有这样一位同学，他到任何一个地方都会背出与这里的风景有点儿近似的古诗，大家的感觉是什么？大家开始一定会觉得佩服，很快会觉得不合时宜，影响了当天无拘无束的心情，接下来，谁也不想跟他玩了。

　　那么，我要走到这位被大家抛弃了的孤独同学面前，劝告他：如果你真的热心于诗，那就应该挖掘自己内心深处的诗性，而不要对别人的作品"倒背如流"。这就像，你如果有志于做一名好厨师，那就不要在门口大声背诵历来的菜谱。

谁都知道，能把菜谱背诵得抑扬顿挫、声情并茂、一字不差的，一定不是好厨师。

这就牵涉到另一个误会了，以为菜谱上的都是好菜，以为唐诗都是好诗。

唐朝到底出过多少诗？实在无法统计。但在一千年后的清代编的《全唐诗》，收了四万九千多首，作者两千八百余人。这是颠荡了一千年后的剩余，那么当时茂盛的景象就可以猜想了。这么庞大的体量，对艺术创作而言，绝大多数必定是平庸之作，值得后人吟读的比例很小。我倒是认真地翻阅过《全唐诗》，知道平庸之作具有古今中外类似的共通毛病，那就是一眼看去十分脸熟，却又吞吞吐吐地让人提不起精神。因此我坚信，要让唐诗保存一个好名声留之于历史，必须做的事情是一遍又一遍地精选。唐诗在历史上的好名声，都是由那个极小的比例带来的。

我在第二册《记住这些名字》中花费不少篇页介绍了唐代几个最重要的诗人，又在第三册《熟读这些作品》中精选了当代青年应该背诵的唐诗篇目，希望大家注意。

第十八节
宋朝的生态文化

如果说，唐代是中国文化的高扬期，那么宋代就是中国文化的精粹期。

如果唐代文化像浩荡瀑布，那么宋代文化就像是承接瀑布的大湖。它没有瀑布那么壮观、有力，却把瀑布的道道流脉收纳了、汇聚了、融合了。

瀑布也会因为撞到半山岩礁而水花四溅，但毕竟高度犹在，气势犹在，力量犹在，总能喧嚣而下。而下面的大湖却失去了高度，失去了气势，失去了力量，虽然风光无限却鱼龙混杂、乱石嶙峋、浊流横注。而且，瀑布很难被骚扰，而大湖却可能随时被侵入。

因此，看似平静的大湖，必然比瀑布复杂得多、混乱得多、危险得多。

我们前面曾经讲到，从北魏通向唐代的过程中，以鲜卑族为代表的一些马背上的少数民族，既让自己"汉化"，又让汉人"胡化"，变成了相互激励、相互塑造的一个个双元结

张择端《清明上河图》(局部)

构，产生了辉煌的正面成果。但是事实证明，这种既"汉化"又"胡化"的双元结构也掩盖了很多矛盾，时时有可能爆发。例如那个安禄山，父亲是西域人，母亲是突厥人，应该算是一个胡人吧，他的叛乱让胡、汉之间重新审视，发现根本裂痕没有消除，而且远比想象的严重。到了宋代，一切都摆到桌面上来了。

你看北方契丹族建立的辽，立国时间早于宋朝，领土面积大于宋朝，宋朝哪里是它的对手？然后是西北方向党项族建立的西夏，一次次进攻宋朝，宋朝也屡战屡败。再后来，辽的背后女真族建立的金，领土也比宋大，先把辽灭了，又来灭宋。总之，几乎周边所有的力量都与宋朝过不去。

不仅过不去，而且这些力量已经不是一支支处于分散状态的游牧部落，而是早就从大唐、大宋学习了大国风范、统治结构、军事谋略。因此宋朝面对的已经不仅仅是呼啸的马队，而且是一拨拨智商很高的强大对手。这样一来，宋朝，总是在听一份份触目惊心的战报，总是在找一支支"精忠报国"的队伍，总是在想一个个"拉谁打谁"的诡计，总是在发一声声"国破家亡"的感叹。这还是在说周边环境，如果再说由此引发的朝廷内讧、重重党争、奸臣忠臣、变与不变，那就更是一团乱麻了。

很多历史学家在说宋代的乱局时，也出现了观念上的错乱。最大的错乱是把军事得失、宫廷争斗，当作了历史的唯一主调，因此极度夸张。其实，真的历史主调并不在这里。

难道除了军事得失和宫廷争斗，历史还有别的主调？我知道，这个想法一定会让很多朋友感到诧异，因为他们早就习惯于在奏折、圣旨、战报中来看历史。要改变这种习惯很难，但我终于得到了一个帮手。

那是在几年前，中国举办了一次世博会，作为主馆的中国馆，应该陈列一件最能概括中国历史的作品，最后选中了《清明上河图》。展出之后，所有中外观众，没有任何异议。

《清明上河图》反映的就是宋代。但是请注意，这幅五米多长的画卷里，画了五百多个各色人等，却没有皇帝、皇后，也没有大臣、将军。

这是对宋代首都汴京一段河边街道的真实描绘，主要表现热闹的商业景象和市民生活，有饮食摊、杂货摊、茶座、酒店，还有大量卖花、卖刀、卖卦的各种小贩和拉船的纤夫。画中有大小船只二十几艘、车轿二十几辆、骡马五十余匹，真是一片繁华。

看到了没有？生态，也就是广大普通民众的基本生活方式，才是历史的主调。

我在讲述唐代长安的时候，曾经引用一位日本和尚的日记，提到某夜一场火灾烧掉了长安东市几千家商铺。我说，这短短一句话，却是一份重要的财经资料。可惜，这只是一个外国和尚在惊慌失措间写下的日记，而不是我们宫廷史学家的记录。我们宫廷史学家的目光，主要集中在离东市不远的宫墙里边，那里哪怕发生一次无聊的争吵，也会被郑重地写入史册，让后代学者全都跟着走，成了一部与宫墙之外的百姓生活没有多大关系的奇怪历史。

因此，我今天要郑重地告诉年轻的读者朋友，按照国际认可的现代历史哲学，全民生态史的地位，远远高于宫廷斗争史。可惜，你们听到的故事，读到的课本，常常是颠倒轻重的。

在学习历史的时候，我们更应关注的是生态变迁、人口增减、农业收成、自然灾害等方面的历史状况，连饮食方式、交通状况、婚丧礼仪也值得注意，而不能再把皇帝的笑、妃子的哭、大臣的阴、将军的狂，当作历史的主调。

感谢那位记日记的日本和尚，更感谢《清明上河图》的作者张择端，他们提供了正统史册之外的另一种历史。现在才知道，这才是更重要的历史。

历史观念转变了，我们就会发现，在整体生态质量上，宋代确实很好。抓住了这个龙头，宋代就不乱了。

说宋代的生活方式，首先要与我们高度赞扬过的唐代来比一比。

与《清明上河图》里的汴京一比，唐代长安的西市和东市就太局促了。汴京没有"坊"的限制，完全开放，自由流通，仅仅手工业就比唐代的长安多了四倍。

作为一个农业大国，宋代的水稻种植面积比唐代扩大了整整一倍。种植技术更是迅速提高，江浙一带的水稻亩产量，已达到八九百斤。蚕桑丝织和瓷器烧制进入了高度专业化的生产阶段，产量和质量都突飞猛进。城镇总量已接近两千，城市人口占到了全国总人口的百分之十二。就是在宋代，中国人口突破了一亿大关。

据美籍历史学家黄仁宇先生的统计，当时的商品流通量，如果折合成现在国际上的价格，已达到六十亿至七十亿美元。毫无疑问，是当时世界之最。

生活方式的拓展和提升，也必然带动了精神价值的拓展和提升。宋代在科学技术上的创造力，达到了整个中国古代史的高峰。例如，宋代把雕版印刷推进到了活字印刷，把火药用于战争，把指南针用于航海。这些技术传到西方后，极大地推动了人类文明的进程。在宋代，还出现了一系列重要的科技著作，像沈括的《梦溪笔谈》、秦九韶的《数书九章》、宋慈的《洗冤集录》等。各门学科都出现了一种认真研究的专业气氛。

我在三十多年前写作《中国戏剧史》时，曾花费不少时间研究宋代的市井生活，仔细地阅读过《东京梦华录》、《都城纪胜》、《梦粱录》、《武林旧事》等著作，知道了北宋都城汴京和南宋都城临安，都已经形成相当精致的市民社会。与此相应，教育也突破了唐代后期的门阀权势，呈现出平民化、普及化的趋势，科举制度扩充了规模。总体来说，宋代在中国古代史中，是文化教养最高的朝代。

宋代的文学、艺术、哲学，更不待说。

我不想急急地搬出苏东坡、朱熹、陆游、辛弃疾、郭熙、梁楷来说事，而要特别指出宋代的一个重大文化走向，那就是文官政治的正式建立。

宋代的文官政治是真诚实施的，而不像其他朝代那样只把文化当作一种装扮。

在中国古代，一切官员都会有一点儿谈论经典、舞文弄墨的本事，一切文人也都会有一点儿建功立业、修齐治平的雄心。因此，要制造政治和文化的蜜月假象十分容易，要在文化人中选一批谏官、谋士、史笔、文侍也不困难。难的是，能不能选出最具代表性的文化灵魂来问鼎最有权力的官僚机器。历来几乎没有哪一个时代能够回答这个问题，但是，宋代回答了。

你看，范仲淹、王安石、司马光，这些人如果没有当政，他们在文化上也是一代宗师。但是，他们又先后担任了朝廷的最高级别行政首脑。

既然认认真真地实施了文官政治，那么，由文官政治的眼光看出来的官场弊端和社会痼疾，能不能进一步消除？这个问题也必须交给文官自己来回答。回答得好不好，决定着中国以后的统治模式。

先是那位一直抱持着"先天下之忧而忧，后天下之乐而乐"这种高尚情怀的范仲淹，提出了以整顿科举制度为核心的吏治改革方案，目的是让宋朝摆脱冗官之累而求其强。十余年后，王安石更是实施了牵动社会整体神经的经济改革方案，目的是让宋朝摆脱冗费之累而求其富，而且立竿见影，国家的财政情况果然大有改观。但是，司马光则认为天下之富有定数，王安石式的国富必然导致实质性的民穷，而且还会斫伤社会的稳定秩序，因此反对变法，主张"守常"。

王安石和他的政敌司马光，包括他们前前后后的范仲淹、欧阳修、苏东坡，这些人文学者在十一世纪集体呈现的高度政治才华，使中国政治第一次如此浓烈地焕发出理想主义的文化品性。

宋代文化气氛的形成，与文官政治有关，但实际成果又远远超越了政治。

大概在宋朝建立一百年后，一些高水准的哲学派别开始出现。

宋代哲学思想的黄金时代大约延续了一百三十年，其间真是名家辈出、不胜枚举：周敦颐、邵雍、张载、程颢、程颐、杨时、罗从彦、李侗……终于，一个辉煌的平台出现了，朱熹、陆九渊、吕祖谦、张栻、陈亮、叶适等一众精神巨匠，相继现身。如此密集的高层智能大迸发，只有公元前五世纪

前后即中国的诸子百家时期和古希腊哲学的繁荣时期，才能
与之比肩。

朱熹是一个集大成者。他的学说有一种高贵的宁静，企
图为中华文明建立一个包罗万象的永恒体系，并为这个永恒
体系找出一个唯理论的本原。他找到了，那就是天地万物之
理。因此，他也找到了让天地万物回归秩序的理由，找到了
圣人人格的依据，找到了仁义礼智信的起点。

为此，他在儒学各家各篇的基础上，汲取佛学和道学的
体系化立论法则，对天地万物的逻辑进行重新构造。他希望
自己的思考能够获得感性经验的支持，因此用尽了"格物致
知"的功夫。而且他相信，人们也只有通过感性经验才能渐
渐领悟本原。

朱熹长期担任地方官，对世俗民情并不陌生，太知道普
天之下能够理解这种高层思维的人少之又少。但是，他没有
因此而停步，反而越来越把自己的思维推向缜密与完整。他
是这样，他的诸多同行，包括反对者们，也努力想做到这样。
这种精神博弈必须建立在足够的文化基座之上，建立在心照
不宣的文化默契之上。只有宋代，具有这样的基座和默契。

正由于对世俗民情的了解，朱熹又要在高层思维之余设

计通俗的儒学行为规范，进行教化普及。这种设计，小而言之，关及个人、家庭的涵养观瞻；大而言之，关及国家、社稷的仪态程序。他想由此使自己的唯理哲学付诸实践，使天下万物全都进入合理安排。这种企图，并没有流于空想，而是切切实实地变成了"三纲五常"之类的普及性规范，传播到社会各个阶层。

在这方面，负面影响也是巨大的。因为这显然是以一个抽象的理念压抑了人性，否定了个体，剥夺了自由。好在这是在宋代，朱熹的设计遇到了强大的学术对手，例如陆九渊、陈亮、叶适他们。这些学术对手所播下的种子，将在明代开花结果，尤其在我家乡的王阳明手上将爆发一场以"心学"为旗帜的思想革命，为近代思维做出重要的远期铺垫。

因此，再权威的思想体系，只要出现在"对手如林"的良好学习气氛中，而且这些对手又足够强大、足够公开，那就能避开专制思想的祸害。宋代为朱熹提供了这样的学术气氛，因此也造就了一个令人尊敬的朱熹。可惜，到了明、清两代，这种学术气氛被专制思想所替代，朱熹的形象也被蒙污。

第十九节
迟到的原因

元代很短，但是文化的话题不少。其中特别重要的，是涌现了一种辉煌的文化。一涌现才发现，这种文化在中国是"迟到"了，而且"迟到"的时间很长。多长？一千多年。

这迟到的文化，就是中国戏剧。古希腊早在两千五百年前就有了永垂史册的悲剧，古印度早在两千年前就有了充分成熟的梵剧，中国本来在文化上什么也不缺，怎么就独独缺了戏剧？不仅孔子、孟子没看过戏，屈原、曹操没看过戏，而且李白、杜甫也没有看过戏。这实在太说不过去了。有人也许会说，不就是少了一项娱乐活动吗，有那么严重吗？非常严重。

现在有了电影、电视、网络视频，人们可能很少到剧场看戏了，但在文化发展的历史上，戏剧的有无，实在是一件天大的事。

为什么是天大的事？一般的艺术，要么动用视觉，像绘画和雕塑；要么动用听觉，像歌唱和奏乐；要么动用符号表述，像故事和诗歌。而戏剧，却把它们全都包罗了、综合了、交融了。这就是说，把人们的视觉系统、听觉系统、思维系统，全都调动起来了，让人不再以一个片断的人，而是以一个完整的人进入审美。这不仅是艺术史上的大事，也是人类史上的大事。

而且，戏剧的审美是一种群体审美，因此一个个完整的个人又扩大为社会群体。无数观众在同一个空间里与创作者进行着及时反馈，世道人心毕现无遗，有时甚至以群情激昂的声势显示文明的步履。

这样的盛事、好事、大事，居然长期与中国无缘？不管怎么说，这都太让人纳闷了。我在三十多年前写作《中国戏剧史》时，曾经花极大精力研究这个问题，却相当于白手起家，因为前辈戏剧史家们都绕过了它。他们说，怎么可以在没有戏剧的地方研究戏剧？我恰恰要在没有戏剧的地方研究戏剧，研究它为什么没有。研究的成果比较复杂，有兴趣的读者可以读一读我的《世界戏剧学》、《中国戏剧史》和《观众心理学》等学术著作，只不过对于青少年读者来说，都太厚了。如果要用最简单的语言来概括，中国戏剧"迟到"一千多年，是出于两个原因：

一、中国人在生活上的"泛戏剧化";

二、中国人在精神上的"非戏剧化"。

民众是习惯被引领的。引领者，大多是儒者、名士、君子。

君子在生活上的"泛戏剧化"，是指重礼仪。孔子为礼仪的全面复兴奔波了一辈子，结果，中国也常常被称为"礼仪之邦"。细说起来，礼仪实在太复杂了。那是一整套"程式化的拟态表演"，从服饰、身段、动作、步态、声音、表情，都进入了一系列虚拟仪式，并在仪式中夸张、渲染、固化。简单来说，他们必须处处演戏、时时演戏。"程式化的拟态表演"，其实也就是戏剧的基本特征。这一来，戏剧艺术立身的界限就模糊了。用美学语言来说，戏剧美在没有凝聚之前就四处散落，因此也难于凝聚了。如果要做一个通俗的比喻，那就像一个成天在吃大量零食的人，已经失去了对"正餐"的向往。

戏剧的"正餐"，应该包含比较激烈的矛盾对立和情节冲突，但在这一点上，君子们又不配合了。君子要求"温良恭俭让"，要求"和为贵"，这就从根本上贬斥了戏剧冲突。当冲突无可避免地出现，君子又要求用中庸、节制、互敬的方法来处理，这显然又构不成戏剧冲突所必需的尖锐、紧张和灭绝了。希腊悲剧中那种撕肝裂胆的呼号、怒不可遏的诅咒、惊心动魄的遭遇、扣人心弦的故事，都不符合儒家的精神规范。在精神规范上，儒家君子必须处于"非戏剧化"状态。

我这么一解释，大家也许都明白了，生活上的"泛戏剧化"和精神上的"非戏剧化"，从两方面阻止了戏剧的产生和发展。

这事对我这样的人来说，是一个大麻烦。因为我既喜欢君子，又喜欢戏剧，但它们两家不和，走不到一起，该怎么办？

没想到，解决这个问题的，是一次天崩地裂般的改朝换代。宋代灭亡了。蒙古人的马队占领全国，元代开始了。新的统治者当然无法恭行儒家的礼仪，因此，原来处处都在生活中演戏的"泛戏剧化"习惯散架了；他们长期在马背上冲击厮杀，君子们"温良恭俭让"的"非戏剧化"精神也消解了。结果，阻碍戏剧艺术成长的两大因素转眼就不存在了。

此外又出现两个辅助性因素。第一，新的统治者不谙汉文，不亲典籍，却非常喜欢观赏歌舞演出和小品表演。于是，各路表演人才集中了。第二，新的朝代废止了科举制度，中

元杂剧壁画（山西广胜寺水神庙）

国文人无路可走，其中比较有艺术才情的一部分人就混迹于越来越火热的表演团体之中，为它们打造各种本子。于是，剧作家队伍形成了。

少了两个阻碍因素，多了两个辅助因素，戏剧艺术自然就蓬勃而起、一鸣冲天。

在天地宇宙的力学天平上，一种长久的失落会引起强力反弹。中国在戏剧的事情上憋得太久远、太窝囊，于是在十三世纪"报仇雪恨"、全然平反。照王国维先生的说法，元剧已经可以进入世界坐标，而且毫无愧色。

于是，中国文化史中要增添一些名字了，例如关汉卿、王实甫、纪君祥、马致远……如果耐下性子再等一等，等到明清两代，又会有汤显祖、洪昇、孔尚任、李渔等一大串名字出现了。

而且，戏剧的地位越来越高，连最有文化等级的君子们，也不得不对它刮目相看。且不说后来明代高层文化界对昆剧的百年痴迷，仅说元代的《窦娥冤》、《西厢记》、《赵氏孤儿》，就已经让大批君子顶礼膜拜了。金圣叹曾这样写道：

　　《西厢记》必须扫地读之。扫地读之者，不得存一点儿尘于胸中也。《西厢记》必须焚香读之。 焚香读之者，致其恭敬，以期鬼神之通也。《西厢记》必须对雪读之。 对雪读之者，资其洁清也。《西厢记》必须对花读之。 对花读之者，助其娟丽也。《西厢记》必须尽一日一夜一气读之。 一气读之者，总揽其起尽也。《西厢记》必须展半月一月之功精切读之。 精切读之者，细寻其肤寸也。

文化史上还有哪些杰作，值得金圣叹如此恭敬呢？显然，戏剧在中国完全站住了脚。

第二十节
明清两代的沉闷

　　元代之后，是长达五百多年的明清两代。不管从哪个角度来判断，这都应该是中国文化的繁荣期，但事实并不是这样。

　　而且，如果放眼世界，正是在明代，欧洲从中世纪的梦魇中苏醒了。苏醒之后精力旺盛，文化灿烂。相比之下，中国文化的整体格局和气度，在明清两代显得弱了，散了。

　　造成这一切的起点，是朱元璋开始实施的文化专制主义。

　　与秦始皇的焚书坑儒不一样，朱元璋的文化专制主义是一种系统的设计、严密的包围、整体的渗透、长久的绵延。

　　由草根起家而夺取了全国政权，朱元璋显然有一种强烈的不安全感。他按照自己的政治逻辑汲取了宋朝和元朝灭亡的教训，废除宰相制度，独裁全国行政，滥用朝廷暴力，大批诛杀功臣，强化社会管制，实行特务政治。这么一来，国家似乎被严格地掌控起来了，而社会气氛如何，则可想而知。

　　不仅如此，他还直接问津文化。他在夺权战争中深知人才的重要，又深知掌权后的治国更需要文官。他发现以前从科举考试选出来的文官问题很大，因此经过多年设计，为科举考试制定了一套更严格的规范。那就是考题必出自经书，阐述必排除己见，文体必符合八股，殿试必面对皇帝。这么一来，皇帝和朝廷，不仅是政治权力的终端，也是学位考试的终端，更是全国一切文化行为和教育事业的终端。

这一套制度，乍一看没有多少血腥气，却把中华文化全盘捏塑成了一个纯粹的朝廷工具、皇家仆役，几乎不留任何空隙。

当文化本身被奴役，遭受悲剧的就不是某些文人，而是全体文人了。因为他们存身的家园被围上了高墙，被划定了路线，被锁定了出口。时间一长，他们由狂躁、愤怒而渐渐适应，大多也循规蹈矩地进入了这种"文化—官僚系统"。也有一些人会感到苦闷，发发牢骚。尽管这些苦闷和牢骚有时也能转化为不错的作品，但无可讳言，中国文人的集体人格已经从根子上被改造了。

与此同时，朱元璋对于少数不愿意进入"文化—官僚系统"的文人，不惜杀一儆百。例如，有的文人拒绝出来做官，甚至为此而自残肢体。朱元璋听说后，就把他们全杀了。更荒唐的是，他自己因文化程度很低而政治敏感极高，以匪夷所思的想象力制造了一个又一个的"文字狱"，使中华文化笼罩在巨大的恐怖气氛之下。

"文字狱"的受害者，常常不是反抗者，而是奉承者。这个现象好像很奇怪，其实很深刻。

例如，有人奉承朱元璋是"天生圣人，为世作则"，他居然看出来，"生"是暗指"僧"，骂他做过和尚，"作则"是骂他"做贼"。又如，有人歌颂他是"体乾法坤，藻饰太平"，他居然看出来，"法坤"是暗指"发髡"，讽刺他曾经剃发，而"藻饰太平"则是"早失太平"。这样的例子还能举出很多，那些原来想歌功颂德的文人当然也都逃不脱残酷的死刑。

恐怖培养奴才，当奴才也被诛杀，那一定是因为有了"鹰犬"。

一个极权帝王要从密密层层的文翰堆里发现哪一个字有暗指，多数不是出于自己的批阅，而是出于"鹰犬"的告密。例如前面所说的由"法坤"而联想到"发髡"，就明显地暴露出那些腐朽文人咬文嚼字的痕迹，而不太符合朱元璋这么一个人的文字感应。

当"文化鹰犬"成为一个永恒的职业，"文字狱"自然得以延续，而恐怖也就大踏步走向了荒诞。

朱元璋在发展经济、利益民生、保境安民等方面做了很多好事，不失为中国历史上一个有能力、有作为的皇帝，但在文化上，他用力的方向主要是负面的，留下的遗产也主要是负面的。

他以高压专制所造成的文化心理气氛，剥夺了精英思维，剥夺了生命尊严，剥夺了原创激情，后果非常严重，就连科学技术也难以发展了。明代建立之初，中国的科技还领先世界，但终于落后了，这个转折就在明代。

到了清代，"文字狱"变本加厉，又加上一个个所谓"科场案"，文化气氛更加狞厉。一个庞大国家的文化灵魂如果长期处于哆哆嗦嗦、趋炎附势的状态中，那么它的气数必然日渐衰微。鸦片战争以后的一系列惨败，便是一种必然结果。

由朱元璋开始实施的文化专制主义，以儒学为工具，尤其以朱熹的理学为旗帜。看上去，这是大大地弘扬了儒学，实际上，却是让儒学产生了严重的质变。因为与专制暴虐联系在一起了，它呈现出了一种仗势欺人的霸气。其实，这并不是儒学的本来面目。

在朱元璋之后，明成祖朱棣更是组织人力编辑《四书大全》、《五经大全》、《性理大全》，并严格规定，在科举考试中，"四书"必依朱熹注释，"五经"必依宋儒注释，否则就算是异端。不仅如此，在社会生活的各个方面又把宋儒所设计的一整套行为规范如"三纲五常"之类也推到极端，造成很多极不人道的悲剧。

朱棣在如此推崇儒学的同时，又以更大的心力推行宦官政治和特务政治，如臭名昭著的东厂。这也容易让儒学沾染到一些不好的味道。由此，产生了两方面的历史误会。一方面，后代改革家出于对明清时期极权主义的愤怒，很自然地迁怒于儒学，甚至迁怒于孔子本人，提出要"打倒孔家店"，五四时期就出现过这种情况。另一方面，不少人在捍卫、复兴儒学的时候，也不做细致分析，喜欢把它在明清时期的不良形态进行装潢，强迫青少年背诵、抄写、模拟，营造出一种背离时世的伪古典梦境。

其实，早在明代中期，儒学因朝廷过度尊崇而走向陈腐的事实已经充分暴露，于是出现了王阳明的"心学"。

王阳明和他的学说都很优秀，充分展示了中国知识分子有可能达到的人格高度。但是，即使是他，对中国文化的整体格局也无能为力。

当时中国知识分子的集体人格是什么样的呢？直到明代灭亡之后，有些智者才做出了反思。例如，大家常常以"最有气节"的方孝孺作为分析对象。方孝孺一直被世人看成是旷世贤达、国家智囊，但当危机发生，要他筹谋时，他却每一步都走错了。大家这才发现他才广意高、好说大话，完全无法面对世事实情。但是等到发现已经来不及了，他与朝廷顷刻灭亡。

明代高层文化人的生态和心态，被概括为一副对联："无事袖手谈心性，临危一死报君王。"也就是大家都在无聊中等死，希望在一死之间表现出自己是个忠臣。平时即便不袖手旁观，最关心的也是朝廷里边人事争逐的一些细节，而且最愿意为这些细节没完没了地辩论。有时好像也有直言抗上的勇气，但直言的内容、抗上的理由，往往不值一提，甚至比皇帝还要迂腐。

笔锋犀利的清初学者傅山更是明确指出，这种喜欢高谈阔论又毫无用处的文化人，恰恰是长久以来养成的奴性的产物，因此只能称之为"奴儒"。他说，"奴儒"的特点是身陷沟渠而自以为大，无感世事而满口空话，一见英才便联手扼杀。傅山实在恨透了这么一大帮子人，骂他们是咬啮别人脚后跟的货色。

　　反思得最深刻的是黄宗羲、顾炎武、王夫之这些思想家，他们从最终根源上揭示了君主专制的弊病，振聋发聩。但是，究竟应该怎么办呢？他们却不知道了。

　　本来，明代有过一些大呼大吸，是足以释放郁闷的。例如，十五世纪初期的郑和下西洋，十六世纪晚期的欧洲传教士利玛窦来华。这样的事情，本来有可能改变中国文明的素质，使之转而走向强健，但中国文明的传统力量太强硬了，它终于以农耕文明加游牧文明的立足点避过了海洋文明，也在半推半就的延宕中放过了欧洲文明。这种必然选择，使明清两代陷于保守和落后的泥潭，严重地伤害了中国文明的生命力。

　　比较有效地排解了郁闷的文化力量，倒是在民间。

　　明清两代的小说、戏剧都比较发达。严格说来，它们原先都是民间艺术。民间，给暮气沉沉的明清文坛带来了巨大的创造力。

　　几部小说，先是由几代民间说书艺人说出来的，后来经过文人加工，成为较完整的文本。这些说书艺人，在不经意间弥补了中国文化缺少早期史诗、缺少长篇叙事功能的不足。这是真正的大事，至于具体哪部小说的内容和形式如何，倒并不重要。

中国文化长期以来缺少长篇叙事功能，而是强于抒情、强于散论、强于短篇叙事。这种审美偏仄历久不变，反映了中华民族的心理结构。我们有时会用"写意风格"、"散点透视"来赞扬，有时也免不了会用"片断逻辑"、"短程观照"来诟病。但是，这种几乎与生俱来的审美偏仄，居然在民间说书艺人那里获得了重大改变。

他们由于需要每天维系不同听众的兴趣，因此不得不切切实实地设置悬念、伸拓张力，并时时刻刻从现场反馈中进行调整。于是，他们在审美前沿快速地建立了长篇叙事功能。

从《三国演义》、《水浒传》到《西游记》，都是在做一种不自觉的文体试验。《三国演义》解决了长篇叙事的宏伟结构，顺便写出了几个让人不容易忘记的人物，如曹操、诸葛亮、周瑜。《水浒传》写人物就不是顺便的了，而是成了主要试验项目，一连串人物的命运深深地嵌入人们的记忆，使长篇叙事功能拥有了一个很好的着力点。《西游记》的试验在前面两部作品的基础上，寻求一种寓言幽默，而呈现的方式，则是以固定少数几个易辨角色来面对不断拉动的近似场景，十分节俭。

这几种文体试验互不重复、步步推进，十分可喜，但在中国毕竟是一种草创，还无法要求它们在思想内容上有什么特别的亮点。

在创作状态上，这几部小说也有一个逐步提高的过程。相比之下，《三国演义》稚嫩一点儿，还紧捏着历史的拐杖松不开手。到《水浒传》，已经学会把人物性格当作拐杖了。只可惜，结构的力度只够上山，上了山就找不到一个响亮的结尾了。《西游记》不在乎历史，活泼放任，多方象征，缺点是重复太多，影响了伸展之力量。

这些试验，竟然直接呼唤出了《红楼梦》，真是奇迹。中国文化不是刚刚拥有长篇叙事功能吗，怎么转眼间就完成了稀世杰作？

《红楼梦》和曹雪芹，话题很大，我将在《记住这些名字》那册中进行介绍。

除了小说，明清两代的戏剧也有创造性的贡献。

元杂剧诞生后快速走向辉煌，但元代太短，明清两代继续了这种填补。明代的昆曲，居然能让中国社会痴迷了一二百年，创造了人类文化史上又一个奇迹。需要说明的是，这是我的早期专业，我曾在很多著作中做过详尽论述，就连联合国把昆曲列为人类非物质文化遗产，也与我的这些论述有关。

明清两代的戏剧，一般都会提到《牡丹亭》、《长生殿》、《桃花扇》这三出戏。这中间，汤显祖的《牡丹亭》无可置疑地居于第一，因为它在呼唤一种出入生死的至情，有整体意义，又令人感动。而其他两出，则太贴附于历史了。

清代中晚期，以京剧为胜。与昆曲具有比较深厚的文学根基不同，京剧重在表演和唱功。

第二十一节
神秘的歌声

各位，我们的课程正面临着一个重要转折点，也就是中国文化史的大脉络至此已经基本完成。

我们是从五千年前四大古文明的比较讲起的，截止于十九世纪到二十世纪的交界口。大家和我一起经历了令人永远怀念的春秋战国、秦汉文明、魏晋时代、大唐大宋，直到元、明、清。这一番漫长的回顾，使我们产生了作为一个中国文化子民的充实感。

其他古代文化早就陨落、中断，而中国文化一直活着，这确实是人类发展史上的一个奇迹。但是，我们不能回避，到十九世纪末二十世纪初，它面临着一个重大生死关头。

十九世纪末，列强兴起了瓜分中国的狂潮。文化像水，而领土像盘。当一个盘子被一块块分裂，还怎么盛得住水？但是，大家对于这个趋势都束手无策。

更麻烦的是，即使盘子不裂，水质本身也早已发生了变化。由于长久的保守、极权、腐败，中国文化也已经散发出一阵阵让人皱眉的气息。

中国文化有一万个理由延续下去，却又有一万零一个理由终结在十九世纪末。因此，这一个"世纪末"，分量很重。

如果中国文化真的终结于十九世纪末，在世界文化史上，它也是一个巍巍长寿者了，而且还是唯一的。但是显而易见，中国文化不情愿，所有的中国人都不情愿。中国文化的生死关头，一个明显的拐点就是八国联军入侵中国的首都北京。这八国，就是英、美、法、俄、日、德、意、奥。一九〇〇年八月十四日，北京陷落。这次入侵的结果之一，就是订立了《辛丑条约》，除了承担种种"无与伦比"的勒索外，中国还必须赔偿四亿五千万两白银。当时的中国人口，正好是四亿五千万。

毫无疑问，这是人类史上最大的屈辱，而屈辱恰恰属于文化范畴。中华民族的集体人格，被碾碎，被唾弃。我们反复讲述的"中国文化的世界身份"，也被彻底践踏。

人们终于看到了，一种悠久的文化，正面临着死亡时的全部症候。即便最乐观的人，至此也只会念叨两个字：无救，无救，无救。那么，此后的历史将记载，中国文化在公元前二十一世纪跨入成熟文明的门槛，到十九世纪末灭亡，存世

敦煌藏经洞

四千年。

然而，就在这个濒临灭亡的关口，一些不可思议的怪事出现了。

第一件怪事是，八国联军进入北京的时候，"京师团练大臣"王懿荣壮烈自杀。他自杀，是为了不让中国首都的防卫官员束手就擒而成为外国侵略者证明胜利的道具。但是，历史留给他的更重要的身份是：甲骨文的发现者。三千多年前的伟大商朝，将因为他，以完整的文化形态震撼世人。

第二件怪事是，稍稍早几天，也就是八国联军从大沽口出发向北京进军的关键时刻，敦煌藏经洞被发现，七世纪的伟大唐朝，将以极丰厚的文化形态震撼世人。

两个都是重大文化事件，但为什么，不迟不早，恰恰出现在那几天？更奇怪的是王懿荣，把"自杀"和"发现"合于一体，为什么恰恰是他？

我相信，这不是巧合，而是中国文化背后的"天地元气"，在关键时刻发威了。

这两度发威的力量够大，因为一个代表着商代，一个代表着唐代。一个是世界古文明中最强大的朝代，一个是中国文化史中处于高峰期的朝代。

　　而且，这两度发威的规模都够大。并不仅仅是几件文物出土，而且是两个取之不尽的宏伟宝藏的面世，直到百年后的今天，人们还无法穷尽它们的深度和力度。

　　这两个重大文化事件充分证明：中国文化不甘就此灭亡，中国文化不愿就此终结。

　　我在北京大学讲授中国文化史时，故意把顺序颠倒过来，从中国文化濒临灭亡的时刻开始讲起。我说，当时的中国，已经被一群强人围殴之后倒地不起，奄奄一息。看来是没有什么希望了，但是，它突然听到了自己童年时代和青年时代的歌声。

　　那歌声来得很远，却带来了强大的生命信息，它浑身一抖，睁开了眼睛。然后，扶着墙，它慢慢地站起来了。

　　童年时代的歌声，就是甲骨文带来的商代文化。青年时代的歌声，就是藏经洞带来的唐代文化。

　　这两种歌声，都是文化。文化，在平时显得那么隐蔽，甚至躲藏在地下、躲藏在洞中，但是一到生死关头就出来了。在铁骑将军、君王大臣都束手无策、狼狈不堪的时候，文化却挺身而出，让苍茫大地认清自己是谁。

　　从甲骨文认起，从藏经洞认起，从商代和唐代认起。认清了自己的身份，一切都有了可能。

中国文化居然在世界强权的集体围殴中，在差一点儿失去全部身份的时候，取得了更确实的"世界身份"。

我把这两件怪事的发生，归诸我们无法理解的神秘力量。仰望苍天，冥冥之中真有一种无形的力量执掌着我们的兴衰吗？我在年轻时是不相信的，但越是年长，越是相信。这不是思维后退，而是思维的扩大，扩大到另一些维度，然后自认渺小，自认皈服。

中国文化终于没有败亡于世纪之交，这当然有很多其他因素，但是文化本身用一种特殊的方式发言了，这实在非常惊人。

在生死存亡的关口又活了过来，这是中国文化从近代走向现代的真正大事。

中国文化在现代也做了不少事情。若从文化本体的角度来看，最有意义的是两件事：一是破读了甲骨文，二是推广了白话文。前者是验证中国文化仍有唤醒元典的能力，后者是验证中国文化具备自我更新的可能。

死而复生的中国文化，并没有像欧洲文艺复兴时期那样做出一系列光彩的大事。原因是，破碎的山河一直处于兵荒马乱之中，社会的主题一直围绕着军事和政治，而没有为文化让出更多的地位。文化在夹缝之中勉力做一点儿事，实属难能可贵，我们不应有过多的责备。

无法否认，中国近现代的文化完全无法与古代相比。即便在古代文化明显下行时期的明清两代，也出现过哲学家王阳明和小说家曹雪芹。但在近现代，没有一个哲学家和小说家能够望及他们的项背。

中国现代文学和现代学术，严重缺少杰出创造。后来被传媒界过度渲染的所谓"民国学人"，也是以西方学历为标志。只要稍稍熟悉西方自十九世纪到二十世纪的文化演进，就知道中国作家和中国学人的严重落伍。对于传统国学，在王国维、陈寅恪之后更是日渐寥落。

我这么说，一点儿也不是看低前辈。他们就像我们尊敬的祖父和曾祖父，在烽火连天的艰难岁月咬着牙齿做了一点儿力所能及的事情，筚路蓝缕，让人感动。但是，如果把他们描述得不像他们，或者干脆不是他们，那又怎么面对他们九天之上委屈的眼神？

我之所以在此处要说这一番话，是想呼吁，中国文化要想取得当代的创新态势和世界身份，必须破除虚假的自我安慰，在悠久历史和全球视野中找回真正伟大的时间坐标和空间坐标。是否找回，只看今天和明天的创造。

第二十二节
儒佛道：中国文化的人格选择

从今天开始，我们要攀越一系列思想高峰了。

作为中国传统思想高峰的儒家、佛家、道家，各自又包括很多宗主和流派，我们即使提纲挈领地介绍，也要花费不少时间。希望大家能够静下心来，以庄严的态度进入这些课题。

这是因为，大道之行，是一切文化行为的起点和归结。哲学和宗教，在任何一种大文化里都具有"高山仰止，景行行止"的崇高地位。

我们不再执着于历史过程，而只是疏通一个个跨越时空的精神结构，然后探索历代中国人的心灵皈依。

我们在讲述文化的定义时已经说明，文化千言万语，最后都沉淀为集体人格，也就是设计做什么样的人。世上不同的文化，都包含着不同的人格设计。

在中国文化的三大哲学、宗教思想组合中，儒家设计的集体人格是"君子"，佛家设计的集体人格是"觉者"，道家设计的集体人格是"真人"。

相比之下，儒家所设计的集体人格"君子"在历史上更具有普遍共识，因此"君子之道"也成了中国文化的思想重心。

为了说明"君子之道"，我们可以先推出一个外国人，就是那位十六世纪到中国来的耶稣会传教士利玛窦。他对中国文化进行了数十年精深的研究，很多方面已经一点儿也不差于中国文人。但我们读完长长的《利玛窦中国札记》就会发现，最后还是在人格上差了关键一步。那就是，他暗中固守的，仍然是西方的"圣徒人格"和"绅士人格"。与"圣徒"和"绅士"不同，中国文化的集体人格模式，是"君子"。

中国文化的人格模式还有不少，其中衍生最广、重叠最多、渗透最密的，莫过于"君子"。这也可以说是一个庞大民族在文化整合中的"最大公约数"。

世界上的其他民族，在集体人格上都有自己的文化标识。除了利玛窦的"圣徒人格"和"绅士人格"外，还有"酒神人格"、"日神人格"、"骑士人格"、"朝觐人格"、"灵修人格"、"浪人人格"、"牛仔人格"等等。这些标识性的集体人格，互相之间有着巨大的区别，很难通过学习和模仿全然融合。这是因为，所有的集体人格皆如荣格所说，各有自己的"故乡"。从神话开始，埋藏着一个个遥远而深沉的梦，积淀成了一个个潜意识、无意识的"原型"。

"君子"作为一种集体人格的雏形古已有之，却又经过儒家的选择、阐释、提升，结果就成了一种人格理想。

儒家谦恭地维护了君子的人格原型，又鲜明地输入了自己的人格设计。

这种理想设计一旦产生，中国文化的许许多多亮点就都向那里滑动、集中、灌注、融合。因此，"君子"二字包罗万象，非同小可。儒家学说的最简洁概括，就是"君子之道"。这也就是儒家对后代最重要的遗嘱。

我一直认为，中国文化没有沦丧的最终原因，是君子未死、人格未溃。

中国文化的延续，是君子人格的延续；中国文化的刚健，是君子人格的刚健；中国文化的缺憾，是君子人格的缺憾；中国文化的更新，是君子人格的更新。

我多年来特别想做的一件事，就是为今天的中国人介绍古代君子之道的简单轮廓。

不要看不起简单，请相信，任何祖先的遗嘱都不会艰深复杂。艰深复杂了，一定不是最重要的遗嘱，也不值得继承。我在其他著作中曾系统地讲解过君子之道，今天为青少年读者朋友先介绍入门性的五项，那就是：一、成人之美；二、和而不同；三、坦荡荡；四、彬彬有礼；五、君子知耻。

以孔子为代表的儒学先驱者在论述君子之道的时候，采取了一个很智慧的方法，那就是不急于为"君子"下一个概括性的解释，而是拉出它的对立面来近距离直接比较。这个对立面就是"小人"。小人这个群体，与君子的群体处处不同，因此通过对他们的描述，也就为君子的品格做出了"边缘切割"，或者说完成了"反向定位"。这实在是一举两得的理论举措，在一层层对比中，把对立的两个方面都清晰展示了。历来中国民众不习惯于抽象概念，而容易感受生活中经常遇到的两种不同行为方式的人群，一对比，也就较好地领悟了君子之道。

第二十三节
君子之道一：成人之美

"成人之美"、"与人为善"意思相近，而基础则是"君子怀德"。

如果要把君子的品行简缩成一个字，那个字应该是"德"。因此，"君子怀德"，是君子之道的起点。

德是什么？说来话长，主要是指"利人、利他、利天下"的社会责任感。用通俗的话说，君子首先必须是一个好人。历来说到"君子"二字，人们立即会联想到学问和风度，而孔子却坚持，品德第一。

"利天下"是孟子说的，他在《孟子·尽心上》中以"摩顶放踵利天下"来阐释"兼爱"，意思是只要对天下有利，不惜浑身伤残。当然，这是太高的标准，一般人达不到，因此还是回过头去，听听孔子有关"君子怀德"的普遍性论述。孔子说："君子怀德，小人怀土；君子怀刑，小人怀惠。"（《论语·里仁》）

"怀德"，指心存仁德；"怀土"，指心存占有；"怀刑"，指心存法禁；"怀惠"，指心存利惠。按照朱熹的说法，君子、小人的差别，根子上是公、私之间的差别。以公共利益为念，便是君子；以私人利益为念，则是小人。

因为这里所说的小人是指普通百姓，所以"怀土"、"怀惠"也是合理的，算不上恶。但是，即使是普通百姓，如果永远地思念立足的自家乡土而不去守护天良仁德，永远地思念私利恩惠而不去关顾社会法禁，那也就不是君子。

在中国古代经典中，德，是一个宏大的范畴。在它的周边，还有一些邻近概念，譬如仁、义等等。我们可以把它们当作德的"家庭成员"，当作"君子怀德"这一基本命题的延伸。它们都用近似的内涵说明了一个公理：良好的品德，是君子之魂，也是天下之盼。

虽然同属于"德"，但是"仁"、"义"的色彩不太一样。一般说来，仁是软性之德，义是硬性之德。孔子对"仁"的定义是"仁者爱人"。于是，以后人们说到"仁"，总是包含着爱。

至于"义"，孔子则斩钉截铁地提出"**君子喻于义，小人喻于利**"（《论语·里仁》）。那么，什么是义？大致是指由德出发的豪侠正道。相比之下，"仁"显温和，"义"显强劲。

孔子（吴为山雕塑作品）

　　一柔一刚，合成道德，然后合成君子。这也就是说，君子怀德，半是怀柔，半是怀刚，面对着广泛不一的对象。如此广德，便是大德。

　　大德是一个整体目标，在日常生活中，德的具体表现之一，就是"成人之美"。孔子说：

　　君子成人之美，不成人之恶。小人反是。（《论语·颜渊》）

　　"成人之美"，也就是促成别人的好事。这里的"人"，并不仅仅指家人、友人、认识的人，其范围极大，广阔无边。

　　孟子在《公孙丑》篇中所说的"君子莫大乎与人为善"，以及后来唐代《贞观政要》中所说的"君子扬人之善，小人讦人之恶"等等，都让人联想到孔子"成人之美"的说法。但是细细辨析，这里的"美"和"善"还是有区别的。

　　例如救穷、赈灾、治病、抢险，只能说是"与人为善"，而不便说是"成人之美"。"成人之美"更多的是指促成良缘、介绍益友、消解误会、帮助合作等等。总之，"成人之美"偏重于锦上添花的正面建设，而且具有一定的形式享受。

　　这里也体现了"君子"与"好人"的微妙差别。"好人"必然会"与人为善"，但"君子"除了"与人为善"之外，还会"成人之美"。在灾难面前，"君子"与"好人"做着同样的事；但在无灾的日子里，"君子"更会寻找正面意义的形式享受。为此，他们比"好人"似乎更高雅一点儿。

　　接下来，还应该辨析一下这个命题的对立面："成人之恶"。"成人之恶"的"成"有三种可能。

　　第一种可能，恶已开始，帮其完成。例如，为殴人者提供木棍，为造谣者圆了谎言。

　　第二种可能，恶未开始，从头酿成。例如，怂恿少年吸毒，挑拨夫妻反目。

　　第三种可能，攻善为恶，伪造而成。这主要是指用谣言、诽谤等手法玷污他人，造成一个传说中的"恶人"。

　　三个"成"，哪一个是"成人之恶"中的"成"？我觉得，都是。与这三个"成"字相对应，那个"人"字也就有了三种含义。如前所述，为"半恶之人"、"被恶之人"、"非恶之人"，结果，都成了"恶人"。因此"成人之恶"是一项"多方位的负面社会工程"。

　　如此仔细地辨析了"成人之恶"，那么，我们也就能进一步对"成人之美"理解得更深入一点儿了。"成人之美"也是一项多方位的社会工程，只不过都是正面的，大体上也分为三种可能：一、使未成之美尽量完成；二、使未起之美开始起步；三、化非美为美，也就是让对方由污淖攀上堤岸。

"成人之美"和"与人为善"，都具有明显的"给予"主动，都体现为一种带有大丈夫气质的积极行为。

一个人，究竟是"成人之美"还是"成人之恶"，这种极端性的是非选择，显现在日常生活中，很可能是非常细微的。例如，这边在中伤一个无辜者，你知道真相而沉默，那就是成人之恶；那边在举行一个婚礼，你素昧平生却投去一个祝贺目光，那就是成人之美……

这么说来，任何人在任何时刻都有选择做君子的机会，那是一种"水滴石穿"的修炼。不必等待，不必积累，君子之道就在一切人的脚下。而且，就在当下。

既然渗透到了日常生活中，那么，如何在细微事件中快速评判善恶是非呢？孔子相信，评判的标尺就藏在我们自己的心底。那就是，自己不想碰到的一切，绝不要强加到别人身上去。这个标尺很简捷，也容易把握，因此，几乎所有

的中国人都知道下面八个字："己所不欲，勿施于人。"(《论语·颜渊》)

这就为"成人之美"、"与人为善"找到了每一个人都可以自行把握的内心依据。

孙中山先生曾说，西方文化习惯于把自己的理念通过很霸道的方式强加在别人头上，而中国文化则认为，天伦大道藏在每个人的心底，只要将心比心就可以了。

第二十四节
君子之道二：和而不同

在《论语·为政》中，孔子说："君子周而不比，小人比而不周。"

朱熹注释道："周，普遍也。比，偏党也。"当代哲学家李泽厚根据朱熹的注解，在《论语今读》中做了这样的翻译："君子普遍厚待人们，而不偏袒阿私；小人偏袒阿私，而不普遍厚待。"

这样的翻译，虽然准确却有点儿累。其实，我倒是倾向于一种更简单、更顺口的翻译："君子团结而不勾结，小人勾结而不团结。"

两个"结"字，很好记，也大致合乎原意。因为征用了现代常用语，听起来还有一点儿幽默。

不管怎么翻译，一看就知道，这是在说君子应该如何处理人际关系的问题了。有很多君子，心地善良，却怎么也不能安顿身边人事。因此，君子之道要对人际关系另做深论。

"周而不比"的"周"，是指周全、平衡、完整；而作为对立面的"比"，是指粘连、勾搭、偏仄。对很多人来说，后者比前者更有吸引力，这是为什么？

这事说来话长。人们进入群体，常常因生疏而产生一种不安全感，自然会着急地物色几个朋友，这很正常。但是，接下来就有鸿沟了。有些人会把这个过程当作过渡，朋友的队伍渐渐扩大，自己的思路也愈加周全，这就在人际关系上成了君子。但也会有不少人把自己的朋友圈当作小小的"权益凝固体"，对圈子之外的多数人产生一系列窥探、算计和防范。显然，这就成了小人行迹。

这么说来，"周而不比"和"比而不周"之间的差别，开始并不是大善大恶的分野。但是，这种差别一旦加固和发展，就会变成两种截然不同的人格系统。

在人际关系中的小人行迹，最明显的表现为争夺和争吵。这应该引起君子们的警惕，因为不少君子由于观点鲜明、刚正不阿，也容易发生争吵。

一吵，弄不好，一下子就滑到小人行迹中去了。那么，为了避免争吵，君子能不能离群索居、隔绝人世？不能，完全离开群体也就无所谓君子了。

孔子只是要求他们，入群而不裂群。因此，他及时地说了这段话：

君子矜而不争，群而不党。（《论语·卫灵公》）

这次李泽厚先生就翻译得很好了："君子严正而不争夺，合群而不偏袒。"

作为老友，如果要我稍稍改动一下文字，我会把"争夺"改成"争执"，把"偏袒"改成"偏执"。两个"执"，有点儿韵味，又比较有趣，而且意思也不错。那就改成了这样一句："君子严正而不争执，合群而不偏执。"

孔子所说的这个"矜"字，原来介乎褒贬之间，翻译较难，用当今的口头语，可解释为"派头"、"腔调"、"范儿"之类，在表情上稍稍有点儿作态。端得出这样表情的，总不会是"和事佬"，免不了要对看不惯的东西说几句重话吧？但孔子说，君子再有派头，也不争执。这句话的另一番意思是，即使与世无争，也要有派头。那就是不能显得窝囊、潦倒，像孔乙己。是君子，一定要有几分"矜"，讲一点儿格调。

"群而不党"，如果用现代的口语，不妨这样说：可以成群结队，不可结党营私。甚至还可以换一种更通俗的说法：

可以热热闹闹，不可打打闹闹。

"党"这个字，在中国古代语文中，是指抱团、分裂、互损，与君子风范相悖。

只要结党营私，小团体里边的关系也会日趋恶劣。表面上都是同门同帮，暗地里却处处不和。这种情况可称为"同而不和"。与之相反，值得信赖的关系，只求心心相和，不求处处相同，可称之为"和而不同"。这两种关系，何属君子，何属小人，十分清楚，因此孔子总结道："*君子和而不同，小人同而不和。*"（《论语·子路》）

这句话也描绘了一个有趣的形象对比：君子，是一个个不同的人；相反，小人，一个个都十分相似。因此，人们在世间，看到种种不同，反而可以安心；看到太多的相同，却应分外小心。

第二十五节
君子之道三：坦荡荡

在人际关系中，小人要比君子劳累得多。小人的劳累至少有以下几个方面。

第一，小人要"结党营私"，必须制造敌人，窥探对手，敏感一切信息，终日战战兢兢。

第二，小人要"成人之恶"，必须寻找恶的潜因、恶的可能。随之，还要寻找善的裂纹、美的瘢痕。

第三，不管是"结党营私"还是"成人之恶"，都必须藏藏掖掖、遮遮掩掩、涂涂抹抹，费尽心机。

第四，即便在自己的小团体内，他们也在彼此暗比、互相提防。比了、防了，又要表现为没比、没防，在嘻哈拥抱中伪装成生死莫逆、肝胆相照，这该多劳累啊！

这么多劳累加在一起，真会使任何一个人的快乐被扫荡、轻松被剥夺、人格被扭曲。人们历来只恨小人天天志得意满，却不知他们夜夜心慌意乱。

君子当然也劳累，但性质完全不同。君子要怀德、行仁、践义、利天下，即便缩小范围，也要关顾到周围所有的人，成人之美、与人为善，达到"周"的标准，能不劳累吗？只不过，这种劳累，敞亮通达，无须逃避质疑的目光，无须填堵已露的破绽，无须防范种下的祸殃。这一来，劳累也就减去了一大半。剩下的，全是蓝天白云下的坦然、畅然。

正是面对这种区别，孔子说话了："**君子坦荡荡，小人长戚戚。**"（《论语·述而》）

这句话，在中国非常普及。它纠正了民间所谓"做好事受罪，做坏事痛快"的习惯性误解，说明一个人究竟是"受罪"还是"痛快"，需要从心境上去寻找答案。"戚戚"，就是一种忧惧的心境。

小人很想掩盖"戚戚"，因此总是夸张地表演出骄傲、骄横、骄慢、骄躁。什么都能表演，唯独不能呈现坦然、泰然。这正如，变质的食品可以用各种强烈的调料来包裹，唯独不能坦白地展示真材实味。

这个意思，孔子用另一句话来表明："**君子泰而不骄，小人骄而不泰。**"（《论语·子路》）

在这里，"泰"，就是"坦荡荡"；而"骄"，就是为了掩盖"戚戚"而做出的夸张表演。

　　"泰"、"坦荡荡"，都是因为自己心底干净、无愧无疚，没有什么好担忧的，更没有什么好害怕的。这样的君子，无论进入什么情形都安然自得，即《礼记·中庸》所说的"**君子无入而不自得焉**"，"**上不怨天，下不尤人**"，真是一种自由境界。

　　由此孔子得出了又一个重要结论："**君子不忧不惧**"。为什么能够不忧不惧？理由是："**内省不疚，夫何忧何惧？**"这个重要结论，出现在《论语·颜渊》。

　　君子在面对更高的精神目标的时候也会产生另一种忧虑，例如孔子所说的"**君子忧道不忧贫**"（《论语·卫灵公》）；孟子所说的"**君子有终身之忧，无一朝之患**"（《孟子·离娄下》）。也就是说，君子对每天的得失，可以全然不忧不惧，但对大道的沉浮，却抱有一辈子的担忧。

　　孔子、孟子所描述的这种君子形象，似乎只是一种很难实现的人格理想。但是，我们只要闭目一想，中国历史上确实出现过大批德行高尚又无所畏惧的君子，世代传诵，成为中华民族的精神支撑。由此可见，这样的君子不仅可敬可仰，而且可触可摸。孔孟教言，并非虚设。

第二十六节
君子之道四：彬彬有礼

　　君子的种种思想品德，需要形之于约定俗成的行为方式，这便是礼。

　　精神需要赋形，人格需要可感，君子需要姿态。这不仅仅是一个"从里到外"的过程，也能产生"从外到里"的反馈。那就是说，当外形一旦建立，长期身体力行，又可以反过来加固精神、提升人格。

　　君子的品德需要传播，但在古代，传播渠道稀少，文本教育缺乏，最有效的传播途径，就是君子本身的行为动作。那些让人一看就懂并产生彼此尊重的行为方式，就是礼仪。礼仪是君子们身体力行传播品德的主要渠道。

　　普普通通的人，有礼上身，就显出高贵。这种高贵，既尊敬人，又传染人。正如《左传》所说："君子贵其身，而后能及人，是以有礼。"（《左传·昭公二十五年》）

　　也有说得更强烈的。在某些哲人看来，有没有礼，不仅是君子和小人的区别，而且是人和禽兽的区别。例如："凡

人之所以贵于禽兽者，以有礼也。"（《晏子春秋·内篇·谏上二》）

说得有点儿过分，但我明白其中意气。看了生活中太多无礼的恶相，不得不气愤地骂一句：一个人如果无礼，简直就是禽兽。如果换一种语气说，也就更容易让人接受。还是《左传》里的话，虽也斩钉截铁，倒是听得入耳："礼，人之干也，无礼无以立。"（《左传·昭公七年》）

把礼比喻成一个人站立起来的躯干，这种说法很有文学性，我喜欢。扩而大之，《左传》还进一步认为，当礼变成一种集体仪式，也有可能成为一个邦国的躯干："礼，国之干也。"（《左传·僖公十一年》）

当然，这是讲大事。君子之道中的礼，大多是指个人在日常生活中的行为规范。

这种行为规范，主要出自两种态度：一是"敬"，二是"让"。

孟子说"有礼者敬人"（《孟子·离娄下》）；墨子说"礼，敬也"（《墨子·经上》）。这就表明，一个有礼的君子，需要表达对他人的尊敬。敬，是高看他人一眼，而不是西方式的平视。

孟子（吴为山雕塑作品）

中国几千年都受控于家族伦理和官场伦理，到今天仍然如此，所以习惯于把恭敬的态度交付给长辈、亲友、上级、官员。但是，这里所说的君子之敬，并不是家族伦理和官场伦理的附属品。一个君子，如果对偶然相遇的陌生人也表示出尊敬，那么这种尊敬也就独具价值。因此，我常常在彼此陌生的公共空间发现真君子。一旦发现，就会驻足良久，凝神注视，心想：正是他们对陌生人的尊敬，换来了我对他们的尊敬。在这里，互敬成为一种互馈关系，双向流动。公共空间的无限魅力，也由此而生。这种互馈关系，孟子说得最明白："敬人者，人恒敬之。"（《孟子·离娄下》）

"让"，简单说来，那就是后退一步，让人先走；那就是让出佳位，留给旁人；那就是一旦互堵，立即退让；那就是分利不匀，率先放弃……

这一切，都不是故意表演，做给人看，而是在内心就想处处谦让，由心赋形。还是孟子说的：

辞让之心，礼之端也。（《孟子·公孙丑上》）

所谓"礼之端"，就是礼的起点。为什么辞让能成为起点？因为世界太拥挤，欲望太密集，纷争太容易。唯有后退一步，才能给他人留出空间。敬，也从后退一步开始。

辞让，既是起点，也是终点。人们随口都能说出的君子风度"温良恭俭让"，辞让就成了归结。可见，一个"让"字，足以提挈两端。

辞让，是对自己的节制。一人的节制也能做出榜样，防止他人的种种不节制。这是《礼记》说过的意思："**礼者，因人之情而为之节文，以为民坊者也。**"（《礼记·坊记》）

这个"坊"字，古时候与"防"相通。这个句子用白话来说是这样的："什么是礼？对人的性情加以节制，从而对民间做出防范性的示范。"

也就是说，节制性情，防止失态，做出样子，彼此相和。

在孔子看来，为什么要礼？为什么要敬？为什么要让？都是为了一个目的：和。君子之责，无非是求人和、世和、心和。他用简洁的六个字来概括："**礼之用，和为贵。**"（《论语·学而》）

那也就形成了一个逻辑程序：行为上的"敬"、"让"，构成人际之"礼"，然后达成世间之"和"。

对于礼，我还要做一个重要补充：君子有了礼，才会有风度，才会有魅力，才会美。正是"温良恭俭让"的风范，使君子风度翩翩。这是中华民族理想人格的最佳标识，也是东方人文美学的最佳归结。

现代很多年轻人在这一点上误会了，以为人格魅力在于锐目紧逼，在于虎踞鲸吞，在于气势凌人。其实，正好相反。为此，我很赞赏荀子把"礼"和"美"连在一起的做法。他在《荀子·礼论》里为"礼"下了一个定义，说是"*达爱敬之文，而滋成行义之美者也*"。这个定义告诉我们，在设计礼的时候，不管是个人之礼还是集体礼仪，都必须文、必须美。

这个提醒非常重要。后来在君主专权的体制中，把尊敬和辞让的礼仪推向了极度自贬、自辱的地步，例如动不动就自称"奴才"、"贱妾"，而动作又更加过分，这就非常不美了。直到今天，我们也经常可以看到大量"不美的礼仪"。诸如在上司前过度畏葸，在同事前过度奉迎，争着付款时形同打架，等等。

应该明白，丑陋本身就是"非礼"。不管是真是假，如果礼仪要以拉拉扯扯、推推搡搡、大呼小叫、卑躬屈膝、装腔作势的方式表现出来，那就完全走到了反面。

君子之礼，与美同在。

第二十七节
君子之道五：君子知耻

有人说，君子之道也是"知耻之道"。因为，君子是最有耻感的人，而小人则没有耻感。

为此，也有人把中国的"耻感文化"与西方的"罪感文化"做对比，觉得"耻感文化"更倚重于个人的内心自觉，更有人格意义。

不错，孔子在《论语·子路》里说过，君子必须"行己有耻"。也就是时时要以羞耻感对自己进行"道义底线"上的反省和警惕。当然，孔子在这里所说的"耻"，与我们现在所说的"可耻"、"无耻"相比，程度要轻得多，范围要宽得多。

耻的问题，孟子讲得最深入。首先要介绍一句他的近似于"绕口令"的话："人不可以无耻，无耻之耻，无耻矣。"（《孟子·尽心上》）

前半句很明确，也容易记，但后半句在讲什么？我想用现代口语做一个游戏性的解释，大意是：为无耻而感到羞耻，那就不再耻了。

我的这种阐释与许多"古注"不一样，这不要紧，我只在乎文字直觉。孟子的言语常有一种故意的"拗劲"，力之所至，打到了我。

接着我们来读读孟子的另一番"耻论"："耻之于人大矣，为机变之巧者，无所用耻焉。不耻不若人，何若人有？"（《孟子·尽心上》）

我的意译是：羞耻，对人来说是大事。玩弄机谋的人不会羞耻，因为用不上。他们比不上别人，却不羞耻，那又怎么会赶上别人？

这就在羞耻的问题上引出了小人，而且说到了小人没有羞耻感的原因。孟子的论述，从最终底线上对君子之道进行了"反向包抄"。立足人性敏感处，由负而正，守护住了儒家道义的心理边界。

你看，他又说了："羞恶之心，义之端也。"（《孟子·公孙丑上》）这就把羞耻当作了道义的起点。

如此说来，耻，成了一个镜面。由于它的往返观照，君子之道就会更自知、更自守。敢于接受这个镜面，是一种勇敢。

知耻，是放弃掩盖，放弃麻木，虽还未改，已靠近勇敢。

如果由此再进一步，那就是勇敢的完成状态。"*知耻近乎勇*"（《礼记·中庸》）这个说法在中国流传了千年，人们每次读到都会怦然心动，由此证明"知耻"这个最低要求很不容易做到。

不少人宁肯"认败"，也不愿"知耻"。原来以为他们心底已经知耻，只是在面子上不愿承认。后来发现，即使在心底知耻，也非常艰难，因为这会摇撼自身的荣辱系统。

以上所说的羞耻感，都涉及道义大事，符合"耻之于人大矣"的原则。但是，在实际生活中，人们常常把这个问题倒逆过来，在不该羞耻的地方感到羞耻，在应该羞耻的地方却漠然无羞。

因此，并不是一切羞耻感都属于君子。君子恰恰应该帮人们分清，什么该羞耻、什么不该羞耻。

既然小人没有羞耻感，那么多数放错羞耻感的人，便是介乎君子、小人之间的可塑人群。他们经常为贫困而羞耻，为陋室而羞耻，为低位而羞耻，为缺少某种知识而羞耻，为不得不请教他人而羞耻，为遭受诽谤而羞耻，为别人强加的污名而羞耻……太多太多的羞耻，使世间多少人以手遮掩、以泪洗面，不知所措。其实，这一切都不值得羞耻。

在这方面，孔子循循善诱，发布了很多温暖的教言。即便在最具体的知识问题上，他也说了人人都知道的四个字："不耻下问。"(《论语·公冶长》)

意思很明白：即使向地位比自己低的人请教，也不以为耻。

这么一来，在耻感的课题上，"不耻"，也成了君子的一个行为原则。因此，真正的君子极为谨慎，又极为自由。谨慎在"有耻"上，自由在"不耻"上。

"耻"和"不耻"这两个相反的概念，组成了儒家的"耻学"。对此，具有总结性意义的，是荀子。我想比较完整地引用他的一段话，作为这个问题的归结。他说："君子耻不修，不耻见污；耻不信，不耻不见信；耻不能，不耻不见用。是以不诱于誉，不恐于诽，率道而行，端然正己，不为物倾侧：夫是之谓诚君子。"(《荀子·非十二子》)

这段以"耻"和"不耻"为起点的论述，历久弥新。我自己在人生历程中也深有所感，经常默诵于心。因此，我要用今天的语言译释一遍："君子之耻，耻在自己不修，不耻别人诬陷；耻在自己失信，不耻别人不信；耻在自己无能，不耻别人不用。因此，不为荣誉所诱，不为诽谤所吓，遵循大

荀子（吴为山雕塑作品）

道而行，庄严端正自己，不因外物倾侧，这才称得上真正的君子。"

"耻"和"不耻"，是君子人格的封底阀门。如果这个阀门开漏，君子人格将荡然无存；如果这个阀门依然存在，哪怕锈迹斑斑，君子人格仍会生生不息。

君子之道的内容很丰富，以上所举入门性的五项，可让年轻的读者朋友们略知大概。其实还有一项"中庸"也很重要，我会在本书第三十四节论述中国文化长寿原因时专门讲述。对于君子之道如果想知道更多，可读我的专著《君子之道》，以及《中国文化课》第五单元第十七部分的"君子之道六十名言"。

儒家文化是一个庞大的思想架构，其中包括"修身、齐家、治国、平天下"的大量论述。但是，其中"齐家、治国、平天下"的很多道理随着时间的流逝、社会的变迁已经不切实用，即便是距离很近的秦汉王朝统治者也已经很少采信，只有"修身"这一项弥古长存。因此，以做什么样的人为题目的君子之道，成了儒学的起点和终点。

记得我二〇〇五年四月十五日在美国哈佛大学演讲时以

"君子之道"概括儒学，进而概括中国文化，受到该校几十位退休华裔教授的一致赞许，被认为是"找到了一把最好的钥匙"。这样，我也就放心了。

第二十八节
佛教传入中国

以"君子之道"概括儒家之后，接下来要讲佛家了。我会以"空"和"度"这两个命题来概括佛家，但在讲述之前，必须先说一个重大题目，那就是，中国文化为什么会接受佛教？

佛教是一种纯粹的外来文化，与中国本土隔着"世界屋脊"喜马拉雅山脉。在古代，本来它是无法穿越的，但它却穿越了。

这还不算奇迹。真正的奇迹是，它进入的土地，早就有了极其丰厚的文化。从尧舜到秦汉，从《周易》到诸子百家，几乎把任何一角想得到的精神空间都严严实实地填满了。面对这样超浓度的文化大国，一种纯然陌生的异国文化居然浩荡进入，并且有效普及，这实在不可思议。

不可思议，却成了事实，这里有极其深刻的文化原因。

最初，东汉和魏晋南北朝的多数统治者是欢迎佛教的，他们一旦掌权就会觉得如果让佛教感化百姓静修向善，就可以天下太平。其中，六世纪前期的南朝梁武帝萧衍态度最为彻底，不仅大量修建佛寺、佛像，而且四度脱下皇帝装，穿起僧侣衣，"舍身为奴"，在寺庙里服役，每次都要由大臣们出钱从寺庙里把他"赎回"。而且正是他，规定了汉地佛教的素食传统。

与南朝相对峙的北朝，佛教场面做得更大。据《洛阳伽蓝记》等资料记载，到北魏末年的五三四年，境内佛寺多达三万座，僧尼达二百万人。光洛阳一地，寺庙就有一千三百多座。唐代杜牧写诗怀古时曾提到"南朝四百八十寺，多少楼台烟雨中"，人们读了已觉得感慨万千，而北朝的寺院又比南朝多了几倍。

但是，正是这个数量，引起另外一些统治者的抗拒。他们手上的至高权力又使这种抗拒成为一种"灭佛"的举动。

几度"灭佛"灾难，各持理由，概括起来大概有以下几个方面：

一、全国出现了那么多自立信仰的佛教团体，朝廷的话还有谁听；

二、耗巨资建造那么多金碧辉煌的寺院，养那么多不事生产、不缴赋税的僧侣，社会的经济压力太大了；

三、更严重的是，佛教漠视中国传统的家族宗亲关系，无视婚嫁传代，动摇了中国文化之本。

第一个灭佛的，是北魏的太武帝。他在信奉道教后对佛教处处抵触，后来又怀疑长安的大量寺院处于朝廷控制范围之外，可能与当时的盖吴起义有联系，便下令诛杀僧众，焚毁佛经、佛像，在全国禁佛。幸好，他一死，新皇帝立即解除了他的禁佛令。

一百三十多年后，信奉儒学的周武帝以耗费民众财力为由，下令同时禁绝佛、道两教。其中又以佛教为最，说它是"夷狄之法"，容易使"政教不行、礼义大坏"。

又过了近二百七十年，在唐代的会昌年间，唐武宗又一次声称佛教违反了中国传统的伦理道德，大规模灭佛，后果非常严重，在佛教史上被称为"会昌法难"。

三次灭佛，前后历时四百多年，三个庙号都带有一个"武"字的皇帝，把中国传统的政治文化对于佛教的警惕发泄得淋漓尽致。

由于警惕的根基在文化，有些文化人也介入了。例如唐代大文人韩愈在"会昌法难"前二十八年就以一篇《谏迎佛骨表》明确表示了反佛的立场。他认为佛教、道教都有损于儒家"道统"，有害于国计民生。他说，佛教传入之前的中国社会，比佛教传入之后更平安，君王也更长寿。他最后还激动地表示：如果佛教灵验，我在这里反佛，一定会受到惩罚，那就让一切灾祸降到我头上吧！

韩愈因此被皇帝贬谪，在半道上写下了"云横秦岭家何在？雪拥蓝关马不前"这样杰出的诗句，这是大家都知道的了。

但是，事实证明，佛教不仅没有被灭，反而生生不息。刚刚灭过，新的继任者又提倡了，势头更猛。至于文化人，在"安史之乱"之后为了摆脱生活痛苦，追求精神上的禅定，更是迷醉佛教，兴起了一股"禅悦"之风。渐渐地，佛教文化与中国文化融成一体，它本身也越来越走向中国化。

佛教能够深入中国大地，说到底，是因为它以一系列特殊的魅力弥补了原有中国文化的不足。

佛教的第一特殊魅力，在于对世间人生的集中关注、深入剖析。

其他学说也会关注到人生，但往往不集中、不深入，没说几句就"滑牙"了，认为人生问题只有支撑着别的问题才有价值，没有单独研究的意义。例如，儒学就有可能转移到如何治国平天下的问题上去，法家就有可能转移到如何摆弄权谋游戏的问题上去，诗人文士有可能转移到如何做到"语不惊人死不休"的问题上去。唯有佛教，绝不转移，永远聚焦于人间的生、老、病、死，探究着摆脱人生苦难的道路。

乍一看，那些转移过去的问题辽阔而宏大，关及于道社稷、铁血征战、名节气韵，但细细想去，那只是历史的片面、时空的浮面，而且升沉无常，转瞬即逝。佛教看破这一切，因此把这些问题轻轻搁置，让它们慢慢冷却，把人们的注意力引导到与每一个人始终相关的人生和生命的课题上来。

正因为如此，即便是一代鸿儒，听到经诵梵呗也会陷入沉思；即便是兵卒纤夫，听到晨钟暮鼓也会怦然心动；即便是皇族贵胄，遇到古寺名刹也会焚香敬礼。佛教触及了他们的共同难题，而且是他们谁也没有真正解决的共同难题。

佛教的第二特殊魅力，在于立论的痛快和透彻。

人生和生命课题如此之大，如果泛泛谈去不知要缠绕多少思辨弯路、陷入多少话语泥淖。而佛教则干净利落，爽然决然。一上来便断言，人生就是苦。产生苦的原因，就是贪欲。产生贪欲的原因，就是无明无知。要灭除苦，就应该觉悟：万物并无实体，因缘聚散而已，一切都在变化，不可虚妄执着。

我想，就从这么几句随口说出的简略介绍中，人们已经可以领略到一种鞭辟入里的清爽。

佛教的第三特殊魅力，在于切实的参与规则。

佛教戒律不少，有的还很严格，照理会阻吓人们参与，但事实恰恰相反，戒律增加了佛教的吸引力。理由之一，戒律让人觉得佛教可信。这就像我们要去看一座庭院，光听描述总是无法确信，直到真的看到一层层围墙、一道道篱笆、一重重栏杆。围墙、篱笆、栏杆就是戒律，看似障碍却是庭院存在的可靠证明。理由之二，戒律让人觉得佛教可行。这就像我们要去爬山，处处是路又处处无路，忽然见到一道石径，阶多势陡，极难攀登，却以一级一级的具体程序告示着通向山顶的切实可能。

佛教的戒律步步艰难却步步明确，只要行动起来，也就可以让修习者慢慢收拾心情，由受戒而学习入定，再由入定而一空心头污浊，逐渐萌发智慧。到这时，最高境界的纯净彼岸就有可能在跟前隐约可见了。佛教所说的"戒、定、慧"，就表述了这个程序。

北齐佛像

佛教的第四特殊魅力，在于强大的弘法团队。

中国的诸子百家，本来大多也是有门徒的。但是，如果从组织的有序性、参与的严整性、活动的集中性、内外的可辨识性、不同时空的统一性这五个方面而论，没有一家比得上佛教的僧侣团队。

自从佛教传入中国，广大民众对于佛教的认识，往往是通过一批批和尚、法师、喇嘛、活佛的举止言行、服饰礼仪获得的。一代代下来，僧侣们的袈裟、佛号成了人们感知佛教的主要信号，他们的德行善举也成了人们读解信仰的直接范本。从释迦牟尼开始，佛教就表现出人格化的明显特征。

佛教僧侣是出家修行者，以高尚的品德和洁净的生活向广大佛教信徒做出表率。他们必须严格遵守不杀、不盗、不淫、不妄语、不恶口、不蓄私财、不做买卖、不算命看相、不诈显神奇、不掠夺和威胁他人等戒律，而且坚持节俭、勤劳的集体生活，集中精力修行。这样的僧伽团队，由于日常行为是劝善救难，又不强加于人，因此常常给人一种很正面的形象。

佛教的以上四大特殊魅力，针对着中国传统文化的种种乏力，成为它终于融入中国文化的理由。

第二十九节
佛家的"空"与"度"

在佛教宏大的精神构建中，典籍浩如烟海，越是进入越是艰深。我在这里做一个试验，能否用最简短浅显的语言，对今天的青少年读者讲明白佛教文化的要旨。那就让我们一起努力吧。

我在上一节已经提到，佛教发现人生的本性是"苦"。为了躲避苦，人们不得不竞争、奋斗、挣扎、梦想、恐惧，结果总是苦上加苦。所有的苦，追根溯源，都来自种种欲望和追求。那就必须进一步追问了：欲望和追求究竟是什么东西？它们值得大家为之而苦不堪言吗？

在这个思维关口上，不同等级的智者会做出三种完全不同的回答。低层智者会教导人们如何以机谋来击败别人，中层智者会教导人们如何以勤奋来实现追求，高层智者则会教导人们如何来提升追求的等级。

佛教的创立者释迦牟尼既高出于低层、中层，也高出于高层。他对"追求"本身产生怀疑，然后告诉众人，可能一切都搞错了。 大家认为最值得盼望和追慕的东西，看似真实，却并非真实。 因此，他进而从万事万物的本性上做出了彻底判断。

他用一个字建立了支点：空。

释迦牟尼认为，世间的一切物态现象和身心现象，都空而不实，似有实无。《心经》用一个"色"字来代表物态现象，又用一个"蕴"字来代表身心现象的汇集。"色"有多种，"蕴"也有多种，但都是空。《心经》最著名的回转句式："色不异空，空不异色；色即是空，空即是色。"来回强调，让人不能不记住，一切物态现象与空无异。《心经》紧接着又说"受想行识，亦复如是"，那就是把感受、想象、行为、见识也都包括在里边了，也就是包抄了一切身心现象。

为什么人们看重的一切都是空？ 佛教认为，万事万物都是远远近近各种关系的偶然组合。 佛教把关系说成是"缘"，把组合说成是"起"，于是有了"缘起"的说法。

由于种种事物都是这么来的，而不存在各自独立的原生实体，因此不可能具有真实而稳定的自我本性。 所有的本性，都只能指向空。 把这两层意思加在一起，就构成了四个重要

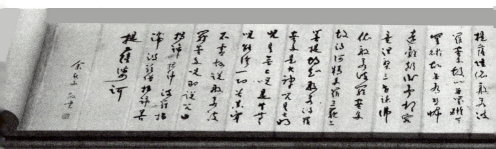

的字：缘起性空。在汉传佛典中，这四个字具有透视世界的基础地位。

我想借用一个自然界的例子，来加以说明。

例如，我们到一个山谷，看脚边有一脉水，那么请问：它是怎么产生的，又从何而来？它的"缘起"，就有无数偶然的关系。来源，是一条条山溪，越过了一重重山坡；但山溪里的水又是怎么生成的？那就会追及一阵阵雨、一朵朵云。那么，云从何而来？又如何变成了雨？而这山坡又是怎么产生的？……

随之而来，更深刻的问题是：这水会一直保持自己的本性吗？它会被树木吸收，也会因天气蒸发，那它还算是水

镌刻于宝华山的《心经》（余秋雨书）

吗？吸收它的树木，可能枯朽成泥，也可能被砍伐成器。器迟早会坏，变成柴火，一烧而气化。那么，以前每一个阶段的"性"，又在哪里？那些"性"，其实全是空的。

这个过程，大致能说明"缘起性空"的部分意涵。

"空"的哲学，在实际生活中具有广泛的启发性。

我曾对学生讲过自己在童年时感受到的一个场景。春花烂漫季节，我们傍晚放学，全都到美丽的田野奔逐嬉戏，翻滚笑闹。但有一个同学跟不上我们了，因为他采摘了好几枝野花，握在手上，很难再活跃了。那几枝野花渐渐在他手上蔫巴，他只能再去采摘，而空手的我们，却拥有田野里的全部花朵，还拥有无拘束的脚步和笑声。

由此可知，"拥有"、"占有"就是负担，只有"空"，才能带来海阔天空的自由。在中国古典艺术中，"空境"，是最高境界。

以此类推，一切地位、名声、财富也是同样。佛教并不是提醒一个富豪"财产不永"，而是告诉他，此时此刻他似乎"拥有"之时，也只是"假有"。同样，对于一个高官，也要提醒他在退休和被罢免之前，他对职位的"拥有"也不是"真有"。

佛教总是要人们"看破"、"看穿"，其实就是"看空"。在"空"的世界，有和无的界限、增和减的界限、生和死的界限，都被穿越，因界限而产生的重重感觉障碍和心理障碍，都要被否定，由此引起的争斗和忧虑也都会全然消除。获得这种觉悟的人，才能摆脱无尽苦海，进入无羁、无绊、无绳、无索的自有境界，那就是经由"涅槃"而抵达的彼岸。

正因为"空"对佛教如此重要，所以佛门也就常常被称为"空门"。一个人是否觉悟，就看是否"悟空"。

"空"之外，佛教中的另一个基本概念是"度"。度，就是引导自己与他人脱离苦海到彼岸去。

佛教在阐明"空"的学说时，着力排除种种界定，拆卸道道门槛。很快就碰到了最重要的一个界定，那就是"他我"之间的界定；遇到了最后一道门槛，那就是"人己"之间的门槛。

在一般人的思维中，"我"是一切的出发点。我的存在、我的权利、我的成败、我的性格……这便是欲望的渊薮、冲突的本体、烦恼的根源。佛教以很大的力度，对"我"提出了质疑，质疑"我"这个概念本身的存在基点。质疑的结果，是主张放弃对"我"的执着，也就是破除"我执"。佛教里经常说的一个概念是"无常"。其实在"无常"后面还隐藏着一个最根本的"无"，那就是"无我"。

既然是"无我"，那么，要实现"我"一个人的超脱、悟空，也是不可能的。诚如谚语所说，一滴清水无救于一缸污水，而一滴污水却能把一缸清水毁坏。一个修行者即便把自己修炼成了一滴最纯净的清水，而周边却是滔滔污水，那么，这滴清水怎么存在？同样，如果大家都成了纯净的清水，却还有一滴仍然污浊，那么，大家的纯净还能保持吗？因此，佛教必然指向整体关怀、普世行善、无界救助。要解脱，也要大家一起解脱。

度人到彼岸的修行者称为"菩萨"，他们的"大誓愿"就是"度一切众生"。在中国民间，菩萨常常被看作偶像。其实，他们只是修行者，因觉悟而大慈大悲、救苦救难、护佑众生、反对伤害。菩萨把佛教本义和民间企盼融成一体，组成了"无缘大慈，同体大悲"的高尚信仰。

"无缘大慈，同体大悲"，这八个字很好，意思是，号召一切不认识、不相关的人，都应该视若一体，感同身受，互相救助，共抵彼岸。彼岸，就是没有世俗障碍的净土。

第三十节
道家的"大宇宙"与"小宇宙"

儒家和佛家都已经讲过，接着当然是要让道家出场了。

本来在诸子百家中，老子、庄子就称为道家，但我们现在这么叫，是把后来东汉时期产生的道教也包括在里边了，可称为广义的道家。

那么，我们的讲述要分成两段，先讲老子、庄子的道家，再讲在道教中体现的道家文化。

老子是一个神秘的思想家，他的依稀形象，我们将会在本书第二册《记住这些名字》中略作描述。在这里，我们要稍稍了解他的思想。老子就像古代极少数伟大的哲人，摆脱对社会现象的具体分析，抬起头来，寻找天地的母亲、万物的起始、宇宙的本原。他找到了，那就是"道"。

以前也有人用过"道"这个字，但都无涉宇宙本原。老子一用，世间有关天地宇宙的神话传说、巫觋咒祈、甲骨占卜，都被提升到一个前所未有的高度。原来天地宇宙有一个统一的主体，看不见、听不到、摸不着，却又无处不在、无可逃遁。道，一种至高思维出现了，华夏民族也由此走向精神成熟。

在老子的哲学中，道的核心是一个"无"字，这与我们前面讲到的佛教的"空"，有点儿近似，又有不小区别。老子认为，天下万有，都生于"无"。一个器皿无物才能装物，一所房子无占才能安家，一条道路无阻才能畅行，一副心胸无塞才能广阔。无，因无边无涯而其大无比。老子说，他的"道"就是"大"，因而称为"大道"。所谓"大道为公"，也由此而来。

由"无"，直接引出了政治学上的"无为而治"。老子认为，一切治理，都不要有太多的手脚。民众的自然生息，由天地安排，比什么都好。老子说："我无为，而民自化。"

对一般人而言，老子也劝大家，不要想法太多，期盼太多，作为太多，纷争太多。很多看起来不错的东西，很可能增加了混乱。

在老子看来，以"无"为核心的宇宙，是一个平衡体，不存在单方面的纯粹。世上的一切，相反才能相成。"大成若缺"、"大直若屈"、"大巧若拙"、"大辩若讷"，因此"曲则全，枉则直"，"少则得，多则惑"……结论是谁也不要去争大、争多、争巧、争直,"夫唯不争,故天下莫能与之争"。

初一看,这里似乎包含着制胜谋略,但老子是反对谋略的,他的道,直通人间至善。因此有了这段名言:"上善若水。水善利万物而不争,处众人之所恶,故几于道。"这就是说,像水一样,滋润万物而不与万物相争,甘愿流向人们所厌弃的低处。这就很接近道了。原来,大道通向"上善",也就是大善。

庄子继承老子的思想,认为世界的本原是"道"。但是庄子所说的"道",却又比老子主动,是指一种"自本自根"、"生天生地"的力量,也就是一种终极性的创造力。"道"不是物,却创造了一切。

那么,这种终极性的创造力应该到哪里寻找?庄子说:"天地与我并生,而万物与我为一。"(《齐物论》)原来,道就在我们自己身上。

庄子认为,站在"道"的立场,而不是"物"的立场,世间万物说不上有什么根本区别。草茎之细与屋柱之粗没有什么区别,秋毫之末和泰山之体没有什么区别,夭折者和高寿者的生命没有什么区别。

　　庄子还以一个寓言来表达自己的困惑：自己做梦变成了一只蝴蝶，但也有可能是蝴蝶做梦变成了自己。那么，自己究竟是"梦了蝴蝶"，还是"蝴蝶之梦"？

　　庄子觉得，这一串串古怪的问题，不必追问下去了，因为问题无限，而生命有限，永远也弄不明白。既然找不到明确答案，他采取共存并行的方法，连一切是是非非也都要协调中和，构成一种自然均衡的状态，即"天钧"。

　　庄子在谈到人生状态时提出了一个目标，那就是"逍遥游"，是指"逍遥于天地之间而心意自得"。庄子认为，真正的"逍遥游"，属于一种既不依靠什么，也不期待什么的"真人"。这种"真人"不逆、不雄、不谋、不惧、不伤、不梦、不忧、不嗜、不悦、不恶、不欣、不拒、不损、不助，一切都合乎天然之道，处于"无己"的状态。"逍遥游"的理念，后来也成了中国艺术的最高追求，成了中国美学的至高坐标。

　　好，现在可以来说说道教所体现的道家文化了。

　　道教把老子推举为自己的"教主"，这件事听起来总有一点儿戏谑的口气。但是，在我看来，初创的道教在老子的学说中找到了一个足以信托的思想资源。道教郑重地从老子那里接过了"道"的核心观念，以及"自然"、"无为"、"虚无"、"归一"等基本命题，建立了庞大的道教理论。

有趣的是，道教并没有把庄子奉为"副教主"，但从他那里汲取的思想，并不比从老子那里汲取的少。尤其是庄子认为得道可以创造奇迹的说法，几乎成了道教得道成仙的思想依据。

庄子在《大宗师》里所说的那种"登高不栗，入水不濡，入火不热"的"真人"形象，还有《逍遥游》里描述过的姑射山神人，"肌肤若冰雪，绰约若处子；不食五谷，吸风饮露；乘云气，御飞龙，而游乎四海之外"，都成了道教"成仙"的范本。

本来，无论是"得道成仙"的说法，还是"养生成仙"的主张，都会让后人产生"迷信"的疑惑。但是，道教把老子和庄子请出了场，情况改变了，人们不得不以严肃的文化态度高看几眼。这不仅是因为他们出名，还是因为他们在学理上的高度。

道教把老子、庄子作为自己的教理背景，其实还有更宏大、更原始的精神资源，那就是来自古代昆仑神话和蓬莱神话的神仙信仰，以及与此相关的巫觋方仙之术。

这种信仰，渐渐集中为对"气"的关注，认为生命、灵魂都本于气，就连天体也因气而有了生命。一个人，如果"精气日新"、"邪气尽去"，就能成为真人，也就是神仙。因此，神仙是可以修炼出来的。

东汉时，张道陵（34—156）及后裔在鹤鸣山创立"五斗米道"，并宣布遵奉《道德经》，使道教初步定型。《太平经》表述道教的基本思维是：天地人三合一为太平，精气神三合一为神仙。

葛洪（约281—341），则是第一个总结教义体系，包括神仙方术的划时代人物。

南北朝时，"天师道"获得发展。北魏的道士寇谦之和南朝的道士陆修静一北一南整理了严密的斋戒仪范。陆修静的再传弟子陶弘景（456—536）更在朝野产生重大影响。

唐宋时，南北天师道与上清、灵宝、净明等各派合流为正一派，注重符箓，一度成为道教主流，连皇室也虔诚地举行符箓斋醮。

金大定七年（1167），王重阳在山东创立全真教，逐步取得更高地位。不管是正一派还是全真派，都主张"重生贵生，成仙得道",而全真派的主张则更为明确,那就是:以"澄心定意、抱元守一、存神固气"为"真功",以"济贫拔苦、先人后己、与物无私"为"真行"。这两"真"俱全,即谓"全真"。代表者,就是丘处机。

道教在漫长的发展过程中,被中国社会广泛接受。直到今天,在很多民间习俗、传统节日中,仍然能够看到它的大量踪影。而实际上,它的精神规模还要大得多,甚至在不少领域,奇妙地接通了现代思维和未来思维。

人们对日月星辰、山岳河海进行祭祀和崇拜,并非出于知识的浅陋,而是出于对自身渺小的自觉。这种自觉,恰恰来自宏大的情怀。古人的宏大情怀,在于承认天地宇宙对人类的神奇控制力和对应力,同时又承认人类对这种控制力和对应力的不可知悉、难于判断,因此只能祈求和祭祀。他们把鬼神、巫觋、方士当作自己与天地宇宙之间的沟通者、传达者、谈判者,就像我们现在为了与外星人沟通而发出的卫星和电波。

当代科学家霍金,一边努力探察太空,一边又说人类尽量不要去骚扰外星人。这种若即若离的心理,道教也有。道教求神拜仙、问天问地,并不希望骚扰神仙和天地,而只是企盼在他们的佑护下，步步接近天道。最好，自己也能通过有效修行，成为仙人的一员。

道教后来渐渐融合儒学和佛学的精神，使自己的体格扩大，也曾参与社会治理。但是不管怎么变易，它的核心优势，仍然是养心、养气、养身，而且以养身为归结。这也是它与儒家、佛家不同的地方。

在养身的问题上，道教虽然有很多规章仪式、气功程序，但主要还是信赖自然所赐的物质，来行医，来炼丹。道教相信，大自然已经布施了各种生机，人们只要寻找、采撷、熔炼。

道教的行医专家，几乎囊括了中国医学史上的绝大多数高位，为这个人种的健康贡献巨大；道教的炼丹专家，虽然失误颇多，却也取得了一系列让人惊叹的化学成果，造福后人。在这个过程中，他们还会仰察天文、俯瞰地理、卜算阴阳、勘察风水，让人们在宇宙天地的大包围中，获得一片片不大的庇荫。

对于天地自然，他们除了研究，更是崇拜。他们坚信人世间一切重要的命令，都来自天地自然。因此，参赞天地、回归自然，是他们的人生使命。他们反对一切违逆天地、脱离自然的行为。

道家认为，人只有"参赞天地"，才能融入自然，让自己的生命成为一个"小宇宙"。大、小宇宙的呼应对话，构成"天人合一"的庄严结构。

道教相信，天体的"大宇宙"和生命的"小宇宙"是同一件事，因此人的生命就有可能"长存不死，与天相毕"。

在道教的思维系统中，把"大宇宙"和"小宇宙"连在一起的是气。他们认为，天、地、人都生成于气，又以气相互沟通。道家所谓养生，其实就是养气。所养之气，就是元气。

元气，宏大又纯净，纯净到如婴儿初生时的那种无染气息。一旦杂气干扰，元气就无法完足。元气因为是出生之气，必然长保新鲜，永远富于创造力。道家在气功中所实施的"吐故纳新"，就是要用吐纳的方式保养住这种新鲜而富于创造力的初生之气。

道教主张从"大宇宙"提取一些元素来接济"小宇宙"，这就是采撷自然界的草木、矿物、金属制成丹药来治病养生。无数炼丹炉，也就燃烧起来。更多的采药箱，也就转悠在山河大地之间。

　　在千余年的丹炉边、草泽间，道教方士们常常显得手忙脚乱。但是，他们治病养生、养气护生的初衷并没有错。在地球的每一个角落，人类为了救助自己的生命做了多少实验啊，有的实验大获惊喜，有的实验痛心疾首，这个过程至今还在延续。

　　中国首位获诺贝尔医学奖的屠呦呦教授，因发明了青蒿素的药剂而救活了世界上几百万人的生命。屠呦呦坦承，自己对青蒿素的注意，最早出自葛洪的著作。葛洪，前面说到过，是系统整理道教教义体系第一人，但他更是一位具有里程碑意义的道教药学家。屠教授获奖，也给这位一千七百多年前的探索者送去了掌声。这掌声，也应属于道教。

　　至此，我们用最简约、最通俗的语言讲完了道家。这样，本课程也就完成了对儒家、佛家、道家三大思想体系的入门性介绍。

　　接下来，我们将面对一个更复杂的课程安排，那就是解答中国文化为什么能成为人类古文化中唯一的幸存者。

　　这个问题，前辈学者不太注意，因为他们常常处于国力凋敝、任人宰割的时代，很难正视中国文化的强劲生命力，而且，他们也没有到全球各地进行对比性考察的条件。到了我们这一代，情况发生了变化，我所遇到的世界各国高层学者与我讨论最多的总是这个问题，而我本人则下了很大的决心，花费几十年时间对这个问题进行考察和研究，走遍了全球所有重大的古文化遗址。

我在纽约联合国总部和世界多地都演讲过这个题目，每次演讲都很冗长。估计青少年读者没有耐心听那么多，那就选几条最简单又最重要的，讲一讲。

第三十一节
中国文化长寿原因之一：体量巨大

　　我冒着生命危险考察了人类绝大多数重大古文明遗址后，曾在尼泊尔的一个小山村，面对着喜马拉雅山的宏伟山壁想了很久。我想得最多的，是目睹的一系列最辉煌的文明发祥地，现在几乎都衰落了。那么，中国文化为什么能单独活了下来？

　　先说第一项原因：体量巨大。

　　一种文化所占据的地理体量，从最原始的意义上决定着这种文化的能量。照理，小体量也能滋生出优秀文化的雏形，但当这种雏形发育长大、伸腿展臂，小体量就会成为束缚。

　　中国文化的体量足够庞大。与它同时存世的其他古文化，体量就小得多了。即便把美索不达米亚文化、埃及文化、印度文化、希腊文化发祥地的面积加在一起，也远远比不上中国文化的摇篮黄河流域。如果把长江流域、辽河流域、珠江流域的文化地域都算上，那就比其他古文化地域的面积总和大了几十倍。

不仅如此，中国文化的辽阔地域，从地形、地貌到气候、物产，都有极多差异。永远山重水复，又永远柳暗花明。一旦踏入不同的地域，就像来到另外一个世界。相比之下，其他古文化的地域，在生态类别上都比中国单调。

中国文化的先祖们对于自己生存的环境体量，很有感觉，颇为重视。虽然由于当时交通条件的限制，他们还不可能独自抵达很多地方，却一直保持着宏观的视野。两千多年前的地理学著作《禹贡》、《山海经》，已经表达了对于文化体量的认知。后来的多数中国文化人，不管置身何等狭小的所在，一开口也总是"天下兴亡"、"五湖四海"、"三山五岳"，可谓气吞万里。这证明，中国文化从起点上就对自己的空间幅度有充分自觉，因此这种空间幅度也就转化成了心理幅度。

在中国文化的巨大体量四周，还拥有一道道让人惊惧的围墙和隔离带。

一边是地球上最密集、最险峻的高峰和高原，一边是难以穿越的沙漠和针叶林，一边是古代航海技术无法战胜的茫茫大海，这就保障了中国文化群体在生态底线上的整体安全，也构成了一种内向的宏伟。

　　这种内向的宏伟，让各种互补的生态流转、冲撞、翻腾、互融。这里有了灾荒，那里却是丰年。一地有了战乱，可以多方迁徙。十年河东十年河西，沧海桑田未有穷尽。这种生生不息的运动状态，潜藏着可观的集体能量。

　　由地域体量转化为集体能量，其间主体当然是人。在古代，缺少可靠的人口统计，但是大家都知道自己生活在一个规模巨大的群体中。

　　现代的研究条件，使我们已经有可能为先辈追补一些人口数字了。先秦时期，人口就有两千多万；西汉末年，六千万；唐朝，八千万；北宋，破亿；明代万历年间，达到两亿；清代道光年间，达到四亿……。这中间，经常也会因战乱、灾荒和传染病而人口锐减，但总的来说，中国一直可称为"大山大川中的人山人海"。正是这庞大的地域体量和人群体量，中国文化有了长寿的第一可能。

第三十二节
中国文化长寿原因之二：从未远征

地域体量和人群体量所转化成的巨大能量，本来极有可能变为睥睨世界的侵略力量。但是，中国文化没有做这种选择。这，首先与文明的类型有关。

世界上各种文明由于地理、气候等宏观原因大体分成三大类型，即游牧文明、航海文明和农耕文明。中国虽然也拥有不小的草原和漫长的海岸线，但是核心部位却是由黄河、长江所灌溉的农耕文明，而且是"精耕细作"型的农耕文明。草原，是农耕文明"篱笆外"的空间，秦始皇还用砖石加固了那道篱笆，那就是万里长城。而大海，由于缺少像地中海、波罗的海这样的"内海"，在古代航海技术的限制下，中国文化一直与之不亲。

游牧文明和航海文明都非常伟大，却都具有一种天然的侵略性。它们的马蹄，常常忘了起点在何处，又不知终点在哪里。它们的风帆，也许记得解缆于此岸，却不知何方是彼岸。不管是终点还是彼岸，总在远方，总是未知，当然，也总是免不了剑戟血火、占领奴役。与它们相反，农耕文明要完成从春种到秋收的一系列复杂生产程序，必须聚族而居、固守热土。

这种由文明类型沉淀而成的"厚土意识"，成为中国文化的基本素质。"厚土"，当然会为了水源、田亩或更大的土地支配权而常常发生战争。但是，也因为"厚土"，他们都不会长离故地，企图攫取远方异邦。二〇〇五年我在联合国世界文明大会上做主旨演讲时，曾经说到了中国航海家郑和。我说，他先于哥伦布等西方航海家，到达世界上那么多地方，却从来没有产生过一丝一毫占取当地土地的念头。从郑和到每一个水手都没有，这一例证最雄辩地证明，中国文化没有外侵和远征的基因。

在古代世界，不外侵，不远征，也就避免了别人的毁灭性报复。纵观当时世界别处，多少辉煌的文明就在互相征战中逐一毁灭，而且各方都害怕对方死灰复燃，因此毁灭得非常残忍，不准留下任何文化记忆。反过来说，如果哪种文明在远征中战胜了，那也只是军事上的战胜，而军事战胜总是暂时的。在古代世界史上，很多军事战胜恰恰是文化自杀。文化被绑上了战车，成了武器，那还是文化吗？文化的传承

郑和（吴为山雕塑作品）

者全都成了战士和将军，一批又一批地流血捐躯在异国他乡，哪怕是在哪里掌了权，自己本身的文化还能延续吗?

因此，正是中国文化不外侵、不远征的基因，成了它不被毁灭的保证。当然，中国历史上也有很多内战，但那些内战打来打去都是为了争夺中国文化的主宰权，而不是为了毁灭中国文化。因此，不管在内战中谁败谁胜，对文化都不必过于担心。

第三十三节
中国文化长寿原因之三：以统为大

一个庞大文化实体的陨落，不会刹那间灰飞烟灭，而总是呈现为逐渐分裂，直至土崩瓦解。

而且，恰恰是大体量，最容易分裂。如果长期分裂，大体量所产生的大能量不仅无法构成合力，还会成为互相毁损的暴力。中国历史上虽然也出现过不少分裂时期，但总会有一股强劲的力量把江山拉回统一的版图。中国文化的长寿，也与此有关。

照理，统一有统一的理由，分裂有分裂的理由，而且都十分雄辩，很难互相说服。真正说服我的，不是中国人，而是德国学者马克斯·韦伯。他没有来过中国，却对中国有特别深入的研究。他说，中国文化的生态基础是黄河和长江，但是，这两条大河都流经很多省份，任何一个省份如果要凭借着黄河、长江来坑害上游的省份或下游的省份，都轻而易举。因此，仅仅为了治河、管河，所有的省份都必须统一在同一个政府的统治之下。他不懂中文，但是来过中国的欧洲传教士告诉他，在中文中，统治的"治"和治水的"治"，是同一个字。这样，他也就为政治生态学找到了地理生态学上的理由。这样的文化阐释，论证了作为中国文化根基的农耕腹地，不应该长时间分裂和敌对。

其实，早在《尚书》《公羊传》、孟子、墨子、申不害那里，就一再出现过"一匡天下""大一统"的观念，而从秦始皇、韩非子、李斯这些政治家开始，已经订立种种规范，把统一当作一种无法改变的政治生态和文化生态。其中最重要的规范，就是统一文字。这在本书前面的章节中已经说过了。除文字外，秦王朝还统一了度量衡，统一了车轨道路，以九州一统的郡县制取代了分封制。总之，都与"大一统"有关。

必须指出，秦王朝统治者的"一匡天下""大一统"，完全是为了建立独家独姓的极权帝制，其间的种种残暴、蛮横令人发指，不应该获得太多颂扬。事实上，他们也早早地断送了自己的生涯。但是，他们留下的有关"大一统"的文化遗产，将哺育此后一个个追求统一的王朝。

在他们身后的两千年间，出现了大批着力于统一或分裂的人。两批人，都鱼龙混杂。人们经常可以看到那些强踞一方而自立为王的分裂主义者，反过来，又可以看到不少以统一为名试图推行独裁专制的政治人物，因此，我们不能简单以统一还是分裂来断其善恶。但是，如果以概率论统计，两相比较，往往是那些着力于统一的人更有远见。他们中的杰出人士，因大器而握大脉、控大局，是统裂之间的"大者"。由于他们，中国一次次由分裂走向统一；也由于他们，多数中国人在文化上养成了作为大国国民的心理适应。

正是这种心理适应，指引着历史的步履，使中国和中国文化始终没有分崩离析。

第三十四节
中国文化长寿原因之四：避开极端

一看标题就明白，我是在说中庸之道。

如果对中庸做最简单的解释，那么，中，是指中间值；庸，是指寻常态。正是这两方面，构成了普遍意义上的延续态势。

中庸与时间有奇特姻缘。无数事实证明，有了中庸，就能拥有更多时间；反之，放弃中庸，则会让时间中断。

中国的历史那么长，遭遇的灾祸那么多，在很多时候似乎走不过去了，就像世界上其他伟大文明终于倒地不起一样。但是，中国却一次次走通了，越过了灾祸，越过了灭亡，跟跟跄跄地存活了下来。细察每一个生死关口就能发现，正是中庸，发挥了重要作用。

中庸为何能避祸、避亡？原因是，它避开了在关键时刻最容易出现的各种极端主义。

极端主义极有魅力，可惜时间不愿意与它站在一起。极端主义的口号响亮爽利，令人感动；极端主义者就像站在悬崖峭壁边上的好汉，浑身散发着英雄的光辉。因此，总是拥有大量的追随者、崇拜者、死忠者，劝也劝不回。但是，对于广大民众来说，口号不是路标，好汉不是向导，悬崖不是大道。接下来的路，该怎么走呢？

其实已经无路，虽然还会闹腾一阵子，但事情已经结束，时间已经扭头。这就是响亮的短命、激烈的速朽。

极端主义者不仅割断时间，而且也割断空间。他们迟早连追随者的劝告、建言、修正也无法容忍，把这些伙伴当作叛逆者一一驱逐，孤苦伶仃地坚守着越来越局促的"原教旨主义"。于是，空间的局促又加剧了时间的短促，覆灭不可避免。

中庸与他们一比，总是那么平淡、那么家常、那么低调，引不来任何喝彩和欢呼。中庸只在轻脚慢步地四处探问，轻声慢语地商量劝说。但是，过不久，一条小路找到了，一种谅解达成了，一番口舌删掉了，一场恶斗让过了。看起来好像什么也没有发生，只不过大家都可以活下去了，而且是平顺地活下去了。

中国文化在整体上拒绝极端主义，信奉中庸。古代经典在这个问题上的反复教导深契大地人心，结果，即便是那些很容易陷入极端主义的外来宗教，一与中国文化接触便减去了杀伐之气，增添了圆融风范。

为什么在各大文明间，只有中国能够全方位地实践中庸？说到底，这还是与农耕文明相关。农耕文明靠天吃饭，服从四季循环，深知世上难有真正的极端。冬天冷到极端，春色渐开；夏天热到极端，秋风又起。这种"天人合一"的广泛体验经由《周易》提升，儒家总结，也就成为文化共识。世界上，其他宗教和哲学，也都有过"中道"的理论，但是，只有中国，让中庸在世俗生活中长久普及，成了一种谁都无法忽略的实践形态。

正是这种实践形态，避免了中国文化在悬崖边坠落。

第三十五节

中国文化长寿原因之五：科举制度

各种长寿原因，在实际执行中，还应该落实在一个具体项目的操作上。这个具体项目，自己也要颇为长寿，有时间陪着中国文化走过千年长途。

这个项目，就是科举制度。正是科举制度，使中国文化拉出了一条通向长寿的特殊缆索。

对于中国古代的科举制度，我曾写过长文《十万进士》，这里就不再重复了。我只想让大家发出一种惊叹：这是谁想出来的好点子呀，工程那么大，功能那么全，对中国文化护佑了那么久！又大、又全、又久到什么程度？且听我略举几端。

第一，世界上其他重要文化的溃灭，首先溃灭于社会乱局。因此，必须选取足够的社会管理人才。科举制度的使命，正是以文化考试的方式选拔各级社会管理人才，保全了文化的土壤。

第二，世界上其他重要文化也曾建立过良好的管理系统，但是如果地域较大，各地的管理者容易自立格局、自选下属，时间一长，便会与周边产生裂隙。而科举制度，则全国统一。以统一的标准、统一的机构完成统一的选拔，这从文化上堵塞了分裂的可能，反过来又保护了文化。

第三，世界上其他重要文化由于没有建立代代延续的选拔机制，几代之后就会难以为继。科举制度保证每隔三年提供大量管理人才，源源不断。这是中国文化保持有序延续、有效延续的重要原因。

第四，源源不断的管理人才的产生，必须依靠丰沛的应试资源。科举制度对此创造了一个千年实践：在中国，不分地域、不分门庭、不分职业、不分贫富，只要是男性，都有资格参加选拔。在唐代，连外国人也能应试。这种全民动员，不仅使得备考的生源十分充沛，而且极大地强化了文化在全社会的整体生命力和号召力。

第五，社会上最容易产生焦躁动荡的群体，就是青年男子。科举制度让全国这一群体的很大部分，都成了极为用功的备考人员、应试人员，而且很多人屡败屡考，终生应试。这就让社会提高了安全系数，而且安全在文化气氛中。

第六，如此规模的考试，所出试题必然会在很大程度上左右整个国家的文化选择。科举考试越到后来越明确，以儒家经典为主要考试范围。这一来，全国千万青年男子，也就为了做官而日夜诵读儒家经典，诵读到滚瓜烂熟，一年又一年，一代又一代。他们的初衷，只为个人前途，但结果是，那些儒家经典受到无数年轻生命的接力负载，变得生气勃勃。这可谓，经典滋养生命，生命滋养经典。后一种滋养，更是让经典永显青春血色，举世无双。

第七，这么多由诵读经典而终于为官的书生，有没有能力参加社会管理？正巧，他们为了应试而天天诵读的，不是旷世玄学，不是古奥经文，不是隐士秘籍，而是"修身、齐家、治国、平天下"的大道理。拿着这些大道理去做县令、太守，大致属于"专业对口"。于是，社会治理和文化传承相得益彰。

第八，科举考试并不看重天才勃发、奇思妙想，而总是安排刻板的格式，后来甚至限定了"八股"模式。这会让李白这样的稀世天才难以进入。但是，由于科举考试的目的只是选拔官员，而不是培养诗人，因此这样的安排并无大错。官员将来要做什么？在多数情况下，也就是在刻板的格式中规矩行事，有所创新也不失前后左右的基本关系。那么，科举考试就是对行政模式的预示。李白不适合从事管理职务，因此不能以他的缺席来非难科举。科举如果随兴而不刻板，那就长不了，结果也就无法辅佐中国文化走长路。

第九，科举考试总体上公平严格，却也会有一些作弊的所谓"科场案"。由于这种案件直击吏治命脉，每次都采取酷刑严罚，引起社会广泛关注。民众由此明白：做官以文化入场，对此绝不能作弊。这种共识极大地提升了文化对于官场伦理的奠基性价值，这在世界其他文化系统中看不到。

仅此九端，已经足以说明科举制度对中国文化的长寿所起到的作用。

确实，我环视全世界，没有发现还有哪一种体制，能像科举制度那样发挥如此全面、有效、长续的文化守护功能。不必怀疑，它是中国文化长寿的归结之因。

但是，由于一些在科举考试中失败的文人写了不少批判作品行世，它的名声渐渐受污。在考试内容上，后来它确实也跟不上自然科学和国际政治的迅猛发展，成了一个备受攻击的对象。似乎，中国的落后，全是因为它。

一九〇五年，经袁世凯、张之洞等人的上奏，慈禧太后批准，科举制度在存世一千三百年之后彻底废止。废止之时，异议不多，但在废止之后，渐渐出现了不少反思的声音，其中就有梁启超和孙中山的声音。他们都不是保守派、复古派，却都在叹息，科举考试废止得太草率了。

好，我终于把中国文化长寿的原因，也就是中国文化生命力的优势，做了最简单的摘要介绍。

由于近两百年的世界局势，中国文化的生命优势几乎全部被掩盖了，甚至被曲解成了劣势。这种负面处境又激发了一些官员和文人的另类偏激，极言中国文化的至高无上，甚至把其中大量腐朽、专制、低智的糟粕也名为"国粹"涂脂抹粉，结果更是极大地玷污了中国文化的基本形象。

值得高兴的是，对中国文化完全熟视无睹的时代好像已经过去。即便在遥远的地方，兴趣的目光也开始向中国文化移动。看来时至今日，中国文化已经逃不过关注、跟踪了。世界上唯一长寿的超大文化，理应不卑不亢地等待别人的提问，再从容不迫地做一些解答。一代代解答，一代代倾听，一代代改进。过后，又要有新的解答、新的倾听、新的改进。我想对今天的年轻读者说，再过几十年，由于你们和你们儿孙的努力，中国文化一定会以一个更健康、更平静的姿态出现在世人面前而真正受人喜爱。对此，我要预先感谢。

第三十六节
中国文化的弱项

　　课程讲到今天，几乎都在陈述中国文化的长处。现在，按照理性逻辑，不能不讲它的短处了。

　　这种讲述，不是为了揭丑，而是试图以国际宏观视野来获得文化上的自我省识。

　　把中国文化放到目前全人类高层智者公认的文明基座上，它显现出了三方面的明显差距。一在公共空间，二在实证意识，三在创新思维。让我们一一讲来。

　　中国文化的弱项之一：漠视公共空间。

　　公共空间（Public space）作为一个社会学命题是德国法兰克福学派重新阐释的，但从古希腊民主派开始已经有所关注。

　　欧洲文化对公共空间的真正高度重视，是从危及所有人生命的公共卫生灾难"黑死病"中获得的生死教训。防止病疫传染，这件事没有地域、阶级、家属的区分，连朝廷、贵族、政客的权势也吓阻不了疫情，这才使全社会明白了何谓关系集体生存质量的"公共空间"。

中国文化对"公共空间"的概念，一直比较陌生。历来总是强调，一个君子应该上对得起社稷朝廷，下对得起家庭亲情，所谓"忠孝两全"。但是，有了忠、孝，就"全"了吗？不。在朝廷和家庭之间，有辽阔的"公共空间"。

中国文化在这个问题上最大的盲点，是把朝廷的体制当作"公共空间"。结果，很多民众具有"服从意识"而没有"公民意识"。

这种思维方式和行为方式，有时候看上去很琐碎，却体现了一种文化的整体弊病。

我在国外游历时，经常听到外国朋友抱怨中国游客随地吐痰、高声喧哗、在旅馆大堂打牌等行为，认为没有道德。我往往会为自己的同胞辩护几句，说那个高声喧哗的农村妇女，个人道德其实不错，我听说她手里牵着的，是两个"地震孤儿"。她的失态，只是因为不知道公共空间的行为规范。责任不在他们，而在中国文化。当然，这样的事说到底确实也与道德有关，那就是缺少社会公德。

公共空间，中国传统社会中也有近似的概念，例如"天下"、"九州"、"尘世"、"百姓"，但是一说就变成俯视苍生的高谈阔论，几乎不会想到需要民间社会每个人都承担的一系列行为规范。

公共空间的行为规范被顶替的现象，在现代的日常生活中仍然随处可见。这种顶替，往往是以一大堆空洞杂乱的公共话语取代了切实可见的公民行为。

例如，现在有一些大城市的出租汽车司机都非常健谈，如果车程比较长，他们会大谈国际新闻，还会做出很尖锐的社会评论，充分显示他是一个有着鲜明观点的公共人物。有一次我搭车正好遇到这样一位司机，在大声谈论的时候，突然把头冲向窗外大骂一位步履迟缓的老人，骂完以后又开始超车改道。一辆救护车鸣着警笛从后面过来，周围很多车都不让道，我劝他让一让，他居然笑眯眯地说："别理它，走我们的。"

你看这位司机，成天转悠在公共空间，既有国际意识，又有新闻意识，还有传播意识，恰恰缺了公德意识，但他没有意识到这一点。他好像无所不知，无所不评，高谈阔论，俯视千秋，却从来不会对此时此刻周边的他人提供太多的友善。

公共空间，以社会成员解除权力身份、财富身份、学历身份、民族身份、国家身份隔阂之后的平等心理为基础。大家所企盼的公民意识，也由此派生出来。

社会公德，是一种不必哪个权势者下令就能在公共空间看到的行为习惯。具有这种行为习惯的人，就是合格的公民。得到传染病信号，听到救护车鸣笛，看到残疾人过路，遇到小学生放学，都会在第一时间几乎本能地知道该怎么做。这中间，没有任何权势摆布，没有任何空话的效应，没有任何界限的划分。

对一切弱势群体的关爱，对一切求助者的回应，都属于公德的基础行为。这里所说的"一切"，是指任何公共空间中的任何人。英国哲学家罗素在九十多年前批评中国人"对人道主义的冷漠"，其实也就是对公共空间的冷漠。

为什么会产生"对人道主义的冷漠"呢？不是中国人不善良、不仁慈，而是中国文化虽然也强调"人文"，却没有对"人"这个概念在公共空间中的普遍意义，进行过太多的思考。

中国文化为了社会管理，思考过"王道"和"霸道"，为了家庭伦理，思考过"妇道"和"孝道"，甚至为了文化传承，还思考过"师道"和"学道"。在这么多"道"中间，独独少了一个"人道"。一个普遍意义上的"人",被种种的社会职能分割了。其实,这也是对公共空间的分割。因为只有普遍意义上的"人",才是公共空间的唯一主角。

中国文化的弱项之二:忽视实证意识。

实证意识的匮乏,使中国文化长期处于"只问忠奸,不问真假"的泥潭之中。其实,对真假无法实证,其他一切都失去了基础,甚至走向反面。现在让人痛心疾首的诚信失落,也与此有关。假货哪个国家都有,但对中国祸害最大;谣言哪个国家都有,但对中国伤害最深。这是因为,中国文化历来不具备发现虚假、抵制伪造、消除谣言的机制和程序。

多年来我发现,在中国,不管什么人,只要遇到了针对自己的谣言,就无法找到文化本身的手段来破除。什么叫"文化本身的手段"?那就是不必依赖官方的澄清,也不必自杀,仅仅靠着社会上多数民众对证据的辨别能力,以及对虚假的逻辑敏感,就能让事实恢复真相。对此,中国文化自古从来都无能为力。本来,传媒和互联网的发达可以帮助搜寻证据、破除谣言,但事实证明,它们在很大程度上反而给谣言插上了翅膀,使其漫天飞舞。

造成这种无可奈何的结果，有着深远的历史原因。

黄仁宇教授幽默地用一个现代概念来归纳中国历史的主要弊病，那就是严重缺少"数字化管理"。他随手举了明代的几个例子，给人留下很深的印象。比如，朝廷的原始资料《明实录》中，曾经记录嘉靖年间有一次铸钱九千五百万贯。实际上，这个数字，是整个明代两百多年间铸钱总数的十倍以上，是当时所有铸钱厂最高生产能力的百倍以上。更荒唐的是，一大批能够直面这些数字的奏报者、统计者、记述者、抄录者、校核者和查阅者，全都毫不在意。

又譬如，朝廷档案中记录全国军屯的粮食，居然在一五〇五年到一五一八年整整十四年间，都是一百零四万又一百五十八石，一石不多，一石不少。这么大的国家的粮食贮存，怎么可能十多年没有丝毫变动呢？这可以肯定，是后来那么多年都照着一个数字抄下来的。至于那个原始数字是不是准确，也真是天晓得了。

其实，数字上发生的问题，反映了对真实性的漠视，也就是实证意识的淡薄。

写过《中国科学技术史》的著名汉学家李约瑟博士，把中国人实证意识的淡薄的主要原因归于中国式的官僚主义。

他认为，正是这种官僚主义，漠视自然法则的真实性。古希腊哲学以自然为法则，而中国文化则以等级为法则。

李约瑟认为，中国式的官僚主义从以下四方面贬低了真实的价值。

第一，把褒贬置于真实之上。不追求事实真相，只追求千古定论。由此出发，认为天下之事要分忠奸、正邪、功过、是非，却不在乎真伪。

第二，把仪式置于真实之上。仪式需要种种"假借"，把君主制度"假借"成天地规范，因此也就让朝廷旨意"假借"成了自然法则。这样一来，朝廷的善恶智愚就失去了评判机制，使整个社会在最高层面上失去了真伪，也使得社会最低层面的真伪不受控制。

第三，把理想置于真实之上。这种理想还只是统治者的理想，与社会现实脱节，却又自上而下向社会底层挤压。但是，由于社会底层的真实活力没有被调动起来，这种挤压最终无效，因此使理想也失去了真实性。

第四，对制度之外的真实予以否定。这是中国式的官僚主义承袭了"天无二日"的独大性。这种独大性，对于真实存在的异端，对于体制之外的生态，都采取不承认的态度。

结果，体制内的封闭存在与社会真实越来越远。

如此一二三四，时间一长，中国人的真实观念也就渐渐淡薄。

中国文化缺少真实，恰恰是因为不懂得如何"证伪"。所谓"证伪"，也就是用科学证据来证明，虚假之为虚假。在中国，除非发生了严重的司法案件，人们还不习惯于随时进入"证伪"思维使之变为一种文化。

当然也识破过很多虚假，但是，究竟是怎么识破的呢？缺少一个严密的、公认的程序。我们往往喜欢泛泛地做一点儿精神安慰。譬如"真的假不了，假的真不了"、"身正不怕影子斜"、"真金不怕火炼"，再不行，就说"群众的眼睛是雪亮的"。但实际情况如何呢？我们一次次看到，正是在无数群众雪亮的眼睛前，真实被烧成了灰烬，而虚假却成了舆论，甚至还成了历史定论。

中国文化的弱项之三：轻视创新思维。

全世界的智者都明白，任何文化的生命力都在于创新，而不是怀古。要怀古，比中国更有资格的是伊拉克和埃及。但是，如果它们不创新，成天向世界讲述巴比伦王朝和法老遗言，怎么能奢望在现代世界找到自己的文化地位？

在文化判断力有待提高的现代中国，社会关注是一种集体引导，传播热点是一种心理召唤。倚重于此，必然麻木于彼。多年下来，广大民众心中壅塞了很多被大大美化了的历史累赘，却没有提升文化创新的激情和敏感。

复古文化在极度自负的背后隐藏着极度的自卑。因为这股风潮降低了中国文化与世界上其他文化进行平等对话的可能，只是自娱自乐、自产自销、自迷自醉。

这种复古思潮，还包括对近百年文化的过度夸耀。例如在我生活时间较长的上海，一些人对二十世纪二三十年代的"夜上海"、"百乐门"的滥情描述，以及对当时初涉国际的"民国学人"、略有成绩的"民国作家"的极度吹捧，就完全违背了基本的学术尺度，贬损了一个现代国际大都市的文化格局。这些年各地还把很多处于生存竞争过程中的民间艺术、地方戏曲，不分优劣地当作"国家遗产"保护了起来，把它们称作"国粹"、"省粹"、"市粹"，顺便，还把上年纪的普通演员、老一代的民间艺人一律封为不可超越的"艺术泰斗"、"文化经典"。

尤其值得警惕的是，当陈旧的文化现象被越吹越大，创新和突破反倒失去了合法性。

中外历史已经无数次证明，一个国家的文化兴衰，完全决定于能否涌现大批超越传统的勇敢开拓者。

中国文化在创新思维上的淡薄，在绝大多数情况下，都与"遗产迷思"有关。保护文化遗产，本来是一个很好的想法，但一旦过分，必然变成了阻碍创新的惰性巨障。

对文化遗产进行最懂行的选择，这事倒是由乾隆皇帝发起的。那工程，就是编《四库全书》。

乾隆皇帝指派当时最有学问的纪晓岚，领了一大批学者，进行历史上规模最大的文化选择。从一七七三年到一七八二年，花了十年时间，从图书的收集、衡量，到判断、抄写，做得很成功，充分体现了当时中国高层知识分子的学术能力。这项文化工程几乎囊括了中国文化自古以来绝大部分的重要文献，被称作"文化上的又一座万里长城"。《四库全书》永远值得崇敬，但作为现代文化人也忍不住要问一句：就在中国高端知识分子合力投注《四库全书》的这十年间，西方发生了什么？

就在这十年中，瓦特制成了联动式蒸汽机，德国建成了首条铁铸的路轨，英国建成了首座铁桥，美国在波士顿成立了科学学院，还有一对兄弟发明了热气球，实现了第一次自由飞行，卡文迪许证明了水是化合物。

也许有人会说，你指的是物质科学，西方确实走到了前边，我们中国重视的是精神领域。是这样吗？好像也不太对。因为就在这十年当中，创立"人性论"的休谟、创立"国富论"的亚当·斯密、创立"社会契约论"的卢梭，都完成了自己一系列的重要学说，而伏尔泰、莱辛、歌德、孔狄亚克也都发表了自己关键性的著作。

我们在搜集古代文献，他们在探索现代未知；我们在注释，他们在设计；我们在抄录，他们在实验；我们在缅怀，他们在创造……

这里出现了两个完全不同的文化方向。半个多世纪之后，一场近距离的力量对比，使庄严的中国文化不得不低头垂泪了。这场对比，引发了中国文化后来大量的激进话语和争斗话语，但是结论性的话语却是那么简单，那就是：创新、创新、创新！

由于方向出了问题，中国近几百年来，一直把对文化遗产的保护，当作封闭排外的武器，造成了一起起不愉快的事情。这已经变成了一种"思维架构"，因此直到今天还应该

《四库全书》书影

反思。

对创新思维上的轻视早已超越学术范围，变成了一个国家、一个民族在关键时刻的文化选择，实在是生死攸关的大事。在这种文化选择中，创新型人格和复古型人格近距离对峙，这又牵涉到了我们课程开头有关文化的定义，也就是出现了集体人格之间的较量。

漠视公共空间、忽视实证意识、轻视创新思维，把三个加在一起，漠视、忽视、轻视，好像是我们的"视觉"有问题，其实是中国文化的"遗传顽症"，也是中国历史曾经从大发展转向大衰落的自身原因。

如果我们希望从整体上提高民族素质，谋求健康前景，就应该正视这些弊端，万不可讳疾忌医。

图书在版编目（CIP）数据

给青少年的中国文化课 .1，了解这些难题 / 余秋雨
著 .— 北京：北京联合出版公司，2020.6（2022.3 重印）
ISBN 978-7-5596-4143-4

Ⅰ.①给… Ⅱ.①余… Ⅲ.①中华文化－青少年读物
Ⅳ.① K203-49

中国版本图书馆 CIP 数据核字（2020）第 057987 号

给青少年的中国文化课 .1，了解这些难题

作　　者：余秋雨
责任编辑：管　文
排版制作：今亮后声 HOPESOUND
　　　　　pankouyugu@163.com

北京联合出版公司出版
（北京市西城区德外大街 83 号楼 9 层　　100088）
河北鹏润印刷有限公司印刷　新华书店经销
字数 118 千字　880 毫米 ×1230 毫米　1/32　印张 7.5
2020 年 6 月第 1 版　2022 年 3 月第 7 次印刷
ISBN 978-7-5596-4143-4
定价：32.00 元

余 秋 雨　著

给青少年的
中國文化課

② 记 住 这 些 名 字

北京联合出版公司
Beijing United Publishing Co.,Ltd.

作者近影。2019 年 11 月 21 日, 马兰摄

中国当代文学家、美学家、史学家、探险家。

一九四六年八月生，浙江人。早在三十岁之前，就独自完成了《世界戏剧学》的宏大构架。至今三十余年，此书仍是这一领域的权威教材。

二十世纪八十年代中期，因三度全院民意测验皆位列第一，被推举为上海戏剧学院院长，并出任上海市中文专业教授评审组组长，兼艺术专业教授评审组组长。曾任复旦大学美学博士答辩委员会主席、南京大学戏剧博士答辩委员会主席。获"国家级突出贡献专家"、"上海十大高教精英"、"中国最值得尊敬的文化人物"等荣誉称号。

在担任高校领导职务六年之后，连续二十三次的辞职终于成功，开始孤身一人寻访中华文明被埋没的重要遗址。所写作品，往往一发表就哄传社会各界，既激发了对"集体文化身份"的确认，又开创了"文化大散文"的一代文体。

二十世纪末，冒着生命危险贴地穿越数万公里考察了巴比伦文明、克里特文明、希伯来文明、阿拉伯文明、印度文明、波斯文明等一系列重要的文化遗址。他是迄今全球唯一完成此举的人文学者，一路上对当代世界文明做出了全新思考和紧迫提醒，在海内外引起广

泛关注。

他所写的大量书籍，长期位居全球华文书排行榜前列。在台湾，他囊括了白金作家奖、桂冠文学家奖、读书人最佳书奖等多个文学大奖。在大陆，多年来有不少报刊频频向全国不同年龄的读者调查"谁是你最喜爱的当代写作人"，他每一次都名列前茅。二〇一八年，他在网上开播中国文化史博士课程，尽管内容浩大深厚，收听人次却超过了六千万。

几十年来，他自外于一切社会团体和各种会议，不理会传媒间的种种谣言讹诈，集中全部精力，以独立知识分子的身份完成了"空间意义上的中国"、"时间意义上的中国"、"人格意义上的中国"、"哲思意义上的中国"、"审美意义上的中国"等重大专题的研究，相关著作多达五十余部，包括《老子通释》、《周易简释》、《佛典译释》等艰深的基础工程。联合国教科文组织、北京大学等机构一再为他颁奖，表彰他"把深入研究、亲临考察、有效传播三方面合于一体"，是"文采、学问、哲思、演讲皆臻高位的当代巨匠"。

自二十一世纪初开始，赴美国国会图书馆、联合国总部、哈佛大学、耶鲁大学、哥伦比亚大学等处演讲中国文化，反响巨大。二〇〇八年，上海市教育委员

会颁授成立"余秋雨大师工作室";二〇一二年,中国艺术研究院设立"秋雨书院"。

二〇一八年,白先勇、高希均先生赴上海颁授奖匾,铭文为"余秋雨——华文世界最具影响力的一支笔"。

近年来,历任澳门科技大学人文艺术学院院长、香港凤凰卫视首席文化顾问、上海图书馆理事长。(陈羽)

为厚厚的《中国文化课》出一个"青少版",是一件快乐而又艰难的事。

快乐,是因为惊奇地得知,有大量小朋友花费整整一年时间,天天收听我在网上播出的这门课程。人们告诉我:"六千万人次,年龄从八岁到八十岁。"八岁是太小了,就说十几岁的吧,也让我高兴。因为讲述文化的最终意义,恰恰就是面对年青一代,而他们,迟早又会改写我们的课程。这是一个充满生命活力的动态结构,标志着中国文化的创新主调。我在讲课时曾反复表述一个观点:"中国文化是一条奔流不息的大江,而不是江边的枯藤、老树、昏鸦。"现在好了,有那么多年轻生命大踏步地加入文化课程,我看到了"奔流不息"的前景,当然快乐。

但是,快乐背后是艰难。因为中国文化时间长、体量大、分量重,要为年轻人提供一个恰当的入门图谱,很不容易。所谓"恰当的入门图谱",也就是要在历史坐标和国际坐标中分得清轻重,抓得住魂魄。这件事,我在给博士研究生讲课时已经反复思虑,但是那样的课程对青少年来说毕竟太复杂、太深奥了。这就像把一副沉重的担子压在稚嫩的肩膀上,实在于心不忍。

就说我那本根据网上课程整理而成的《中国文化课》吧，洋洋六百五十页，即使放在成人的书架上都显得太抢眼了，当然更比年轻人书包里的其他书籍厚得多、重得多。每次看到很多不认识的孩子捧着这么一本大书坐在屋子一角慢慢地读，我总觉得心中有愧。能不能让他们所捧持的书本变得更轻便一点儿？

——正是这个想法，形成了这个"青少版"。

这个版本为年轻读者进入中国文化，划分出了三个方面的课题，标题很轻松：

一、了解这些难题；

二、记住这些名字；

三、熟读这些作品。

这三个方面的划分，等于在一个学术迷宫中为年轻人开出了三扇方便之门，指引了三条简捷之路。其中的划分逻辑，也适合青少年的心理节奏，相信他们更乐于接受。

相比之下，第一方面的课程要艰深一点儿，其中包含着不少连文化长辈都不敢触碰的难题。我把这些

难题放在最前面，不是吓唬你们，而是要用一种特殊的方式吸引你们。我相信，年轻人头脑单纯、干净，反而会使这些难题走向清晰。第二、第三方面的课题，是介绍中国文化的一些伟大创造者和他们的创造成果。我希望年轻读者对这些名字和这些作品从一开始就产生亲切感。你们在以后一定会了解更多的相关内容，但是唯有早年的亲切感，会滋润终生。

三个方面的课题分成三册出版，年轻读者可以选一册或两册来读，也可以把三册一一读完。在这之后再去啃我那部厚厚的《中国文化课》原本，就会方便得多。当然，也可以不再去啃。

我前面说了，不管是啃还是读，这门课程将来都会被你们改写。

最后，我还要感谢雕塑家吴为山先生。正是我在整理《中国文化课》的时候，应邀参观了他在国家博物馆举行的作品展，我看到其中有很多中国古代文化名人的塑像，就想作为插图收入书中。他一口答应，并立即请他夫人送来了塑像的照片。这次编青少年版，

仍然采用了其中一部分。这也就可以让青少年读者看到，在文化上，古代和当代有可能产生如何美好的形象沟通。

余秋雨

于 2020 年 1 月

目录

第一节
老子：第一代表

现在，我们要开始介绍中国历史上一些重要的文化创造者了。

我多次论述，文化的最终沉淀，是集体人格。也就是说，文化以人为本，以人为归。任何重大文化的基础，是密密层层的人。那么，应该由谁来代表和引领这密密层层的人呢？表面上一看，是王公、贵胄、豪强、财阀，但无数事实证明，是真正的文化创造者。我在《中国文化课》的第一讲，就借欧洲塞万提斯和莎士比亚的例子说明了这个问题，大家不妨找来一读。

数千年来，真正代表和引领中国人的，也是那些重要的文化创造者。

这些文化创造者，在世时常常无权无势，孤苦伶仃，甚至没有留下太多生平资料，但是漫长的时间和辽阔的空间，让他们的分量越来越重。

例如，我们现在要放在第一位讲的老子，就没有留下太

上善若水 ——老子（吴为山雕塑作品）

多事迹。留下的，只是他的思想，而且留在每一个中国人身上。

老子，是让中国文化获得世界身份的第一代表。

据联合国教科文组织统计，世界上几千年来被翻译成外文而广泛传播的著作，第一是《圣经》，第二是《老子》。《纽约时报》公布，人类古往今来最有影响力的十大作者，老子排名第一。

就凭这些统计，说老子是中国文化的第一代表，一点儿也不过分吧？但是过分的是，这位最高代表，这位世界顶级的哲学家，全部著作只有五千字，而他的生平又扑朔迷离，连司马迁都说不清楚。

我们只知道老子很有学问，熟悉周礼，管理过周王朝的国家图书馆或档案馆。史书上记载他的身份是"周守藏室之史"。这里所说的"史"，也就是"吏"。

老子不认为自己有伟大的学说，甚至不赞成世间有伟大的学说。

他觉得最伟大的学说就是自然。自然是什么？说清楚了又不自然了。所以他说"道可道，非常道；名可名，非常名"。

本来，他连这几个字也不愿意写下来。因为一写"道"，就必须规范"道"、限定"道"，而"道"是不可被规范和限定的；一写"名"，又必须为了某种"名"而进入归类，不归类就不成其为"名"，但一归类就不再是它独立的本身。那么，如果完全不碰"道"、不碰"名"，你还能写什么呢？

那就把笔丢弃吧。把种种言辞和概念，都驱逐吧。

年岁已经不小，他觉得，盼望已久的日子已经到来了。

他活到今天，没有给世间留下一篇短文、一句教诲。现在，可以到关外的大漠荒烟中，去隐居终老了。

他觉得这是生命的自然状态，无悲可言，也无喜可言。归于自然之道，才是最好的终结，又终结得像没有终结一样。

在他看来，人就像水，柔柔地、悄悄地向卑下之处流淌，也许滋润了什么、灌溉了什么，却无迹可寻。终于渗漏了、蒸发了、汽化了，变成了云阴，或者连云阴也没有，这便是自然之道。人也该这样，把生命渗漏于沙漠、蒸发于旷野，那就谁也无法侵凌了，"以其终不自为大，故能成其大"。

现在他要出发了，骑着青牛，向函谷关出发。

洛阳到函谷关也不近，再往西就要到潼关了。老子骑在青牛背上，慢慢地走着。要走多久？不知道。好在，他什么也不急。

到了函谷关，接下来的事情大家都听说过了。守关的官吏关尹喜是个文化爱好者，看到这位年老的"守藏室之史"，便提出一个要求：能否留下一篇著作，作为批准出关的条件？

这个要求，对老子来说有些过分。好在老子遇事不争，写就写吧，居然一口气写下了五千字。那就是我们现在看到的《道德经》，也就是《老子》。

写完，他就出关了。司马迁说："莫知其所终。"

这个结局最像他。

鲁迅《出关》中的这一段是根据想象写出来的，说关尹喜收下了那五千字的文章之后，还送给老子一笔稿费——十五个饽饽，装在一个白布口袋里。于是：

老子再三称谢，收了口袋，和大家走下城楼，到得关口，还要牵着青牛走路；关尹喜竭力劝他上牛，逊让一番后，终于也骑上去了。作过别，拨转牛头，便向峻坂的大路上慢慢地走去。

不多久，牛就放开了脚步。大家在关口目送着，去了两三丈远，还辨得出白发、黄袍、青牛、白口袋，接着就尘头逐步而起，罩着人和牛，一律变成灰色，再一会，已只有黄尘滚滚，什么也看不见了。

这个图景的色彩组合很有意思。不管怎么说，老子这篇五千字著作的诞生过程实在绝无仅有。初一看是那么偶然、那么匆忙、那么尘土飞扬，但是往深里一想，人们一定能感受到其间无比苍茫的哲学内涵和美学内涵。

老子消失了，但他留给大地的，是一个能够深思熟虑、看透万象的民族。

老子写的那五千字，滋润了中华民族两千多年，却又由于时间阻隔，读起来颇为艰深。我经过长期研究，把它翻译成了清晰易懂的当代散文。我希望年轻的读者能够读一读，因此在本书第三册《熟读这些作品》中选了部分篇章。全部译文收在《中国文化课》的原本中。你们读的时候，最好能对照原文，并把自己有感应的那几段原文背诵下来。因为，这是这片土地上最早凝结的哲学成果。

第二节
孔子：长长的脚印

在老子之后，孔子站出来代表了中国文化的世界身份。

老子在路上，孔子也在路上。

直到二十世纪，西方现代派文学提出一个"在路上"的概念，曾经让青年一代激动。因为在路上，一个人摆脱了固定的环境，陷入了广阔无比的陌生和未知，但生命的缰绳却仍然掌握在自己手上。由此，你会比以往任何时候都更感到生命的脆弱和强大，一种高阶的诗情也由此产生。

早在两千五百年前，中国的顶级思想家，已经在路上，先是老子，再是孔子。

孔子第一次隆重地"在路上"，恰恰是去拜访老子。路程不近，从今天的山东曲阜，到今天的河南洛阳。

老子比孔子大了一辈，孔子是以学生的身份去问道的。

孔子与老子见面后，出现了什么情景？他们之间，产生了什么样的对话？

这就有很多说法了。其实，由于他们两人谁也没有透露

孔子（吴为山雕塑作品）

出来，因此各种说法都只是后人的猜测。

我觉得有两种说法比较有意思。

一种说法是，老子看了一眼远道而来、满脸笑容、意气风发的孔子，又看了一眼窗外与孔子一起来的朋友和学生，以及他们身边的马车，就说："年轻人，要深藏不露，避免骄傲和贪欲。"

这话当然是对的，却也包含着对孔子的误会。老年人看到意气风发的年轻人，常常会有这种误会。孔子当时的意气风发，是因为赶了长路终于到了目的地，见到了早就要来拜访的老子。这种高兴劲头，让老子产生了某种不太正面的联想。

另一种说法是，孔子刚坐定就问老子"周礼"，也就是周朝的礼仪。老子说，天下的一切都在变，不应该再固守周礼了。这正是老子的基本思想，即使孔子不问，他也会说。他把天地人间的哲学，以一个"变"字来概括，非常了不起。反过来，孔子所提的问题，也反映了孔子的基本思想。他一心想恢复周礼，看上去是倒退，其实是希望给这么纷乱的土地一种秩序，而这种秩序就是礼仪。显然，他们的思想方式虽然不同，但都没有错，产生了一种互补性的平衡。

这是两位伟大圣哲的见面，两千五百多年前这一天的洛阳，应有凤鸾长鸣。不管那天是晴是阴，是风是雨，都贵不可言。

他们长揖作别。

稀世天才是很难遇到另一位稀世天才的，他们平日遇到的总是追随者、崇拜者、嫉妒者、诽谤者。这些人不管多么热烈或歹毒，都无法左右天才自己的思想。只有真正遇到同样品级的对话者，最好是对手，才会产生着了魔一般的精神淬砺。淬砺的结果，很可能改变自己，但更有可能是强化自己。这不是固执，而是因为获得了最高层次的反证而达到新的自觉。这就像长天和秋水蓦然相映，长天更明白了自己是长天，秋水也更明白了自己是秋水。

今天在这里，老子更明白自己是老子，孔子也更明白自己是孔子了。他们会更明确地走一条相反的路。什么都不一样，只有两点相同：一、他们都是百代君子；二、他们都会长途跋涉。他们都要把自己伟大的学说变成长长的脚印。

孔子在拜别老子的二十年后，开始了更为惊人的长途跋涉。他在外面行走了整整十四年，而且年纪已经不轻，从五十五岁，走到六十八岁。

这十四年的行走，有一些学生陪着，他沿路讲的话，被学生们记下了。他很想让当时各个诸侯邦国的统治者听这些话，但他们不听，却被此后两千多年的中国人听到了，也被世界上很多人听到了。古往今来，世界各地很多人，都从孔子的那些话，来认识中国文化。

孔子原先一心想着在鲁国做一个施行仁政的实验，自己也掌握过一部分权力，但实在冲破不了顽固的政治架构，最后被鲁国的贵族抛弃了。

他以前也对邻近的齐国抱有希望，但齐国另有一番浩大开阔的政治理念，那个小个子宰相晏婴就不太能接受孔子的那一套。于是，孔子就去了卫国。

卫国的君主卫灵公很快接见了他，问他在鲁国拿多少俸禄。孔子回答后，卫灵公立即说，按同样的数字给予。这听起来很爽快，但孔子走那么多路，难道是来拿俸禄的吗？孔子在卫国，主要住在蘧伯玉家里。蘧伯玉比孔子年长，对孔子建立君子之道有不少帮助。孔子一直等待着卫灵公来问政，但这样的机会始终没有出现，反倒是一个突发的政治案件牵涉到孔子认识的一个人，孔子面临危险，只能仓皇离开。

后来，孔子在别的邦国遇到的问题，大体都是这样。一开始都表示欢迎他，也提供一些生活物资，却谁也不听他的政治主张。因此，孔子一次次抱着希望而去，又一次次颓然失望而走。

有一次从陈国到蔡国，半道上不小心陷入了战场，孔子和学生已经七天没有吃饭了。孔子看了大家一眼，问："我们不是犀牛，也不是老虎，为什么总是徘徊在旷野？"

这个问题有一种悲凉的诗意。

学生子路回答老师的问题，说："也许我们的仁德和智慧不够，别人不信任我们。"孔子说："不，古代那些仁德和智慧很高的人，也不被信任。"

学生子贡回答老师的问题，说："也许我们的理想太高了，老师，能不能降低一点儿？"孔子说："不能为了别人的接受而降低自己的志向。"

学生颜回回答老师的问题，说："如果我们的学说不好，别人不接受，这是我们的耻辱；如果我们的学说很好，别人还不接受，那是别人的耻辱。"

孔子同意颜回的说法。但他心里一直盘旋着一个矛盾：真正的君子应该被世人充分接受吗？他一会儿认为，真正的君子就应该被世人充分接受；过一会儿又认为，真正的君子不可能被世人充分接受。对于这个矛盾，后人总是从两个相反的方向进行各种各样的评述和批判。

后人批评孔子保守、倒退都是多余的，这就像批评泰山，为什么南坡承受了那么多阳光，还要让北坡去承受那么多风雪。可期待的回答只有一个："因为我是泰山。"伟大的孔子自知伟大，因此从来没有对南坡的阳光感到得意，也没有对北坡的风雪感到耻辱。

孔子对我们最大的吸引力，是一种迷人的"生命情调"——至善、宽厚、优雅、快乐，而且健康。他以自己的苦旅，让君子充满魅力。

孔子行走了十四年，回到故乡时已经六十八岁。妻子已经在一年前去世。过了一年，独生子孔鲤又去世了。再过两年，他最喜爱的学生颜回去世了。接着，他最忠心的学生子路也去世了。

面对接连不断的死讯，年逾古稀的思想家一次次仰天呼喊："老天要我的命啊！老天要我的命啊！"但是，就在这悲惨的晚年，他还在大规模地整理"六经"，尤其注力于《春秋》，把他的"大一统"、"正名分"、"天命论"、"尊王攘夷"

等一系列观念，郑重地交付给中国历史。

一天，孔子正在编《春秋》，听说有人在西边猎到了仁兽麒麟，他立刻怦然心动，觉得似乎包含着一种"天命"的信息，叹道："吾道穷矣！"随即在《春秋》中记下"西狩获麟"四字，罢笔，不再修《春秋》。渐渐地，高高的躯体一天比一天疲软，疾病接踵而来，他知道大限已近。

那天他想唱几句，开口一试，声音有点儿颤抖，但仍然浑厚。

他拖着长长的尾音唱出三句：*泰山其颓乎！梁木其坏乎！哲人其萎乎！*

唱过之后七天，这座泰山真的倒了。连同南坡的阳光、北坡的风雪，一起倒了。千里古道，万丈西风，顷刻凝缩到了他卧榻前那双麻履之下。

这双鞋子走出的路，后来将成为很多很多人的路，成为全人类最大族群都认识的路。

第三节
墨子：兼爱非攻

大家已经明白，最早为中国文化进行精神奠基的老子和孔子，是两位走在路上的哲学家。今天，我要说说另一位同样走在路上，却比他们两位走得更急促、更英猛，也更帅气的中国哲学家。他，简直就是一位超级竞走运动员。

他走的路很长，从山东的泰山脚下出发，到今天的河南，穿越河南全境，经过安徽，到达湖北，再赶到荆州。他日夜不停地走，走了整整十天十夜。脚上磨出了水疱，又受了伤，他撕破衣服来包扎伤口，包好后立即又走。

相比之下，老子出走是骑着青牛的，孔子出走是坐着马车的，但他最平民化，没有坐骑，只靠自己的脚。

他为什么走得那么远，又那么急？因为要阻止一场战争，拯救一个小国家——宋国。他得到消息，楚国要攻打宋国，请了鲁班为他们制造攻城用的云梯。鲁班正是他的同乡，他有劝阻的责任和可能，但是要快，如果云梯造出来，攻城开始了，那就晚了。他知道鲁班的技术高超，因此更要紧急赶路。

这一切，都是为了他的思想理念，一是"兼爱"，二是"非攻"。"兼爱"就是人人都爱。"非攻"就是"不攻"，反对一切攻击。

这四个字连在一起，意思很痛快，就是：爱一切人，否定一切战争。

我为中国古代产生过这么短促又这么伟大的思想，深感自豪。请大家记住这四个字：兼爱、非攻。正是为了这四个字，这个人越走越快。

走在路上的这位哲学家还有一个醒目的特点，那就是黑。他的衣服是黑色的，鞋袜是黑色的，连皮肤也是黝黑的。他在黑夜赶路，伸出黝黑的手，在黑色的衣衫上撕下一缕黑色的布条，去包裹受伤了的黑色的脚……而且，连他的名字也是黑色的——墨子。

浑身黑色的墨子连续走了十天十夜终于到了目的地，发现战争还没有发生。他松了口气，立即去找鲁班。鲁班问他："走这么远的路过来，到底有什么急事？"墨子说："有人侮辱我，你能不能去杀了他？我给你黄金。"

鲁班一听就不高兴了，说："我讲仁义，绝不杀人。"

墨子（吴为山雕塑作品）

墨子一听，立即站起身来，深深作揖，说："楚国打宋国，仁义吗？你说你绝不杀人，但你帮助打仗明明要杀很多人！"

鲁班说："我已经答应了楚王，怎么办？"

墨子说："你带我去见他。"

一见楚王，墨子说："有人明明有好车，却去偷别人的破车；明明有锦衣，却去偷别人的破衣；明明有美食，却去偷别人的糟糠，这是什么人？"

楚王说："这人一定有病。"

墨子说："楚国又大又富，宋国又小又穷，你去打宋，也有病。我这么说，你可以把我除掉，但我已经派了三百个学生守候在宋国城头。"楚王一听，就下令不再攻打宋国。这就是墨子对于"非攻"理念的成功实践。做完这件大事，还有一个幽默的结尾。

为宋国立下了大功的墨子，十分疲惫地踏上了归途，仍然是步行。到了宋国，下起了大雨，他就到一个门檐下躲雨，但是，看门的人连门檐底下也不让他站。这就是他刚刚救下的宋国给他的回报。想想看，如果不是这个淋在大雨中的黑衣男子，这儿已经是遍地战火。

墨子笑了一下，想："救苦救难的人，谁也不认；喜欢显摆的人，天下皆知。"于是，他又成了一个孤独的黑衣步行者，只不过，这次是走在大雨之中。

墨子以这种孤胆英雄的侠义精神，带出了一批学生，被称为"墨家弟子"。他们都是赴汤蹈火的道义之士，留下了一些惊人的事迹。有一次，一百多名墨家弟子受某君委托守城，但后来此君不见了，守城之托又很难坚持，这一百多个墨家弟子便全部自杀了。

司马迁所说的那种"任侠"精神，也就是"其言必信，其行必果，已诺必诚，不爱其躯"的品德，在墨家弟子身上体现得最鲜明。这种品德，在后来两千年间，也成了中国文化的一个重要组成部分。

当然，我最看重的，还是这种品德的原点，就是那四个字：兼爱、非攻。这种品德，也是全人类的精神制高点。

需要补充说明的是，墨子所说的"兼爱"，范围比孔子所说的"仁爱"更加广阔。因为孔子讲究礼数等级，所以对爱也有等级区分。墨子的"兼爱"没有等级，这当然很难被历代统治者接受，缺少普遍实施的条件。

但是，即使这样，我还是把"兼爱"、"非攻"当作一种崇高理想供奉在心底。其实，这也是全人类最珍贵的精神目标。

那么，就让我们永远记住这个黑衣男人。

第四节
庄子：奇怪的年轻人

　　这是一个高雅的会场，台上坐着一排德高望重的学者，一个个都在讲授着自己的学说。他们讲得很自信、很完整、很权威，有时候语气庄严，有时候循循善诱。台下的听众，都在恭敬聆听，时不时还在低头记录。

　　学者们辩论起来了。开始时还只是温文尔雅地互相表达一些不同意见，很快就针锋相对了，越辩越激烈。都是聪明人，彼此总能在第一时间觉察对方的逻辑漏洞，随之做出快速反驳。反驳的层次，越来越细；反驳的时间，越来越长。

　　辩论刚起时，听众们精神陡增。但是，越费脑筋的事情越容易让人疲倦，大家渐渐失去了耐心。只是出于礼貌，出于对辩论者年龄的尊重，还坐着听。

　　终于，听众中有人起身，弯着腰离开会场。这很容易传染，不久，会场里的听众只剩下了一小半。

　　会场外面，是一个门厅。那里有一个角落，聚集着刚刚从会场出来的听众。原来，他们围住了一个奇怪的年轻人。

　　这个年轻人在自言自语，有时，又对着靠近他的几个人发问。问了又不等待回答，随即又出现了新的问题。

　　他在问——

　　"这么多学者坐在台上，这是确实的吗？他们是怎么过来的？是谁让他们坐到了一起？"

　　"他们每个人都讲了那么多话，自己相信吗？他们每个人都讲得很精彩，但天下需要那么多精彩吗？"

　　"按照年龄，他们都早已萎谢，那么，这究竟是他们在梦游，还是我们在做梦？"

　　"生死一定是真的吗？做梦一定是假的吗？如果这是一个梦中的会场，那究竟是在天上，还是在人间？"

　　"如果大家一起都在做梦，什么时候才能醒来？醒来，是不是另一个梦？"

　　……

　　听了这些问题，有人觉得这个年轻人不太正常，就回家了，但很多人却像被什么粘住了，全神贯注。过了一会儿，会场里出来的听众越来越多，都挤到了这个年轻人身边。里面的演讲和辩论，已经无法继续。

这样的情景，历史上频频发生。发生得最有气魄的，是在中国的诸子百家时代。

在诸子百家这个庞大的"会场"外，也坐着一个年轻人。他同样在门厅的一角自言自语，不断提问。

他，就是庄子。

他确实"年轻"，比孔子小一百八十多岁，比墨子小一百岁，比孟子还小了三岁。

对于老人家们的学说，他都知道。但是，他不喜欢他们滔滔不绝地教诲世人的劲头。

他们好像把天下的什么道理都弄明白了，因此不断为不同的学问宣布一个个结论。众多的弟子和民众把他们当作无限的真理矿藏、永恒的百科全书。他们也觉得自己有责任来承担这样的功能，因此有问必答，有答必录，而成一家之言、一派之学。他们很早就构建了这种学术身份，随着年岁和名声的增长，都已巍然而立，定于一尊。

他们私底下是不是也有犹疑、模糊、困惑、两难的空间，但在明面上并没有暴露出来？

庄子与他们完全不一样。

他躲避官场，也躲避学界。

因为，他觉得自己不是解答疑问的人，而是扛着一大堆疑问。他是疑问的化身。

他也不相信老人家们能解答自己的疑问。因为自己的疑问太大，大到连老人家们的立足根基，都在疑问的范围之内。

因此，他只能不断地问天、问地、问自己。更多的是，当问题提出，他就在世间万物中寻找可以比拟的对象，那就成了一个个寓言。寓言不是答案，却把问题引向了更宏大、更缥缈的结构，用我们现在的话来说，引向了哲学和美学。但是这种哲学和美学，连小孩和老者都乐于接受。

这一来，怪事发生了。

大家渐渐发现，这个不断提问的人，在很多方面可能比那些不断宣讲的人还重要。因为他的问题一旦问出，就牵动了宇宙世界和人类的秘密，即使没有答案也深契内心。

大家还发现，正是这个人，让人们渐渐习惯了那些找不到答案的问题。而且让人们懂得，一切真正的大问题都没有答案。有答案的问题，再大也大不到哪里去，那就交给那些老人家去讲解吧。

他的问题，触及了天地的源头，大小的相对，万物的条件，自由的依凭，生死的界限，真假的互视，至人的目标，逍遥的可能……

这些问题，会让那些老人家全都瞠目结舌。

事实上，直到今天，全人类思考等级最高的智者，也还纠缠在这些问题上。

居然有人那么早就发现了这些问题！于是更多的人明白了：提问者，就是"开天辟地"者。至于解答，千百年来有多少人在做，那只是在擦拭"开天辟地"时撞裂开来的玉石碎块，不值得太多关注。

我在《中国文脉》中把庄子评为先秦诸子中文学品质最高的第一人，又在《修行三阶》中把他的哲学思想与老子并列为道家至尊。

庄子取得了如此崇高的精神地位，但请不要忘了，他提问的神态，仍然像个孩子；他讲述寓言的口气，仍然像个孩子。只有孩子，才问得出这么大的问题，讲得出这么美的故事。

由此可见，他是大师气象和孩童气息的最佳结合体。他证明了一个怪异的道理：大师气象来自于孩童气息。

第五节
屈原：第一诗人

在中国文化的大版图中，黄河流域一直显得特别热闹，也特别重要。且不说传说时代了，只看在跨入成熟文明门槛之后，从《诗经》到诸子，都集中产生在那一带。表面上，长江流域还没有在文化史上闹出太大的动静。但是，长江将在自己最险要的部位三峡，推出一个代表者，那就是屈原。

屈原，是中国的第一个大诗人。他以《离骚》和其他作品，为中国文脉输入了强健的诗魂。

中国文化因为有过《诗经》，对诗已不陌生。然而，对诗人还深感陌生。因为《诗经》是各方"乐歌"的采集，大体属于集体创作，即使有少数署名，也未必是真正的创作者。这事到屈原，就发生了根本的变化。如果说，《诗经》首次告诉我们，什么叫诗，那么，屈原则首次告诉我们，什么叫诗人。如果说《诗经》是"平原小合唱"，那么《离骚》就是"悬崖独吟曲"。

这个悬崖独吟者，出身贵族，但在文化姿态上，比庄子

屈原（傅抱石画作）

还要"傻"。诸子各家都在大声地宣讲各种问题，连庄子也在用寓言启迪世人，屈原却不。他不回答，不宣讲，也不启迪他人，只是提问，在提问中抒发自己的眷恋和郁闷。

从解答到提问，从宣讲到抒情，这就是诸子与屈原的区别。说大了，也是学者和诗人的区别、教师和诗人的区别、谋士与诗人的区别。划出了这么多区别，也就有了诗人。

他的死，距今已有近两千三百年，在这么漫长的时间里，却被那么多中国人年年祭祀，这在世界历史上找不到第二个例子。而且，这个被祭祀的人不是皇帝，不是将军，也不是一个哲学家，而是一个诗人，这更让人惊奇万分。相比之下，对孔子的祭祀，主要集中在曲阜和各地的一些文庙里，而对屈原的祭祀却遍布全国任何角落。只要有江河、有村落，到了端午节，包粽子、赛龙舟，到处都在祭祀。这应该说是世间奇迹了吧，但更令人惊异的是，虽然有那么多人在祭祀他，但是能够读懂他作品的人却少之又少，大家其实是在祭祀一个自己并不了解的人。

两千多年间不间断的全民性祭祀，这件事情的规模意义已经远远大于祭祀对象本人，而是反映了一种民众的精神需求。我们平常研究文化，大多只是针对一个个作者和一部部作品，忘却了一个庞大人群不约而同的集体行为。

我们直到今天还无法读解这个集体行为的真正成因，却必须承认，屈原的历史价值，早已远远超出了文学史的研究范围。年轻的读者朋友们可以花一些精力读懂屈原的作品，却仍然难以解释在中国发生的"屈原现象"。今后，你们一年年都可以在划龙舟、包粽子的祭祀典仪中细细品味，但是我相信直到你们年老，还未能品味穷尽。

好，现在还是让我们返回古代，来说说屈原本人。

屈原活了六十二岁，这个时间不算太长，也不算太短。我们可以把他的一生做一个简单的划分。

第一阶段，年少得志，二十二岁就做到了楚国的高官；

第二阶段，受到小人的挑拨，失去君主的信任，离开统治核心，郁郁寡欢；

第三阶段，楚国遇到外交灾难，由于耿直地谏言，第一次被流放；

第四阶段，第二次被流放，长达二十年，直到自沉汨罗江。

屈原出身的王族世家已经有点儿败落，所以贵族的

"贵"，是贵在他所受的教育上。司马迁说他"博闻强识"，说明他接受教育的效果很好。估计他的形象也很不错，否则《离骚》里不会有那么一些句子，描述自己喜欢在服装上下功夫。

根据自己家庭的历史以及自己出生的时间，他觉得自己担负着某种"天命"。《离骚》也就由此开篇。血统的高贵、地位的高贵、知识的高贵、形体的高贵、姿态的高贵，成了他文学陈述的进入方式。其实，也是他政治生涯的进入方式。

不过这也带来一个麻烦：他很容易进入政坛，却不懂得政治生态。理想化的洁癖使他在心态上缺少弹性。因此，当我们看到屈原在作品中不断强调自己的高贵、洁净时，我们就知道，等待这位男子的一定是悲剧。

屈原的第一次被流放是在三十五岁左右，时间是四年，流放地是现在湖北省的北面，大致在现在襄阳的西北；第二次被流放是四十三岁左右，一直到他六十二岁时投江，流放地是湖南的湘水、沅水一带。这两次流放，从某种意义上说使屈原远离了首都的各种政治纷争，不再日日夜夜有那么多切肤之痛了。痛苦当然还存在，但有了层层叠叠的阻隔，升华为一种整体忧伤，并把自己与山水相融，使政治郁闷蒸腾为文化诗情。

屈原投江是一个悲剧，但是我不赞成将这件事与寻常理解的自杀相提并论。

这里有一个前提：屈原生活在一个巫风很盛的地区。人们经常举行对各种神灵的祭祀仪式。龙舟和粽子，都是这个仪式的一部分。屈原的投江，是自古以来"由人入神"的巫傩仪式的延续，也开启了一个新的祭祀命题。

屈原在流放期间，非常充分地了解了当地的原生风习、民间崇拜。这一切对于一个顶级诗人的吸引力，实在太大了。他的生命，融入了神话和大地之间，已经成为山水精灵、天地诗魂，不再仅仅是一个失意谪官。在这个意义上来理解他的投水，以及民众的千里祭仪，就是另一番境界了。

直到今天，很多文学史论著作还喜欢把屈原说成是"爱国诗人"。这也就是把一个政治概念放到了文学定位前面。屈原站在当时楚国的立场上反对秦国，当然合情合理，但是这里所谓的"国"并不是一般意义上的"国家"。在后世看来，当时真正与"国家"贴得比较近的，反倒是秦国，因为正是它将统一中国，产生严格意义上的国家观念。我们怎么可以把中国在统一过程中遇到的对峙性诉求，反而说成是

"爱国"呢？有人也许会辩解，这只是反映了楚国当时当地的观念。但是，把屈原说成是"爱国"的是现代人。现代人怎么可以不知道，作为诗人的屈原早已不是当时当地的了。把速朽性因素和永恒性因素搓捏成一团，把局部性因素和普遍性因素硬扯在一起，而且总是把速朽性、局部性的因素抬得更高，这是很多文化研究者的误区。

寻常老百姓比他们好得多，每年端午节为了纪念屈原包粽子、划龙舟的时候，完全不分地域。不管是当时被楚国侵略过的地方，还是把楚国灭亡的地方，都在纪念。当年的"国界"，早就被诗句打通，根本不存在政治爱恨了。那粽子，那龙舟，是献给诗人的。老百姓比文化人更懂得：文化无界，文化无价。

诗人就是诗人，不要给他们戴各种帽子。屈原在楚国有过政治身份，但是他的"第一身份"确证无疑，是诗人。他的思绪，与百花鸾鸟相伴，在云霓山川之间。他的情感，与天地宇宙相齐，在神话传说之间。一切牵强附会的评述，实在是把他贬小了、贬低了、贬俗了。

年轻的读者在接触文学史、艺术史的时候要警惕，以前有很多著作都习惯于把朝廷身份、仕途处境、政治归属作为评析文学艺术的最高标准，这其实贬低了文学艺术的千年高度。

　　要了解屈原，首先要读他最有代表意义的作品《离骚》。由于年代久远，里面的词句不容易被现代读者理解。历来有学者加了大量注释，但这样的注释本读起来又磕磕绊绊失去了浩荡诗意。为此，我下决心把《离骚》翻译成了当代的诗化散文。听说每年端午节纪念屈原的时候，很多青少年读者喜欢先朗诵我的译本，再走向原文，这让我很高兴。我把这份译文放在本书第三册《熟读这些作品》当中，你们可以找来一读。

第六节
司马迁：建立历史母本

我在好几部著作中，都对汉代的历史学家司马迁做出了极高的评价，认为他让大多数中国人都具有基本的历史判断，使大家都拥有了一个共同的精神家谱。为什么这么说呢？

理由是，他写的巨著《史记》，从目光到体制，都是其后两千多年全部"二十四史"的"母本"。因此，他也就成了几乎全部中国主流历史正本的"总策划"。他的"以人为本"的历史观念，他的取舍鲜明的历史激情，都融入了中华民族的文化基因，成为集体人格的重要组成部分。同时，他又让史学和文学相得益彰，让一部伟大的历史著作成为一部杰出的文学作品。

人类很多悠久的文明只有遗迹，没有脚印。中国文化由司马迁引领，改变了这种状态，使每一个重大脚印都有了明确的文字佐证。这样的脚印当然很难湮灭，自然会继续前行。因此可以毫不夸张地说，司马迁是中国历史和中国文化的守护神。

司马迁（出自《历代君臣图鉴》清代拓本）

我们不知道该用多么隆重的礼仪来感激这位两千多年前的文化巨匠，但是当我们远远看去，每一次都会内心一抖，因为那里站着的，是一个脸色苍白、身体衰弱、满眼凄苦的男人。

他以自己破残的生命，换来了一个民族完整的历史；他以自己难言的委屈，换来了千万民众宏伟的记忆；他以自己莫名的耻辱，换来了中国文化无比的尊严。

司马迁在蒙受奇耻大辱之前，是一个风尘万里的旅行家。

博学、健康、好奇、善学，利用各种机会考察天下，他肯定是那个时代走得最远的青年学者。他用自己的脚步和眼睛，使以前读过的典籍活了起来。因此，要读他笔下的《史记》，首先要读他脚下的路程。

司马迁是二十岁开始漫游的，那一年应该是公元前一一五年。他从西安出发，经陕西丹凤、河南南阳、湖北江陵，到湖南长沙，再北行访屈原自沉的汨罗江。然后，沿湘江南下，到湖南宁远访九嶷山。再经沅江，至长江向东，到江西九江，登庐山。再顺长江东行，到浙江绍兴，探禹穴。由浙江到江苏苏州，看五湖，再渡江到江苏淮阴，访韩信故地。然后北赴山东，到曲阜，恭敬参观孔子遗迹。又到临淄访齐国都城，到邹城访邹峄山，再南行到滕州参观孟尝君封地。继续南行，到江苏徐州、沛县、丰县，以及安徽宿州，拜访陈胜、吴广起义以及楚汉相争的诸多故地。他在这些地方收获最大、感受最深，却因为处处贫困，路途不靖，时时受阻，步履维艰。摆脱困境后，行至河南淮阳，访春申君故地。再到河南开封，访战国时期魏国首都，然后返回长安。

这次漫游，大约花费了两年的时间。我们可以想象那个意气风发的青年男子疾步行走在历史遗迹间的神情。他用青春的体力追赶着祖先的脚步，根本不把任何艰苦放在眼里。从后来他的全部著作中可以发现，他在广袤的大地上汲取的是万丈豪气、千里雄风。这与他处在汉武帝时代有关，剽悍强壮是整个民族的时尚。

这次漫游之后，他得到了一个很低的官职——郎中，需要侍从汉武帝出巡了。虽然有时只不过为皇帝做做守卫、侍候车驾，但毕竟也算靠近皇帝了，在别人看起来相当光彩。司马迁高兴的，是可以借着侍从的名义继续出行。二十三岁至二十四岁，他侍从汉武帝出巡，到了陕西凤翔，山西夏县、万荣，河南荥阳、洛阳，陕西陇县，甘肃清水，宁夏固原，回陕西淳化甘泉山。二十五岁，他出使四川、云南等西南少数民族地区。二十六岁，他刚刚出使西南回来，又侍从汉武帝出巡山东泰山、河北昌黎、河北卢龙、内蒙古五原。二十七岁，又到了山东莱州、河南濮阳。二十八岁，他升任太史令，侍从汉武帝到陕西凤翔、宁夏固原、河北涿州、河北蔚县、湖南宁远、安徽潜山、湖北黄梅、安徽枞阳、山东胶南，又到泰山。

他几乎走遍了当时能够抵达的一切地方。那个时期，由于汉武帝的雄才大略、励精图治，各地的经济状况和社会面貌都有很大改善，司马迁的一路观感大致不错；当然，也看到了大量他后来在《史记》里严厉批评的各种问题。

这时的司马迁已经开始著述，同时他还忙着掌管和革新天文历法。汉武帝则忙着开拓西北疆土，并不断征战匈奴，整个朝廷都被山呼海啸般的马蹄声所席卷。

就在这样的气氛中，司马迁跨进了他那极不吉利的三十七岁，也就是天汉二年，公元前九九年。

终于要说说那个很不想说的事件了。这是一个在英雄的年代发生的悲惨故事。

　　匈奴无疑是汉朝最大的威胁，彼此战战和和，难有信任。英气勃勃的汉武帝当政后，对过去一次次让汉家女儿外嫁匈奴来乞和的政策深感屈辱，接连向匈奴出兵而频频获胜，并在战争中让大家看到了杰出的将军卫青和霍去病。匈奴表面上变得驯顺，却又不断制造麻烦。汉武帝便派将军李广利带领大队骑兵征讨。这时又站出来一位叫李陵的将军——历史名将李广的孙子，他声言只需五千步兵就能战胜匈奴，获得了汉武帝的准许。李陵出战后一次次以少胜多，战果累累，但最后遇到包围，寡不敌众，无奈投降。

　　汉武帝召集官员讨论此事，大家都落井下石，斥责李陵。但是司马迁认为，李陵的战功已经远超自己兵力所能，他一次次击败了敌人，眼下只是身陷绝境才做出此番选择。凭着李陵历来的人品操守，相信很快就会回来报效汉廷。汉武帝一听就愤怒，认为司马迁不仅为叛将辩护，而且影射了李广利的主力部队不得力，因此下令处死司马迁。

　　说是处死，但没有立即执行。当时的法律有规定，死刑也还有救，第一种办法是以五十万钱赎身，第二种办法是以腐刑代替死刑。司马迁家境贫困，根本拿不出那么多钱来。他官职太低，又得不到权势人物的疏通。以前的朋友们，到这时都躲得远远的，生怕自己惹着了什么。连亲戚们也都装得好像根本没有发生过这回事一样，谁也不愿意凑钱来救他的命。这时候，司马迁只好"独与法吏为伍，深幽囹圄之中"。

司马迁很明白地知道，自己的选择只有两项了：死，或者接受腐刑。腐刑，就是阉割男子的生殖系统，是世上最屈辱的刑罚。

死是最简单、最自然的。在那个弥漫着征战杀伐之气的时代，人们对死亡看得比较随便。司马迁过去侍从汉武帝出巡时，常常看到当时的大官由于没有做好迎驾的准备而自杀，就像懊丧地打了自己一耳光一样简单，周围的官员也不以为意。这次李陵投降的消息传来，不久前报告李陵战功的官员也自杀了。因此，人们都预料司马迁必定会选择痛快一死，而没有想到他会选择腐刑，承受着奇耻大辱活下来。

出乎意料的选择，一定有出乎意料的理由。那就是他必须活下来完成《史记》的写作。这个选择的充分理由，需要千百年的时间来印证。

腐刑也没有很快执行，司马迁依然被关在监狱里。到了第二年，汉武帝心思有点儿活动，想把李陵从匈奴那边接回来。但从一个俘虏口中听说，李陵正在帮匈奴练兵呢。这下又一次把汉武帝惹火了，立即下令杀了李陵家人，并对司马迁实施腐刑。

刚刚血淋淋地把一切事情做完，又有消息传来，那个俘虏搞错了，帮匈奴练兵的不是李陵，而是另一个姓李的人。

司马迁在监狱里关了三年多，公元前九六年出狱。

那个时代真是有些奇怪，司马迁刚出狱又升官了，而且升成了官职不小的中书令。汉武帝好像不把受刑、监禁当一回事，他甚至也没有把罪人和官员分开来看，觉得两者是可以频繁轮班的。不少雄才大略的君主都喜欢做这种大贬大升的游戏，他们在这种游戏中感受着权力收纵的乐趣。

升了官就有了一些公务，但此时的司马迁，全部心思都在《史记》的著述上了。

据他在《报任安书》里的自述，那个时候的他，精神状态发生了极大的变化，过去的意气风发再也找不到了。

仆以口语遇遭此祸，重为乡党所笑，以污辱先人，亦何面目复上父母之丘墓乎？虽累百世，垢弥甚耳！是以肠一日而九回，居则忽忽若有所亡，出则不知其所往。每念斯耻，汗未尝不发背沾衣也！

他常常处于神不守舍的状态之中，无法摆脱强烈的耻辱感。在一次次的精神挣扎中，最终战胜的，总是关于生命价值的思考。他知道，决然求死虽然容易，但对社会和历史而言却似九牛失其一毛，或似蝼蚁淹于滴水，实在不值一提。相比之下，只有做了一些有价值的事情之后再死，才大不一样。因此，他说了一句现在大家都知道了的话："人固有一死，或重于泰山，或轻于鸿毛，用之所趋异也。"

在他心中，真正重于泰山的便是《史记》。他为《史记》定下的目标是"究天人之际，通古今之变，成一家之言"。这个目标不仅达到了，而且"一家之言"成了千年共识。

人的低头有两种可能：一种是真正的屈服；一种是弯腰试图扛起千钧重量，但看起来也像是屈服。

司马迁大概是在四十六岁那年完成《史记》的。据王国维考证，最后一篇是《匈奴列传》，写于公元前九〇年。

我们记得，司马迁遭祸的原因之一，是为李陵辩护时有可能"影射"了汉武帝所呵护的将军李广利不得力。就在公元前九〇年，李广利自己也向匈奴投降了。司马迁把这件事平静地写进了《匈奴列传》，他觉得，一个与自己有关的悬念落地了，已经可以停笔。

这之后，再也没有他的任何消息。他到底活了多久，又是怎么逝世的，逝世在何处，都不清楚。

他，就这样无声无息、无影无踪地消失了。

他写了那么多历史人物的精彩故事，自己的故事却没有结尾。

也许，这才是真正的大结尾。他知道既然已经写成了《史记》，就不需要再为自己安排一个终结仪式。

第七节
曹操：执剑吟诗

汉王朝灭亡之后，出现了三国对峙的遍地战火。战火中，本应出现大批军事家和政治家，但是没想到，当时出现的军事家和政治家都不是一流的，却出现了一个一流的文学家——曹操。

曹操？一流的文学家？不仅你们没想到，连他自己也没想到。

这个丛林中的强人，一度几乎要统一天下秩序，重建山河规范。为此他不得不使尽心计、用尽手段，来争夺权势领地。他一次次失败，又一次次成功，终于战胜了所有对手，却没能够战胜自己的寿数和天命，在取得最后成功前离开了人世。

如果他亲自取得了最后成功，开创了又一个比较长久的盛世，那么，以前的一切心计和手段都会被染上金色。但是，他没有这般幸运，他的儿子又没有这般能耐，因此只能永久地把自己的政治业绩沉埋在非议的泥沙之下。

曹操（明代佚名绘）

人人都可以从不同的方面猜测他、议论他、丑化他。他的全部行为和成就都受到了质疑。无可争议的只有一项：他的诗。

说起他的诗，我产生了一种怪异的设想：如果三国对垒不是从军事上着眼，而是从文化上着眼，互相之间的高下应该如何评判？

首先出局的应该是东边的孙吴集团。骨干是一帮年轻军人，英姿勃勃。周瑜全面指挥赤壁之战击败曹军时，只有三十岁；陆逊全面指挥夷陵之战击败蜀军时，也只有三十岁。清代学者赵翼在《廿二史札记》中说，三国对垒，曹操张罗的是一种权术组合，刘备张罗的是一种性情组合，孙权张罗的是一种意气组合。沿用这种说法，当时孙权手下的年轻军人们确实是意气风发。这样的年轻军人，天天追求着火烟烈焰中的潇洒形象，完全不屑于吟诗作文。这种心态也左右着上层社会的整体气氛，因此，孙吴集团中没有出现过值得我们今天一谈的文化现象。

当时的东吴地区，农桑经济倒是不错，航海事业也比较发达。但是，经济与军事一样，都不能直接通达文化。

对于西边刘备领导的巴蜀集团，本来也不能在文化上抱太大的希望。谁知，诸葛亮的两篇军事文件改变了这个局面。一篇是军事形势的宏观分析，叫《隆中对》；一篇是出征之前的政治嘱托，叫《出师表》。

《隆中对》的文学价值，在于对乱世的清晰梳理。清晰未必有文学价值，但是，大混乱中的大清晰却会产生一种逻辑快感。当这种逻辑快感转换成水银泻地般的气势和节奏，文学价值也就出现了。

相比之下，《出师表》的文学价值要高得多。诸葛亮从二十六岁开始就全力辅佐刘备了，写《出师表》的时候是四十六岁，正好整整二十年。这时刘备已死，留给诸葛亮的是一个难以收拾的残局和一个懦弱无能的儿子。刘备在遗嘱中曾说，如果儿子实在不行，诸葛亮可以"自取"最高权位。诸葛亮没有这么做，而是继续领军征伐。这次出征前他觉得胜败未卜，因此要对刘备的儿子好好嘱咐一番。为了表明自己的话语权，还要把自己和刘备的感情关系说一说，一说，眼泪就出来了。

这个情景，就是一篇好文章的由来。文章开头，干脆利落地指出局势之危急——"先帝创业未半而中道崩殂，今天下三分，益州疲弊，此诚危急存亡之秋也"；文章中间，由军政大局转向个人感情——"臣本布衣，躬耕于南阳，苟全性命于乱世，不求闻达于诸侯"；文章结尾，更是万马阵前老臣泪，足以让所有人动容——"今当远离，临表涕零，不知所言。"这么一篇文章，美学效能强烈，当然留得下来。

我一直认为，除开《三国演义》中的小说形象，真实的诸葛亮之所以能够在中国历史上获得超常名声，多半是因为这篇《出师表》。历史上比他更具政治能量和军事成就的人物太多了，却都没有留下这样的文学印记，因此也都退出了人们的记忆。而一旦有了文学印记，那么，即便是一次失败的行动，也会使后代英雄们感同身受。杜甫诗中所写的"出师未捷身先死，长使英雄泪满襟"，就是这个意思。

说过了诸葛亮，我们就可以回到曹操身上了。

不管人们给《出师表》以多高的评价，不管人们因《出师表》而对诸葛亮产生多大的好感，我还是不能不说：在文学地位上，曹操不仅高于诸葛亮，而且高出太多太多。

同样是战阵中的作品，曹操的那几首诗，已经足可使他成为中国历史上第一流的文学家，但诸葛亮不是。任何一部中国文学史，遗漏了曹操是难以想象的，而加入了诸葛亮也是难以想象的。

那么，曹操在文学上高于诸葛亮的地方在哪里呢？在于生命格局。诸葛亮在文学上表达的是君臣之情，曹操在文学上表达的是天地生命。

我们在日常话语中，也一直在沿用曹操所创造的语句。你知道曹操所创造的文学语句有哪一些吗？"老骥伏枥，志在千里"；"烈士暮年，壮心不已"；"对酒当歌，人生几何"；"何以解忧，唯有杜康"；"月明星稀，乌鹊南飞"；"山不厌高，水不厌深"；"东临碣石，以观沧海"；"秋风萧瑟，洪波涌起"；"日月之行，若出其中。星汉灿烂，若出其里"……这些文学语句都是曹操创造的，而且在漫长的历史上被全国各地运用得非常广泛。光凭这一点，他也是汉语文化的主要原创者之一，更不必说他诗作的宏伟意境了。

我在抄写这些熟悉的诗句时，不能不再一次惊叹其间的从容大气。一个人可以掩饰和伪装自己的行为动机，却无法掩饰和伪装自己的生命格调。这些诗作，传达出一个身陷乱世权谋而心在浩阔时空的强大生命。

这些诗作还表明，曹操一心想做军事巨人和政治巨人而十分辛苦，却不太辛苦地成了文化巨人。但是，这也不是偶然所得。他与历来喜欢写诗的其他政治人物不同，没有附庸风雅的嫌疑,因为他没有必要这样,也不屑这样。

他所表述的,都是宏大话语,这本容易流于空洞,但他却融入了强烈的个性特色。此外,在《却东西门行》、《苦寒行》、《蒿里行》等诗作中,他又频频使用象征手法,甚至与古代将士和当代将士进行移位体验,进一步证明他在文学上的专业水准。

曹操的诗,干净朴实,简约精悍,与我们历来厌烦的侈靡铺陈正好南辕北辙。人的生命格局一大,总能够把自己的话语简化得铿锵有力。

文化上的三国对垒,更让人哑口无言的,是曹操的一大堆儿子中有两个相当出色,那就是曹丕和曹植。父子三人拢在一起,占去了当时华夏的一大半文化。真可谓"天下三分月色,两分尽在曹家"。

父子三人的文学成就应该如何排序?先要委屈一下曹丕,排在第三。不要紧,他在家里排第三,但在中国历代皇帝中却可以排第二,第一要让给比他晚七百多年的李煜。

那么,家里的第一、第二该怎么排?多数文学史家会把曹植排在第一,而我则认为是曹操。曹植固然构筑了一个美艳的精神别苑,而曹操的诗,则是礁石上的铜铸铁浇。

第八节
阮籍：大哭又长啸

当年曹操身边有一个深受重用的书记官叫阮瑀，生了个儿子叫阮籍。曹操去世时，阮籍正好十岁。在曹操去世后三四年，他有一个曾孙女婿将要出生，那个孩子叫嵇康。我这么一排，大家就能明白，在曹操身边，新的一代出现了。

这新的一代，面对的是一个"后英雄时代"。长辈们龙争虎斗了一辈子，谁也没有胜利，只留下狼藉的山河、破碎的人心。于是，新的一代不再相信以前的一切，重新冷眼深思、特立独行。他们之中，又有一些人极具哲学天赋和艺术才华，留下了一份高贵、神奇、凄美的生命文化，深深地锲入了历史。他们后来一直享有一个共同的称呼——"魏晋名士"。代表者就是阮籍、嵇康。

阮籍喜欢一个人驾着木车游荡，没有目标，只向前走。走着走着，路到尽头了，他哑着嗓子自问："真的没路了？"问完，满眼都是泪水，最后号啕大哭。哭够了，他便持着缰绳驱车向后，另外找路。找着找着又到了尽头，他又大哭，走一路哭一路。荒草野地间谁也没有听见，他只哭给自己听。

平日，他喜欢一种没有词语的歌吟方式，叫"啸"。往往是哭罢之后，感觉有一种沉重的气流涌向喉咙，他长长一吐，音调浑厚而悠扬，似乎没有内容，却吐出了一派风致、一腔心曲，比任何词句都苍茫浩大。

一天，他到苏门山去拜见一位隐居在那里的名士孙登。他本想请教一些历史问题和哲学问题，但孙登好像什么也没有看见，什么也没有听见，泥塑木雕一般坐在那里。阮籍马上领悟，在这里，语言没有用处，因为等级太低了。他觉得应该更换一种交流系统，便缓缓地啸了起来。啸完一段，孙登终于开口了，只说："再来一遍！"阮籍一听，立即站起身来对着群山云天，啸了很久。啸完转身，发现孙登又已经平静入定。

阮籍觉得这次没有白来，完成了一次无言的心灵交流，便下山了。谁知，刚走到山腰，奇迹发生了，一种难以想象的吟啸声突然从山顶传来，充溢于山野林谷之间。阮籍一听，这是孙登大师的啸，回答了他的全部历史问题和哲学问题。

这天他下山之后，快步回家，写了一篇文章，叫《大人

阮籍（吴为山雕塑作品）

先生传》。他在文章中说，像孙登这样的人，才真正称得上"大人"。因为他们与自然一体，与天地并生，与大道共存，却又远离浊世，逍遥自在。与他们相比，天下那么多装腔作势、讲究礼法的所谓"君子"，只是寄生在别人裤子缝里的虱子罢了。

他没有多写下去，因为千言万语都融化在山谷间的声声长啸中了。

阮籍这么一位有才华的名人，当然会引起官场的注意。每一个新上任的统治者都会对他发出邀请。他对官场的态度很有趣，不像历代文人那样，要么垂涎官场，要么躲避官场，要么利用官场，要么对抗官场。他的态度是，游戏官场。

有一次，他与司马昭闲聊，说自己到过山东东平，那里的风土人情很不错。司马昭就顺水推舟，让他出任东平太守。他也没有怎么推托，就骑上一头驴，到东平上任去了。

他到了东平，只做了一件事，就是把官衙里边重重叠叠的墙壁拆掉，改成"开放式办公"。这一来，官员们互相监督，沟通便利，效率提高。接着，他又精简了法令，使社会风气为之一正。

做完这一点儿事，他就回来了，一算，只花了十来天。

后代历史学家说，阮籍一生，正儿八经地上班，也就是这十几天。为了这次短促的上班，四百多年后的李白还专门写了一首诗来歌颂："阮籍为太守，乘驴上东平。剖竹十日间，一朝风化清。"

当时阮籍所处的环境，礼教森严，尤其对男女之间的接触百般防范。叔嫂之间不能对话，邻里的女子不能直视，等等。对此，阮籍做了一件惊世骇俗的事。

有一位兵家的女孩，极有才华又非常美丽，不幸还没有出嫁就死了。阮籍根本不认识这家的任何人，也不认识这个女孩，但听到消息后就赶去吊唁，还在灵堂大哭了一场，把四方邻居都吓着了。

对于这次莫名其妙的大哭，我在二十几年前发表的《遥远的绝响》中曾写下这么一段话：

阮籍不会装假，毫无表演意识，他那天的滂沱泪雨，全是真诚的。这眼泪，不是为亲情而洒，不是为冤案而流，只是献给一具美好而又短促的生命。这世间，为什么不把珍贵的美好多留一些日子呢？他由此产生联想，因此痛哭。这场痛哭，非常荒唐，又非常高贵。有了阮籍那一天的哭声，其他很多死去活来的哭声就显得太具体、太实在，也太自私了。终于有一个真正的男子汉像模像样地哭过了，没有其他任何理由，只为美丽，只为青春，只为异性，只为生命，哭得那么抽象又那么淋漓尽致。依我看，男人之哭，至此尽矣。

比男女之防更严厉的礼教，是孝道。

孝道，主要表现在父母去世后的繁复礼仪，三年服丧、三年素食、三年禁欲，甚至三年守墓。这一个个漫长的时间，其实与子女对父母的实际感情已经没有太大关系，只是做给人看的。正是在这种氛围中，阮籍的母亲去世了。

按照当时的规矩，在吊唁的灵堂里，只要有人来吊唁，亡者的亲族必须先哭拜，然后客人再哭拜，一次又一次。但是，人们发现，阮籍作为亡者的儿子，只是披头散发地坐着，看到别人进来既不起立，也不哭拜，两眼发直，表情木然。这引起了很多吊唁者的不满，觉得太不礼貌了。这种不满的言论一传开，被一个年轻人听到了。这个年轻人起身捧了一坛酒，拿了一张琴，向灵堂走去。

酒和琴，与吊唁灵堂多么矛盾啊，但阮籍一看就站起身来，迎了上去。他在心里说："你来了吗？与我一样不顾礼法的朋友，你是想用美酒和音乐来送别我操劳一生的母亲？谢谢你，朋友！"

第九节
嵇康：刑场琴声

那位带着酒和琴来到阮籍母亲灵堂的年轻人，就是嵇康。

他捧着一张琴到阮籍母亲的灵堂去是对的，因为他本身是一位大音乐家。不仅是音乐实践家，而且是音乐理论家。

嵇康有一部重要的音乐理论著作《声无哀乐论》，我认为是中国音乐理论史上的扛鼎之作。他说，一般人认为音乐有哀有乐，因此就会频频用来表达各种情绪，张罗各种仪式。其实，真正的大音乐是天地之音、自然之音、元气之音。他说，音乐如酒，谁说酒一定是制造欢乐或是制造悲哀的？音乐又像是树，柳树被风一吹弯下身来很像是含情脉脉地与谁告别，其实树就是树，自然之物，与悲哀和快乐无关。

但是，当时嵇康这位大音乐家的日常事务，居然是打铁。

他长期隐居在山阳，后来到洛阳郊外开了铁匠铺，每天在大树下打铁。他给别人打铁不收钱，如果有人拿点儿酒来作为酬劳，他就会非常高兴，立即在铁匠铺里拉着别人开怀痛饮。

既然开了个铁匠铺，他就成了一个地地道道的铁匠。

他光着膀子抡锤，肌肉毕现。为此我又不能不补充一个事实：他是一位远近闻名的美男子。

魏晋名士，除了那位"永远的中国第一美男子"潘岳，大多都相貌堂堂，连最严肃的《晋书》在写到阮籍和嵇康时，都要在他们的容颜上花一些笔墨。但比较起来，一定是嵇康更帅，因为那些书都说他已经到了"龙章凤姿"的地步。这在中国古语中是形容男性外表的最高等级了。嵇康有一位朋友山涛，曾在文章中这样描述他的身材：他在平日，像一棵孤松高高独立；一旦醉了，就像一座玉山即将倾倒。

现在，这高高孤松、巍巍玉山正在打铁。谁也无法想象，这位帅到了极点的铁匠，居然是一位千年难遇的大音乐家、大艺术家、大哲学家！

这天他正在打铁，一支豪华的车队来到铁匠铺前。车队的主人叫钟会，是一位受朝廷宠信的年轻学者，一直崇拜嵇康，就带了一大批也想结识嵇康的都市友人前来拜访。但嵇康不喜欢这么豪华的排场，认为这个车队破坏了他返璞归真的天然生活，只是扫了他们一眼，继续打铁。钟会一下子就尴尬了，等了一会儿还是无法和嵇康交流，只得上车驱马准备回去。

这时传来嵇康的声音："你听到了什么，来了？又看到了什么，走了？"

钟会回答得很聪明："我听到了一点儿什么，来了；又看到了一点儿什么，走了！"

这以后，嵇康遇到了一件让他生气的事。一个哥哥企图占有弟弟的妻子，就向官府反告弟弟"不孝"。"不孝"在当时是死罪。嵇康认识这两兄弟，知道事情的原委，便写信怒斥那个哥哥，并宣布绝交。但这一来，他因为"不孝罪的同党"被捕。

统治者司马昭要杀害嵇康这么一位名人毕竟有点儿犹豫，但是，有一句小话递到他耳边了，说的是："您现在统治天下已经没有什么可担忧的了，只需稍稍提防嵇康这样的傲世名士。"递小话的，就是那个被嵇康冷落在铁匠铺边的钟会。于是，司马昭下令：判嵇康死刑，立即执行。

这是中国文化史上最黑暗的日子之一，居然还有太阳。嵇康身戴木枷，被一群兵丁从大狱押到刑场。突然，嵇康听到前面有喧闹声，而且声音越来越响。原来，有三千名太学生正拥挤在刑场边上请愿，要求朝廷赦免嵇康，让嵇康担任太学的导师。一个官员冲过人群，来到刑场高台上宣布：朝廷旨意，维持原判！

身材伟岸的嵇康抬起头来，眯着眼睛看了看太阳，便对身旁的官员说："行刑的时间还没到，我弹一首曲子吧。"不等官员回答，便对在旁送行的哥哥嵇喜说："哥哥，请把我的琴取来。"

琴很快取来了，在刑场高台上安放妥当，嵇康坐在琴前，对三千名太学生和围观的民众说："请让我弹一遍《广陵散》。过去袁孝尼多次要学，都被我拒绝。《广陵散》于今绝矣！"

刑场上一片寂静，神秘的琴声铺天盖地。

弹毕，嵇康从容赴死。

这是二六二年夏天，嵇康三十九岁。

第十节
王羲之：笔墨门庭

魏晋名士显然想对原有的中国文化进行"颠覆性改写"，他们的行为虽然具有孤傲的气韵，却缺少社会气场。

他们的大哭、吟啸、打铁、弹奏，不仅普通百姓完全不懂，而且绝大多数文人学士也难以理解，无法追随。

魏晋时代，也有一种不带杀伐气、焦灼气、暴戾气的文化受到了所有人的喜爱，而且长时间地留了下来，那就是书法，特别是以王羲之为代表的行书。在如此混乱的年代能够产生如此安定而雅致的艺术，实在让人震撼于天地所执持的一种伟大平衡。因此，我在讲了那些凄厉的故事之后，一定要把大家带到魏晋笔墨的前面，以便在巨大的落差中感受一种大动荡中的大美学。

那就必须进入那个神奇的门庭——东晋王家了，王羲之的家。

王家祖籍山东琅琊，后迁浙江山阴，也就是现今浙江绍兴。王家有多少杰出的书法家？王羲之的父亲王旷算一个，但是，堂叔叔王导和叔叔王廙的书法水准比王旷高得多。到王羲之一辈，堂兄弟中的王恬、王洽、王劭、王荟都是大书法家。其中，王洽的儿子王珣和王珉，依然是笔墨健将。我们现在还能在博物馆里凝神屏息地一睹风采的《伯远帖》，就出自王珣手笔。

那么多王家俊彦，当然是名门望族的择婿热点。一天，一个叫郗鉴的太尉，派了门生来选女婿。太尉有一个叫郗璿的女儿，才貌双全，已到了婚嫁的年龄。门生到了王家的东厢房，那些男青年都在，也都知道这位门生的来历，便都整理衣帽，笑容相迎。只有在东边的床上的一个青年，袒露着肚子在吃东西，完全没有在乎太尉的这位门生。门生回去后向太尉一描述，太尉说："就是他了！"

于是，这个袒腹青年就成了太尉的女婿，而"东床"，则成了此后中国文化对女婿的美称。

这个袒腹青年就是王羲之。

王羲之与郗璿结婚后，生了七个儿子，每一个都擅长书法。其中五个，可以被正式载入史册。除了最小的儿子王献之名垂千古，凝之、徽之、操之、涣之四个都是书法大才。这些儿子，从不同的方面承袭和发扬了王羲之。

於所遇暫得於己快然自足不
知老之將至及其所之既惓情
隨事遷感慨係之矣向之所欣
俛仰之間以為陳迹猶不
能不以之興懷況修短隨化終
期於盡古人云死生亦大矣豈
不痛哉每攬昔人興感之由
若合一契未嘗不臨文嗟悼不
能喻之於懷固知一死生為虛
誕齊彭殤為妄作後之視今
亦由今之視昔悲夫故列
敘時人錄其所述雖世殊事
異所以興懷其致一也後之攬
者亦將有感於斯文

永和九年歲在癸丑暮春之初會
于會稽山陰之蘭亭脩禊事
也群賢畢至少長咸集此地
有峻領茂林脩竹又有清流激
湍暎帶左右引以為流觴曲水
列坐其次雖無絲竹管弦之
盛一觴一詠亦足以暢敘幽情
是日也天朗氣清惠風和暢仰
觀宇宙之大俯察品類之盛
所以遊目騁懷足以極視聽之
娛信可樂也夫人之相與俯仰
一世或取諸懷抱悟言一室之內
或因寄所託放浪形骸之外雖

王羲之《兰亭序》（唐代摹本）

更让人惊讶的是，这个家庭里的不少女性，也是了不起的书法家。例如，王羲之的妻子郗璇，被周围的名士赞为"女中仙笔"。王羲之的儿媳妇，也就是王凝之的妻子谢道韫，更是闻名远近的文化翘楚，她的书法，被评为"雍容和雅，芳馥可玩"。在这种家庭气氛的熏染下，连雇来帮助抚育小儿子王献之的保姆李如意，居然也能写得一手草书。

李如意知道，就在隔壁，王洽的妻子荀氏，王珉的妻子汪氏，也都是书法高手。脂粉裙钗间，典雅的笔墨如溪奔潮涌。

我们能在一千七百年后的今天，想象那些围墙里的情景吗？可以肯定，这个门庭里进进出出的人都很少谈论书法，门楣、厅堂里也不会悬挂名人手迹。但是，早晨留在几案上的一张出门便条，一旦藏下，便必定成为海内外哄抢千年的国之珍宝。

晚间用餐，王献之握筷的姿势使对桌的叔叔多看了一眼，笑问："最近写多了一些？"站在背后的年轻保姆回答："临张芝已到三分。"谁也不把书法当专业，谁也不以书法来谋生。那里出现的，只是一种生命气氛。

自古以来，这种家族性的文化大聚集，很容易被误解成生命遗传。请天下一切姓王的朋友原谅了，我说的是生命气氛，而不是生命遗传。

在王羲之去世二百五十七年后建立的唐朝是多么意气风发，但对王家的书法却一点儿也不敢"再创新"。就连唐太宗，这么一个睥睨百世的伟大君主，也只得用小人的欺骗手段赚得《兰亭序》，最后殉葬昭陵。他知道，万里江山可以易主，文化经典不可再造。

第十一节
陶渊明：田园何处

在王羲之创造书法奇迹后，江西出现了一个杰出诗人陶渊明，用一种竹篱黄花的隐逸生活，归结了魏晋时代。

不少历史学家把陶渊明也归入魏晋名士一类，可能有点儿粗略。陶渊明比曹操晚了二百多年。他出生的时候，阮籍、嵇康也已经去世一百多年。他与这两代人，都有明显区别。他对三国群雄争斗的无果和无聊，看得很透，这一点与魏晋名士是一致的。但他与魏晋名士的区别也十分明显，他会觉得他们虽然喜欢老庄却还不够自然，在行为上有点儿故意，有点儿表演，有点儿"我偏要这样"的做作，这就与道家的自然观念有了很大的距离。他还觉得，魏晋名士身上残留着太多都邑贵族子弟的气息，清谈中过于互相依赖，又过于在乎他人的视线。他认为，真正彻底的放达应该进一步回归自然个体，回归僻静的田园。

这样一个陶渊明，民众也不容易接受。他的言辞非常通俗，但民众不在乎通俗，而在乎轰动。民众还在乎故事，而陶渊明又恰恰没有故事。

因此，陶渊明理所当然地处于民众的关注之外。同时，他也处于文坛的关注之外，因为几乎所有的文人都学不了他的安静，不敢正眼看他。他们的很多诗文其实已经受了他的影响，却还是很少提他。

到了唐代，陶渊明还是没有产生应有的反响。好评有一些，比较零碎。直到宋代，尤其是苏东坡，才真正发现陶渊明的光彩。苏东坡是热闹中人，由他来激赞一种远年的安静，容易让人信任。细细一读，果然是好。于是，陶渊明成了热门。

由此可见，文化上真正的高峰是可能被云雾遮盖数百年之久的，这种云雾主要朦胧在民众心间。大家只喜欢在一座座土坡前爬上爬下、狂呼乱喊，却完全没有注意那一抹与天相连的隐隐青褐色，很可能是一座惊世高峰。

陶渊明这座高峰，以自然为魂魄。他信仰自然，追慕自然，投身自然，耕作自然，再以最自然的文笔描写自然。

请看：

陶渊明（陈洪绶《归去来图·采菊》）

结庐在人境，

而无车马喧。

问君何能尔？

心远地自偏。

采菊东篱下，

悠然见南山。

山气日夕佳，

飞鸟相与还。

此中有真意，

欲辨已忘言。

这首诗非常著名。普遍认为，其中"采菊东篱下，悠然见南山"两句表现了一种无与伦比的自然生态意境，可以看成陶渊明整体风范的概括。但是王安石最推崇的却是前面四句，认为"奇绝不可及"，"有诗人以来，无此句也"。王安石做出这种超常的评价，是因为这几句诗用最平实的语言道出了人生哲理，那就是：在热闹的"人境"也完全能够营造偏静之境，其关键就在于"心远"。

他终于写出了自己的归结性思考：

纵浪大化中，

不喜亦不惧。

应尽便须尽，

无复独多虑。

　　一切依顺自然，因此所有的喜悦、恐惧、顾虑都被洗涤得干干净净，顺便把文字也洗干净了。你看这四句，干净得再也嗅不出一丝外在香气。我年轻时初读此诗便惊叹果然真水无色，后来遇到高龄的大学者季羡林先生，他告诉我，这几句诗，正是他毕生的座右铭。

　　"大化"——一种无从阻遏也无从更改的自然巨变，一种既造就了人类又不理会人类的生灭过程，成了陶渊明的思维起点。陶渊明认为我们既然已经跳入其间，那么，就要确认自己的渺小和无奈。而且，一旦确认，我们也就彻底自如了。彻底自如的物态象征，就是田园。

　　然而，田园还不是终点。

　　陶渊明自耕自食的田园生活虽然远离了尘世恶浊，却也要承担肢体的病衰、人生的艰辛。在日趋穷困的境遇下，唯一珍贵的财富就是理想的权利。于是，他写下了《桃花源记》。

　　桃花源是一个美丽的理想境界，它既与历史过程脱离，又与现实社会脱离，可称之为"时间和空间的双重脱离"。在时间上，桃花源中人"不知有汉，无论魏晋"，那就让历史停止了、消失了。在空间上，桃花源在乱世之外藏下了一个桑竹阡陌、鸡犬相闻、黄发垂髫的天地，绝不向外界探望，因此也切除了外界。为了维护这么一个美丽的理想境界，《桃花源记》又设计了不可再度寻找的结尾。不可再度寻找，也就是不容异质介入，这就体现了陶渊明在守藏理想时有一种近似洁癖的冷然。

　　田园是"此岸理想"，桃花源是"彼岸理想"。终点在彼岸，一个可望而不可即的终点。陶渊明告诉一切实用主义者，理想的蓝图是不可以随脚出入的。在信仰层面上，它永远在；在实用层面上，它不可逆。

第十二节
李白：圣殿边冻僵的豹子

文化史上最杰出的第一流人物大多处于孤峰独立的状态。有时在漫长的数百年间连一座孤峰都找不到。但是也有一些特殊时期，元气汇聚，出现了令后代仰望的群体辉煌。

在中国文化史上，最典范的群体辉煌，一是诸子百家，二是唐代诗人。

在一般印象中，诗人要比哲人快乐。唐代诗人留下的那些千古佳句，跃动在无数后代学人的嘴边、耳边，这就让人揣想，写出这些诗句的诗人，一定会度过浪漫而诗意的一生。

这种揣想没有大错，但是必须立即做出重大补充：那几位最有代表性的唐代诗人，个人命运都遭受了太多磨难，而唐代并没有救助他们，读者也没有救助他们。

海明威在《乞力马扎罗的雪》中写道，在山顶圣殿边上，有一只冻僵的豹子。它是怎么被冻僵的？是它自己来寻找生命的终点，还是寒流来时来不及下山？不知道。

现在，我们的唐代文学圣殿边，冻僵的豹子远远不止一只。

也许正因为这些冻僵的豹子，雪山显得更高了，圣殿也更神圣了。

但对豹子本身，毕竟有点残酷。

唐代文学圣殿边的冻僵，都是因为一场突如其来的寒流。这场寒流就是"安史之乱"。

所谓"安史之乱"，也就是在唐王朝历史的半道上，军政要员安禄山、史思明发动叛乱，闹了八年才被平定，唐王朝从此走向衰疲。

"安史之乱"不管有多少具体罪恶，其中最大的罪恶是让唐王朝泄了气。随之，中国文化的生命力也减损了元气。

在巨大的政治乱局中，最痛苦的是百姓，最狼狈的是诗人。

诗人为什么最狼狈？

第一，因为他们敏感，满目疮痍使他们五内俱焚；

第二，因为他们自信，觉得自己有俯视天下的相国之才，一见危难就想按照自己的逻辑采取行动；

第三，因为他们幼稚，不知道乱世逻辑和他们的心理逻辑全然不同，他们的行动不仅处处碰壁，而且显得可笑、可怜。

这三个特征在李白身上体现得最明显。

我们暂时搁下"安史之乱"，先从整体上远眺一下这个李白。

我曾经论述，李白与其他诗人不同的地方，是对天下万物一直保持着"天真的惊讶，陌生的距离"。我们在他的诗里读到千古蜀道、九曲黄河、瀑布飞流时，就能同时读到他的眼神，几分惶恐，几分惊叹，几分不解，几分发呆。首先打动读者的，是他的这种天真的惊讶，大家被他感染，于是也改造了自己的眼神。

惊讶与陌生有关。他写了"中华第一思乡诗"，却从来不回故乡，只想永远追赶陌生，永远成为一个"异乡人"。即便对朋友，他也保持着某种"陌生的距离"。由此，他成了一叶"不系之舟"，成了一只"无群之雁"。

这种人生气韵，可以在诗歌的天地中惊艳千里，一旦遇到政治就麻烦了，他的天真、惊讶、陌生、距离，都成了负面障碍。

"安史之乱"前夕，李白在河南商丘，因为妻子住在那

李白（梁楷《太白行吟图》）

里。叛军攻击商丘，他就带着妻子经安徽宣城，躲到了江西庐山。

李白深明大义，痛恨"安史之乱"，一心想为平叛出力。他所在的庐山属于永王李璘管辖，李璘读过李白的诗，就派人上庐山邀请他加入幕府做顾问。李白觉得，能够跟着永王去平叛，求之不得，立即就答应了，但是他的妻子出来阻止。

李白的这位妻子，是武则天时候的宰相宗楚客的孙女，深知政治的复杂性。她太了解自己这位可爱的丈夫了，虽然充满了正义感和自信心，却严重缺少判断力和执行力，一旦下山从政，一定坏事。

但李白还是下山了。他有一句诗写到当时的情景："出门妻子强牵衣……"当然，妻子没有把他的衣服牵住。

果然不出妻子所料，一身理想的李白，确实分辨不了政治形势。他所追随的永王李璘，虽然接受了父亲唐玄宗的指令，正在顺长江东下，但太子李亨已经即位，成了肃宗皇帝，下令李璘掉转方向西行。李璘没听，这就成了抗旨，成了另一种反叛，双方打了起来。

这一下李白蒙了，自己明明是来参加平叛的，怎么转眼成了另一种反叛？

更麻烦的是，永王的队伍受到新皇帝的讨伐，很快作鸟兽散了，却留下了一个天下名人李白。很快大半个中国都知道了，李白上了贼船。

李白狼狈出逃，逃到江西彭泽时被捕，押到了九江的监狱。妻子赶到监狱，两人一见面就抱头痛哭。李白觉得，自己最对不起的是妻子。

李白被判，流放到夜郎，那地方在今天的贵州，很遥远。七五七年寒冬，李白与妻子在浔阳江边流着眼泪告别。幸好，一年多以后，朝廷因为关中大旱，发布了大赦令，名单中有李白。

李白终于回来了。他在江船上写了那首所有的中国人都会朗诵的诗：

> 朝辞白帝彩云间，千里江陵一日还。
> 两岸猿声啼不住，轻舟已过万重山。

朗诵者们不知道的是，写出这么美丽诗句的诗人，生命之舟已经非常沉重。诗中所说的"轻舟"，带向了他生命的最后年月。在最后年月，他只能求得别人时有时无的周济，六十一岁去世。

李白所遭遇的危难，有很多让人痛心的环节，而最让我痛心的是这样一个事实：天下大量痴迷他诗歌的人，不想救他。

只有一个人在怀念他，那就是杜甫。杜甫在一首怀念李白的诗中有这样两句："世人皆欲杀，吾意独怜才。"

请听听"世人皆欲杀"这五个字。杜甫在这里所说的"世人"，当然不是指全天下的人，但至少是指当时朝野上下的多数政客和文人。他们都知道李白一心只想平叛，分不清皇帝两个儿子的关系，将他入罪非常冤枉，而且也都知道他是一个稀世天才，千年难得。但是，他们异口同声要把他杀了。

也就是说，把"床前明月光"给杀了，把"举杯邀明月"给杀了，把"黄河之水天上来"给杀了，把"噫吁嚱，危乎高哉"给杀了！

这实在要给中国文化的社会接受心理，打上一个大大的问号。

也许有人会出来辩解，说他们只是害怕政治麻烦。其实，害怕政治麻烦，最多也就是不发言、不吭声罢了，为什么要如此表态？

我认为，这里包含着因嫉妒而生恨的成分，而且有一种企盼观赏杰出生命受难的不良癖好。

难道他们有资格来嫉妒李白？

这不是一个人对另一个人的嫉妒，而是一种整体嫉妒。原来，与权力和财富相比，文化更能区分生命等级，因此一切著名文化人都会成为别人生命等级的潜在威胁。正因为这样，自古以来，不少同行很想看到他们伤痕累累，尽快消失；不少读者很想看到他们挣扎呻吟，求告无门。过后也会说一些好话，但那大多是在他们死亡之后。这种负面心态，严重地损害了中国文化的创造实绩。

但是，不管怎么喊杀，李白是不朽的。我说过，那些喊杀的人，如果还有灵魂留在历史上，那一定为自己曾经与李白生在同一个时代而扬扬得意。

二十年前，安徽马鞍山采石矶风景区找到我，说他们那里正是李白去世的地方，历代总要刻碑纪念，立于三台阁，但是缺少一个当代之碑，希望我来写，而且希望用我自己的书法。我立即铺纸磨墨，写了一个碑。很快这个碑就刻在万里长江边上了。

既然是以书法写碑，当然适合用文言文，但我又希望一般游客都能读懂，一起来纪念李白，因此用的是浅近文言，大家一看就能够明白。

此为采石矶，李白辞世地。追溯三千里，屈原诞生地；追溯两千里，屈原行吟地；追溯一千里，东坡流放地。如许绝顶诗人，或依江而生，或凭江而哭，或临江而唱，或寻江而逝，可见此江等级，早已登极。余曾问：在世界名山大川间，诗格最高是何处？所得答案应无疑：万里长江数第一。

细究中华诗情，多半大河之赐。黄河呼唤庄严，长江翻卷奇丽；黄河推出百家，长江托举孤桀；黄河滋养王道，长江孕育遐思；黄河浓绘雄浑，长江淡守神秘。两河喧腾相融，合成文明一体。

李白来自天外，兼得两河之力，一路寻觅故乡，归于此江此矶。于是立地成台，呼集千古情思，告示大漠烟水，天下不可无诗。

诗为浮生之韵，诗乃普世之寄。既然有过盛唐，中国与诗不离；既然有过李白，九州别具经纬。

第十三节
杜甫：以苦难抚摩苦难

李白遭遇大难，只有杜甫在怀念他，这就要说说李白与杜甫的友情了。

李白与杜甫相遇是在七四四年。那一年，李白四十三岁，杜甫三十二岁，两人相差十一岁。

很多年前，我曾对这个年龄产生疑惑，因为从小读唐诗时一直觉得杜甫比李白年长。李白英姿勃发，充满天真，而杜甫则温良敦厚，有长者之风。由此可见，艺术风格所投射的生命基调，会兑换成不同的年龄形象，与真实的年龄有很大差别。

李白与杜甫相遇的时候，彼此有一种特殊的感觉。李白当时已名满天下，而杜甫还只是崭露头角。杜甫早就读过李白的很多诗，一见其人，全然着迷。李白见到杜甫也眼睛一亮，他历来不太懂得识人，经常上当受骗，但如果让他来识别一个诗人，却错不了。他听杜甫吟诵了几首新写的诗，立即惊叹。当然，他不能预知，眼前这个年轻人，将与他一起共享中国诗歌的王者之尊，永远无人觊觎。

他们最早是在洛阳认识的，后来又在今天河南开封市的东南部，旧地名叫陈留的地方相聚。还与几个朋友一起，骑马到商丘以北的一个大泽湿地打猎。李白和杜甫的结交，甚至到了"醉眠秋共被，携手日同行"的地步。

但是，对友情，似乎杜甫更为专注。杜甫写了很多怀念李白的诗，而李白却写得不多。这里体现了两种不同的人生风格，却不影响他们在友情领域同样高贵。这就像大鹏和鸿雁相遇，一时间巨翅翻舞，山川共仰。但在它们分别之后，鸿雁不断地为这次相遇高鸣低吟，而大鹏则已经悠游于南溟北海，无牵无碍。差异如此之大，但它们都是长空伟翼、九天骄影。

处于思念中的杜甫，自己的处境又怎么样呢？也不好，但麻烦比李白小一点儿。

"安史之乱"爆发时，杜甫刚做上一个小官，不在长安，却很快回来了。长安城被叛军攻陷后，年迈的唐玄宗逃到四川，新皇帝李亨在遥远的灵武即位，成为唐肃宗，准备反攻。杜甫想，自己官职虽小，灵武虽远，也要赶去参与皇帝平叛

杜甫（吴为山雕塑作品）

的大业，就把家人安置在陕西富县的羌村，自己则与其他人投入漫漫荒原，远走灵武。但是，他们很快被叛军的马队追上了，押回长安，被当作俘虏囚禁起来。

杜甫被囚禁八个月后，有一天在草木的掩蔽下又逃了出去。这时他听说，皇帝已经从灵武到了凤翔，那就近多了，他很快找到了朝廷和皇帝。皇帝见到这位大诗人脚穿麻鞋，衣衫褴褛，有点儿感动，就留他在身边做谏官，叫"左拾遗"。谏官，也就是提意见的官。

没想到，他卷入了"房党"事件。所谓"房党"，是指房琯的党羽。这个房琯是个高官，在唐玄宗和新皇帝交接的事情上立有大功，但有人向新皇帝挑拨，说他更忠于老皇帝，这就碰到了新皇帝内心的死穴。正好房琯进攻长安失败，就遭到了贬斥。

于是杜甫站出来了，上奏说，房琯这人是自己奋斗出来的，现在已经成了学养很好的高官，很有大臣的体面，希望皇上从大处着眼。皇帝一听很生气，觉得杜甫就是"房党"，下令治罪，"交三司推问"。

在当时，皇帝下令"交三司推问"，肯定凶多吉少。杜甫在这件事情上的遭遇，与司马迁几乎一样，由于替别人讲话而遭罪。这让人不能不后怕，想到在朝廷极权之下，中国文化有可能在顷刻之间失去杜甫。只是，有时也会出现偶然因素，使悲剧稍稍停步。杜甫那天遇到的偶然因素是，有人提醒皇上，杜甫的职务是"谏官"，专门用来提意见的。皇上一想也对，就放过了他，但也不再信任杜甫。

后来杜甫被贬为"华州司功参军"，他到华州一看，什么也干不了，就带着家属到甘肃投靠一个远房亲戚，但在那里又过不下去，只得回来，到处寻找生机。在成都草堂住的时间比较长，后来又继续流浪。他不可能向任何机构领取薪俸，只能找熟人接济，经常很多天都没有什么吃的，又患有严重的肺病、糖尿病、风湿性关节炎，后来耳朵也聋了，牙齿还掉了一半。七七〇年冬天，他病死在洞庭湖的一条船上，那年他五十八岁。

这个始终在战乱和饥饿中逃命的可怜流浪汉，居然是一个世界级的顶峰诗人。

杜甫的诗，基本风格是"沉郁顿挫"，其实风姿宏富，处处领先创新，对后世诗歌的实际影响力，比李白还要深厚。他非常细腻而多情，有"香雾云鬟湿，清辉玉臂寒"这样的句子，但又气魄浩大，创造过"无边落木萧萧下，不尽长江滚滚来"、"向来皓首惊万人"、"月出寒通雪山白"这样的意境。他拥有无限空间,"舍南舍北皆春水,但见群鸥日日来"、"窗含西岭千秋雪,门泊东吴万里船"……

但是,他的诗歌最让人感动的,是无尽忧虑中的无尽善良。

他为苍生大地投注了极大的关爱和同情。再小的村落,再穷的家庭,再苦的场面,都逃不过他的眼睛。他静静观看,细细倾听,长长叹息,默默流泪。他无钱无力,很难给予具体帮助,能给的帮助就是这些眼泪和随之而来的笔墨。

一种被关注的苦难就不再是最彻底的苦难,一种被描写的苦难就不再是无望的泥潭。中国从来没有一个文人,像杜甫那样描写苦难存在的方位和形态,以及苦难承受者的无辜和无奈。他用自身的苦难抚摩大地的苦难,因此成了中国文化史上最完整的"同情语法"的创建者。后来中国文人在面对民间疾苦时所产生的心理程序,至少有一半与他有关。中国文化因为有过他,增添了不少善的成分。

人世对他,那么冷酷、那么吝啬、那么荒凉;而他对人世却完全相反,竟是那么热情、那么慷慨、那么丰美。

他流浪的地方多,流浪的线路长,构成了一幅饱含深情的"杜甫地图"。

他是什么地方人？很多人都会说四川成都，那是因为"杜甫草堂"。其实，要说祖籍，是在湖北襄阳，但祖父已经迁到河南巩县（今巩义市），因此一般都说他是巩县人。他的"心理家乡"，分布在中国很多地方。我真希望，他的足迹能被今人用诗化的方式好好纪念。只要是他写到过的地方，最好能立下一座座诗碑。"诗意地居住"，这是西方哲学家的理想，在中国却可以展开得更加饱满。因为除了诗化的自然环境，还可以让诗作本身来做证。

我多么希望，让李白、杜甫的诗，从课本走向旷野，从诗集走向山水。其实，这也是对后代的一种美学唤醒。

第十四节
王维：美的侥幸

很多年前我在北京大学讲授"中国文化史"时，曾经要求各系学生对自己最喜爱的唐代诗人做一个排序投票。结果在李白、杜甫之后，王维是第三名。我想，有的教师可能会把白居易放在第三，把王维放在第四，这都是可以的，我则按照当代学生的心理，紧接着讲王维吧。

王维和李白，生卒年几乎一样。好像王维比李白大几个月，李白又比王维晚走一年。李白因为对仕途失望而四处漫游，王维却因为受到重视而被仕途左右。然而王维毕竟是王维，当信任他的宰相张九龄被李林甫所取代，而他又丧失了心爱的母亲和妻子之后，就在心中挥走了最后一丝豪情，过起了半做官、半隐退的生活。正是在这期间，他写下了我们今天还非常喜欢的那些诗。

"安史之乱"发生后，他被叛军俘虏。问题是，他的文化名声使安禄山也知道他，逼他做官。王维不知道如何反抗，先是服了大量泻药，号称生病，后来又假装嗓子哑了。但是安禄山不管，还是给了他一个"给事中"的官职，与他原先在唐王朝中的官职一样，位阶不低。这就算是在反叛的政权中担任"伪职"了。王维知道此事非同小可，壮着胆子出逃了一次，却又被抓了回来，被迫任职。

不管怎么说，这对王维来说，实在是牵涉到了政治大节。相比之下，李白只是在讨伐安禄山的大方向下跟错了人；杜甫连人也没有跟错，只是为一位大臣说了几句话；而王维，却硬是被逼迫成了安禄山手下的人，而且是个官职不小的要人。后来，唐王朝反攻长安得胜，所有在安禄山手下担任"伪职"的官员，全都成了朝野上下共同声讨的叛臣，必判重罪。可怜的王维也名列其中，而且由于他最有名，成了全国关注的焦点。

"安史之乱"太让人痛恨了，王维几乎没有活下来的可能。

但是，王维奇迹般地得救了。救他的不是别人，而是他自己。

原来，就在王维担任伪职期间，曾发生一件事。那天，安禄山在凝碧池里举行庆功宴，逼迫梨园弟子伴奏，领头的乐工雷海青当场扔下琵琶，号啕痛哭。安禄山立即下令，处死雷海青，而且手段非常残忍。

我希望大家记住这位勇敢的唐代音乐家的名字，他当着安禄山的面宣告，艺术不与邪恶合作，为此可以付出任何代价。

王维听到了这件事，深受冲击，立即写了一首诗，题目叫《菩提寺禁裴迪来相看说逆贼等凝碧池上作音乐供奉人等举声便一时泪下私成口号诵示裴迪》。诗题冗长而曲折，但显而易见，他一下子就把安禄山称作了"逆贼"。诗的前两句是"**万户伤心生野烟，百官何日再朝天？**"意思是，在这万户伤心的日子里，这里的百官什么时候能够再一次朝拜真正的天子？

这首诗因为出自大诗人王维之手，立即悄悄传开了，而且传到新皇帝唐肃宗李亨的耳朵里，李亨由此知道了长安、洛阳城里的人对自己的深深期盼。因此，到了破城之日，王维被俘，皇帝凭着这首诗，示意对他从轻发落。

而且，王维有一个出色的弟弟叫王缙，是平叛战役中的有功将领。他向朝廷提出，削减自己的官职和功勋来减轻哥哥的罪责。这一来二去，王维就没事了。

这不应该看成是王维的侥幸。因为当初他写的这首诗，既然传到城外了，那也极有可能传到安禄山的耳朵里。按照安禄山的脾气，他一定会说，既然你那么同情雷海青，那就一起到他那里去吧。因此，王维在敌营痛恨逆贼，而且有写诗的实际举动，是真实的。他的诗在当时产生了正面影响，也是真实的。有了这两度真实，他应该免祸。但是，如果那天他没有写这首诗呢？

不管怎么说，对我们这些后代读者来说，实在是一个大大的侥幸。试想，如果王维因为"投靠安禄山"而蒙罪，即使逃过了杀身之祸，也逃不过千古恶名，那么按照中国文坛历来的道义底线，他的诗作也就留不下来了。那就赶紧让我们再看一看他的那些美丽诗句：

空山新雨后，天气晚来秋。明月松间照，清泉石上流。

独坐幽篁里，弹琴复长啸。深林人不知，明月来相照。

红豆生南国，春来发几枝？愿君多采撷，此物最相思。

君自故乡来，应知故乡事。来日绮窗前，寒梅著花未？

独在异乡为异客，每逢佳节倍思亲。遥知兄弟登高处，遍插茱萸少一人。

劝君更尽一杯酒，西出阳关无故人。

大漠孤烟直，长河落日圆。

当然，我们还不妨关注一下他在历尽风波之后的晚年心境。请看他的这首诗：

晚年唯好静，万事不关心。自顾无长策，空知返旧林。

说过了李白、杜甫、王维的遭遇，大家一定百感交集。

你们在各种文学史上读不到这些内容，那里也会说到一些生平事迹，但不会触及他们人生的痛切之处、尴尬之处。其实，正是这些痛切之处、尴尬之处，才能使我们真正地了解他们。

他们在创造文化、经历磨难的时候，既展现了自己的人格，也淬砺了自己的人格。例如王维，一定在乐工雷海青壮烈牺牲的事迹中，反思过自己的人格结构，因此拿起了笔。

除了李白、杜甫、王维，唐代诗人中还有许多名家值得我们关注。年轻的读者们今后即使不以文学为专业，也应该知道白居易、王之涣、孟浩然、杜牧、王昌龄、刘禹锡、李商隐，以及他们的代表作。唐代文化的千古之美，正是由这些作品组成。

第十五节
颜真卿：人格地标

"安史之乱"突然爆发时，朝廷上下毫无思想准备。那么，大家都在准备什么呢？准备当夜的乐府，准备明天的梨园，准备山间的论道，准备河边的小宴。

唐朝的三分之一军队都掌握在叛臣安禄山手里。当叛军以迅雷不及掩耳之势横扫大地的时候，唐玄宗着急地问道："河北二十四郡，难道没有一个忠臣吗？"

有一个人站出来了，他就是颜真卿。但是唐玄宗对他不熟悉，问："这是谁呀？"

颜真卿站出来很不容易，因为他和他的哥哥颜杲卿，都是安禄山管辖下的太守。颜真卿的所在地是平原，也就是现在的山东德州。他哥哥的所在地，是现在的河北正定。颜真卿首先发表讨伐安禄山叛变的檄文，在一天之内就募集了一万多士兵。由于他的号召力，黄河以北的正义力量纷纷投向他，他很快集中了二十万军队，并被推举为主帅。

他最迫切的事是要与哥哥商量每一个环节，但彼此隔得太远，就选了一个年轻的联络员，那就是哥哥的儿子、自己的侄子颜季明。由于颜季明的奔走，颜真卿和哥哥的英勇行动就遥相呼应了。

但是不幸，哥哥在战斗中被安禄山逮捕。安禄山用最残酷的方式对付颜真卿的哥哥，割下了他的舌头，剁了他的手，而且把颜家三十余口全部杀害，颜季明也被砍了头。

对于颜家的巨大牺牲，皇帝当然也很感动，但是朝廷老是打败仗，又退又逃，也就顾不上去纪念这个家族了。

朝廷不纪念，自己来纪念。颜真卿用文章祭祀自己的家人，其中祭祀侄子颜季明的那份《祭侄文稿》，满篇都蕴含着斑斑血泪和铮铮铁骨，成了中国书法史上除王羲之《兰亭序》之外的第二经典。

颜真卿带着二十万兵马向安禄山进攻那一年，四十六岁。又过了二十八年，谁也没有想到，七十四岁高龄的颜真卿又接受了一项朝廷使命。

原来，"安史之乱"平定之后，那些地方军事势力因为也参与过平叛，似乎获得了扩张的理由。其中，河南许昌的李希烈与另一支部队联合起来，准备与朝廷唱对台戏，自己称帝。对此，已经很衰弱的朝廷除了派人去劝诫和安抚，没有

颜真卿（出自《历代君臣图鉴》清代拓本）

其他办法。那么，派谁去合适呢？皇帝想到了颜真卿。

皇帝的理由有两点：第一，李希烈现在这么张扬，是因为平叛有功，但平叛的第一功臣是颜真卿，他完全有资格居高临下地教训李希烈；第二，颜真卿已经七十四岁，又是全国敬仰的文化名人，李希烈能把他怎么样？

对这件事，朝廷也有过犹豫。宰相卢杞别有所图，但很多官员持有不同意见。不同意见无非两点：第一，长安到许昌路途遥远，老人家的身体折腾不起；第二，李希烈如果害了颜真卿，唐朝也就失去了国魂。

但是，颜真卿本人觉得义不容辞，还是上路了。一路上有各地官员和将士在半道上劝阻，但都没有效果，老人还是继续前行。

到了许昌，李希烈指挥一千多个"干儿子"拔刀而立，面目狰狞。颜真卿举止自若，毫不畏惧。李希烈又放下笑脸，对颜真卿说："我做皇帝，你做宰相吧。"颜真卿立即怒斥，说分裂大唐是天大罪恶。

后来，李希烈用各种方式威胁老人，试图让他屈服。一会儿，挖了一个一丈见方的大泥坑，说如果再不听话，就推下去活埋。颜真卿回答说："生死有分，不用啰唆！"一会儿，

歸止爰開
土門土門既開兇威大蹙
賊臣不救孤城圍逼父陷子死
巢傾卵覆天不悔禍誰為
荼毒念爾遘殘百身何贖
嗚呼哀哉吾承天澤
移牧河關泉明比者
再陷常山攜爾首櫬
及茲同還撫念摧切
震悼心顏方俟遠日
卜爾幽宅魂而有知無嗟久客

维乾元元年，岁次戊戌，九月庚午朔，三日壬申，第十三（叔）银青光禄（大）夫使持节蒲州诸军事、蒲州刺史、上轻车都尉、丹杨县开国侯真卿，以清酌庶羞，祭于亡侄赠赞善大夫季明之灵曰：惟尔挺生，夙标幼德，宗庙瑚琏，阶庭兰玉，每慰人心，方期戬谷。何图逆贼间衅，称兵犯顺。尔父竭诚，常山作郡。余时受命，亦在平原。

颜真卿《祭侄文稿》

又架起木柴，浇上油，点起大火，说立即要把颜真卿烧死。颜真卿觉得自己作为朝廷使臣已经把大是大非表明，决定以更壮烈的举动来告示天下，就自己跳进了火中，却被叛军拉了出来。

颜真卿被李希烈关在一个庙里。他觉得自己年事已高，不久于人世，就给自己写了墓志和祭文，也向朝廷写了遗志，然后对着墙壁说："这儿就是我的葬身之地。"

但在此后，颜真卿只要看到李希烈再来动员，还是反复劝诫，阻止他继续谋反。没承想，朝廷的军队在其他地方杀了李希烈的弟弟，李希烈为了报复，就用绳子勒死了颜真卿。这时，老人已经七十六岁。他终于走完了自己的一生。

唐代是美好的，但是一切美好都会被邪恶的目光觊觎，时时面临着分割的危难。颜真卿居然以文化人的身份，每次都站在危难的最前沿，用生命来捍卫唐代。为了战胜安禄山，他付出了整个家族三十余口的生命；为了战胜李希烈，他付出了自己苍老的晚年。

唐代，就是这样保卫下来的。或者说，正因为这样，唐代才叫唐代。所以，中国人的文化骄傲，与这位文人有关。颜真卿总是在大混乱中站在最前面，然后用生命让世界安静。

其实，这也是文化的最高力量和最后力量。年轻的读者朋友们，你们也许在为自己暗暗得意，想想颜真卿，你们就不会得意了。反过来，你们也许为自己暗暗沮丧，想想颜真卿，你们就不会沮丧了。

在颜真卿壮烈牺牲二百七十年后，宋代文学家欧阳修在《新唐书》里激动地写道："呜呼，虽千五百岁，其英烈言言，如严霜烈日，可畏而仰哉。"我把它翻译成今天的文字，大体是：啊，不管是一千年，还是五百年，他的英烈行为高不可及，就像严霜烈日一样，人们除了敬畏，就是仰望。

欧阳修说得不错，颜真卿的人格高度难以重复。但是，既然出现了，也就证明，这里具有出现这种高度的充分可能。集体人格最值得重视的是两种形态：一是广泛普及型，二是高标独立型。颜真卿显然属于第二种，虽不普及，却具有标志意义。这就像我们现在常常说的"地标"，高到了难以企及，却是整片土地向外部世界呈现的标记。地标不易攀登，却是一个地域、一个时代的代表。颜真卿就是唐代文化人格的地标。当然，也是我们所有中国人的代表。

第十六节
李煜：俘虏楼里的贡献

唐代之后，有半个世纪的分裂局面，历史上称之为"五代十国"。一个"五"，一个"十"，两个数字一出来，就知道当时乱到什么程度了。幸好，时间不长。

在讲魏晋时代的时候，大家已经明白，乱世也会有大创建。但是，魏晋名士大多是远离朝廷、啸傲山林的"社会边缘人士"，他们有足够空闲的时间和心境来吟诗作文。有趣的是，在五代十国的乱世中，也出现了一个大诗人，但他不仅没有远离朝廷，而且是一个皇帝。

我想你们已经知道是谁了。对，就是李煜。

一个亡国之君，居然是文学史上的一个大诗人，这在世界上绝无仅有。

我在讲述奠基时代时，曾经分析了齐国资助的稷下学宫的一个重要方针，那就是议政而不参政。为此我举了孟子的例子，滔滔议政而不被采纳，并没有影响他在稷下学宫的威望。前面讲到的李白、杜甫、王维在一场政治危机中的狼狈相，进一步证明了文化逻辑和政治逻辑的巨大差异。

不仅如此，我还证明了，文化等级越高，这种差异就越明显。一般诗人玩玩政治可能还行，但像屈原、李白、杜甫、王维这样的顶峰诗人来到政治领域，就一点儿也玩不转了。这个规律，到了李煜，就变成了一种终极性的证明。

李煜做皇帝的糟糕程度，实在让人生气。他做的有些事情是不可容忍的，例如害死了很多直言的人。在军事上更是乱成一团，完全不知道如何去面对赵匡胤已经建立的宋朝。赵匡胤为了统一中国劝李煜归顺，并答应在汴京为他建造宫殿。李煜一会儿惊慌失措，一会儿自以为是；一会儿称臣，一会儿又自称"江南国主"，并没有北行的计划。赵匡胤发兵讨伐，李煜又两次派人到汴京，说自己没犯什么罪，请赵匡胤休兵。赵匡胤怎么能听他的？继续南下讨伐，在渡江的时候，把战船连在一起将长江贯通，但李煜身边的几个谋士说，查遍史书，没有这样打仗的先例。于是李煜也就放心了，直到被宋军包围，成为俘虏，丢尽脸面。

我们没有必要嘲笑这个可怜的亡国之君，但仔细分析，确实可以发现他身上那种烟云迷蒙的诗人心理，与金戈铁马的政治现实的重大区别。至少，有以下五条鸿沟，他跨不

李煜（出自《历代君臣图鉴》清代拓本）

过去。

第一，他的高度诗文修养，使他有一种隐隐的文化优越感，看不起一切粗鲁的人。在他心目中，夺取后周政权的赵匡胤只是一个没有太多文化素养的军人，称帝的过程也不太体面。这种"文化判断"，严重地影响了他对赵匡胤力量、智谋、宏图的认识。

第二，他的高度诗文修养，使他对国都江宁和周边地区历史文物深深迷恋，又暗暗鄙视北方的一切。这种心理加重了他试图维持分裂状态的政治倾向，因而对赵匡胤试图统一中国的正当选择产生了抵抗，违逆了历史的方向。

第三，他的高度诗文修养，使他对小智小谋的文字游戏产生了自我欣赏，例如赵匡胤要他北上共图大业，他却想出了一个"江南国主"的名号，似乎已经取消了原来的国号，却又显然以国自图，引起了赵匡胤的警惕。

第四，他的高度诗文修养，使他的"施政朋友圈"集中在文人圈子里。这些文人又以知识和文才互相欺骗，其实对军事和政治一窍不通。

第五，他的高度诗文修养，使他对生活中一些带有艺术性的细节特别敏感，例如春花秋月、宫女泪眼等等，这又严重地影响了他对大局的严峻判断。

我所说的这五条，反映了一种阴柔萎靡的诗化人格在铁血政治面前的必然破碎。此间责任，不完全在于李煜个人。

李煜投降的场面很屈辱，要裸露上身，跪下来接受宋军对国都江宁的占领，然后坐上船，在下雨天北行，到了现在河南的商丘一带，再转道汴梁，也就是现在的开封。在那里，赵匡胤举行了隆重的受降仪式。所有跟着李煜一起来投降的大臣、官员，全都穿上白衣服，慢慢地朝着受降台走去，齐齐下跪。

赵匡胤以非常高的姿态发表讲话。他说：我们现在终于走到了一起。宋朝在军事上是胜利者，但在文艺上还有点儿弱，李先生的诗词写得不错，需要你这样的人才来带动文化的发展。赵匡胤让李煜在文化上出点儿主意，按照我们现在的说法，让他当了挂名的"文联顾问"。

赵匡胤还给李煜颁下了一个封号，叫"违命侯"，因为李煜违抗过他的命令。说起来，赵匡胤也算是中国历代统治者中特别尊重文化人的一位皇帝，他也知道李煜的文化价值，但他实在太不喜欢政治上的李煜了，因此要用政治手段加以鄙视和污辱。

但是直到这个时候，在政治上已经彻底失败的李煜，仍然是雄视千年的文学家。他的有些句子，几乎所有的中国读书人都能张口就来，成了极为珍罕的中文"语典"。

例如"流水落花春去也，天上人间"、"春花秋月何时了，往事知多少"、"问君能有几多愁，恰似一江春水向东流"等。这些句子为什么有这么大的感染力？因为他善于捕捉最典型的图像，又善于运用贴切的比喻来表达一种苍凉的无奈。结果一气呵成，一字难改。

从李煜的词，我又联想到他在还没有败亡前，曾经派画家顾闳中去刺探韩熙载的生活情况，当时没有摄影设备和监控录像，顾闳中只能画了一幅《韩熙载夜宴图》呈报。这在政治上看，是一个愚蠢、可笑的举动，但不小心产生了绘画史上的千古杰作。这与李煜杰出的产生，出于同一个悖论。在九天之上，很多权势和财富的流星早已纷纷陨落，只有一种星座长久引人仰望，其中有一颗是他。

此外，从文学史的角度看，他还有一个特殊地位。在那个受尽屈辱的俘居小楼，在他时时受到死亡威胁而且确实也很快被毒死的生命余晖之中，明月夜风知道：中国文脉光顾此处。而这个亡国之帝所奠定的那种文学样式"词"，将成为俘虏他的王朝的第一文学标志。

　　"词"从唐代以来已有前期发展，但李煜以家国兴亡的大气灌注了它，推进了它，使它大步迈进了文学史。

　　人类有很多文化大事，都在俘虏营里发生。这一事实，在希腊、罗马、波斯、巴比伦、埃及的互相征战中屡屡出现。在我曾经讲述的从凉州到北魏的万里马蹄中，也被反复印证。这次，在李煜和宋词之间，又一次充分演绎。

第十七节
苏东坡：最可爱的文学家

李煜在哀伤的俘虏楼里，以杰出的吟咏滋养了宋代的第一文化标志"词"，但是我们必须赶紧说，李煜的贡献也仅止于此，不能太夸张了。因为宋代又是一个大朝代，中国文化的各个方面都会在这个朝代大放异彩。

宋代的文化成就很高，文化精英很多，而必须放到第一位来介绍的是谁？几乎没有异议，是苏轼，也就是中国人最喜欢叫的那个名字：苏东坡。

苏东坡是一位文化全才，诗、词、文、书法、音乐、佛理，都很精通，尤其是词作、散文、书法三项，皆可雄视千年。苏东坡更重要的贡献，是为中国文化史留下了一个快乐而可爱的人格形象。

回顾我们前面说过的文化巨匠，大多可敬有余，可爱不足。从屈原、司马迁到陶渊明，都是如此。他们的可敬毋庸置疑，但他们可爱吗？没有足够的资料可以证明。曹操太有威慑力，当然挨不到可爱的边儿。魏晋名士中有不少人应该

苏东坡（吴为山雕塑作品）

是可爱的，但又过于怪异、过于固执、过于孤傲，我们可以欣赏他们的背影，却很难与他们随和地交朋友。到唐代，李白的豪放、杜甫的沉郁、王维的空灵，都呈现出一种超乎寻常的高度，很难说得上可爱可亲。

谁知到宋代，出了一个那么有体温、有表情的苏东坡。他的笔下永远有一种美好的诚恳，让读到的每个人都能产生感应。他不仅可爱，而且可亲，成了人人心中的兄长、老友。这种情况，在中国文学史上几乎绝无仅有。

苏东坡以一种最真诚的人格，打通了几乎所有华人读者的集体人格。

苏东坡的可爱体现在生活上，是不摆架子，见人就熟，充满好奇，天天惊喜。再伤心的事情，难过一会儿就过去了，再不好的地方，住下一阵就适应了。而且，他完全不会掩饰真实心情，例如在海南岛流放时，天天在岸边盼望有海船过来，等着能买到他嘴馋的猪肉。

这种可爱体现在文学上，是不说空话、套话、老话、违心话，只凭着自己的直觉发掘最美的意象，只引领他人而不与他人重叠。

这些可爱如果加上学识和视野，就已经能够营造出美妙的文学天地了。但是，如果仅止于此，还不是稀世大家。有人问：是否还应该经历磨难？然而无数事实证明，磨难也未必有神奇的作用。只不过，苏东坡的磨难起作用了。

苏东坡经历的磨难确实够多，似乎经常在流放。正是在流放中，他这座文化山峦变成了文化巨峰。这里边一定隐藏着产生文化巨峰的必要条件和必要程序，因此需要说得稍稍具体一点儿，以便我们进一步认识文化的特性。

因对朝廷变法有所批评而产生的"乌台诗案"之后，苏东坡被贬谪到了黄州。这里的人不认识他，他经常穿着草鞋，坐着小舟，与樵夫、渔夫混在一起。那些喝醉酒的流浪汉，还会对他又推又骂。对这种生活他没有抱怨，只是偶尔也会写信给一些亲友，希望得到他们的片言只语，但是奇怪了，"平生亲友，无一字见及"。

如果是在刚被审问的一百多天时间里，亲友们怕受牵连而不闻不问，这还可以理解，现在事情已经大体过去，苏东坡流放到黄州来虽然不能参与公务，但在名义上还有一个"团练副使"的官职，用现在的概念相比，相当于"民兵助理"。也就是说，亲友如果来信，已经不会有任何麻烦。但是，苏东坡平生那么多挽臂执手、信誓旦旦的朋友，居然没有一个人送来一个字的问候。

苏东坡一度非常难过，但很快就想通了。既然他们那么狠心，那么以前的情谊就都一笔勾销吧。他说，他为这种勾销而感到幸运。对此我倒是在九百多年后对两个细节深表不平。我的不平有两点：第一点，苏东坡的书法光照千年，用这样的书法写出去的信，收信人竟然完全不理，我为书法深感不平；第二点，当时没有邮局，苏东坡从流放地托人带信出去，难度很大，十分辛苦，我为这种辛苦深感不平。

苏东坡从来是一个爱热闹、好交友的人，现在整个朋友圈崩溃得一干二净，这使他再也不必在写作时悬想某几个朋友读到后的表情了，再也不必在乎他们的喜怒哀乐了。他内心的精神价值，一下子摆脱了亲友、文友、挚友的羁绊而变得海阔天空。

除此之外，他还有另一番摆脱。他发现，自己最大的毛病是才华外露，对着内心并不清楚的政策得失总喜欢议论滔滔，而不知道这正是自己的弱项所在。由此他联想到，一棵树木常常靠着长坏了的树瘤取悦于人，一块石头也会靠着长坏了的洞隙自以为是，而他也正像这种树木和石头。他觉得，今后的自己不能再炫耀，而应该变得更平静、更厚实，把所有的精神力量集中投放在自己喜爱又擅长的文学之上。

经历了对朋友的摆脱和对政治的摆脱，苏东坡经历了一次整体意义上的生命转型，也使他的艺术才情获得了一次蒸馏和升华。他，真正地成熟了——与古往今来许多大家一样，成熟于一场灾难之后，成熟于灭寂后的再生，成熟于穷乡僻壤，成熟于几乎没有人在他身边的时刻。

幸好，他还不年老。他在黄州期间，是四十四岁至四十八岁，对一个男人来说，正是最重要的年月，今后还大有可为。在中国历史上，许多人觉悟在过于苍老的暮年，换言之，成熟在过了季节的年岁，刚要享用成熟所带来的恩惠，脚步却已踉跄蹒跚。与他们相比，苏东坡真是好命。

对此，我曾在一篇文章中写道——

成熟是一种明亮而不刺眼的光辉，一种圆润而不腻耳的音响，一种不再需要对别人察言观色的从容，一种终于停止向周围申诉求告的大气，一种不理会哄闹的微笑，一种洗刷了偏激的淡漠，一种无须声张的厚实，一种并不陡峭的高度。勃郁的豪情发过了酵，尖利的山风收住了劲，湍急的细流汇成了湖，结果——

引导千古杰作的前奏已经鸣响，一道神秘的天光射向黄州，

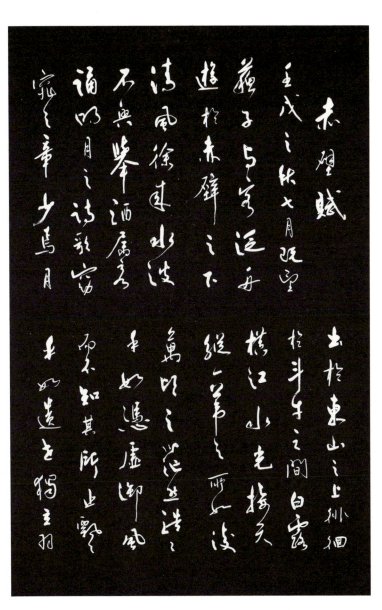

苏东坡《赤壁赋》（余秋雨行书，局部）

《念奴娇·赤壁怀古》和前后《赤壁赋》马上就要产生。

　　当真正的文化巨人屹然矗立的时候，周边还是一片冷漠。这对巨人无所损，但对于整个民族，却是一种道德亏欠。因为历史将证明，一个很大的时空坐标中的大量人群将会因为与巨人同代而增光添彩。

　　我并不要求普通民众能在第一时间认识巨人的高度，但总希望这个文明悠久的国度能对文化提供习惯性的帮助，哪怕搀扶一下也好。苏东坡还在狱中备受折磨的时候，有一名普通的狱卒，知道这是一位文化名人，因此在送洗脚水的时候还加了一点儿温水。我想，大家至少应该像这位狱卒，为文化加一瓢温水。

第十八节
两位文化高官

苏东坡因"乌台诗案"被贬，与朝廷中两位文化高官王安石和司马光的政争有关。因此，我们不妨顺道讲讲这两位文化高官，何况他们身上也隐藏着文化与政治之间的尴尬关系，便于我们进一步认识文化的本性。

王安石、司马光确实是高官，而且是高官中的高官，都拜过相，也就是先后担任了朝廷的行政首脑。他们担任宰相，都不是那种"太平阁老"，而是观点鲜明、敢作敢为、风风火火、惊动朝野的"铁腕能臣"。

王安石、司马光在担任最高行政首脑之前，已经是顶级文化星座。王安石是顶级文学家，司马光是顶级史学家。这就是说，行政上的"最高"和文化上的"最高"合成了一体，这在中外历史上找不到先例，也找不到后续。

按照中国的科举制度，历代高官都是有资格的文化人，但他们都不是顶级文化星座。反过来，有些文化大师也会做官，但一般做不到宰相来指挥全国。这两种情况，其实都是

王安石（出自故宫南熏殿旧藏《历代圣贤名人像册》）

司马光（出自《历代君臣图鉴》清代拓本）

行政权力借用了文化，基本逻辑仍然是行政而不是文化。但是，当文化上的"最高"掌握了行政上的"最高"，情形就不同了。文化的系统性、完整性、明确性、号召性、鼓动性就会强悍地呈现出来，而一般行政运作中的协商、妥协、模糊、兼容，却大大减少。

对此，我在上一册第十八节概述宋代文化时已经约略有所提及。王安石变法，就是按照完整的文化逻辑来实施经济改革的，带有很大的理想成分。他要宋朝摆脱沉重的经费负担而求得富裕，并取得了雷厉风行的效果，国家的财政状况果然大为改观。按照现代政治学的概念，他简直就像一个"早期的社会主义者"，已经把改革推进到金融管理，并且试图以金融管理来左右行政体制。司马光则从东方哲学的保守立场认为，天下的贫富必有定数，突如其来的国富举措必然会带来实质性的贫穷，而且会伤害社会的稳定秩序，因此他主张，祖宗之法不应变更。王安石则针锋相对，认为"**天变不足畏，祖宗不足法，人言不足恤**"，坚定不移。在不同帝王的支持下，王安石担任宰相时，厉行变法；而司马光担任宰相时，废止新法。两人都干脆利落、文气饱满、响亮堂皇。他们具体的历史功过，还可以不断研究，但他们都在国家行政的最高层级上，吐出了一口文化豪气，而且为宋代的文化打出了两面奇特的旗帜。

王安石和司马光，虽然政见对立、各不相让，但是人们很难指出他们在个人私德上有什么明显瑕疵，或者互相之间有落井下石、互相陷害的痕迹。这就是说，他们保全了自己的文化人格，都算得上是君子。

他们两人年岁相仿。司马光比王安石大两岁，而且在王安石去世五个月后也去世了。两颗文化巨星兼政治巨星几乎同时陨落的年份，是一〇八六年。王安石去世时，司马光已经病重，他对王安石的去世极感悲痛，命令必须厚葬之。可以肯定，如果事情颠倒过来，王安石得到了司马光的噩耗，也一定会如此，同样极感悲痛、下令厚葬。

他们中间还夹杂着另一个人的身影，那就是已经成为我们朋友的苏东坡。

苏东坡比他们小十几岁。他是反对王安石变法的，这也成了其他一些官僚迫害他的理由，但王安石没有参与迫害，反而希望皇帝保护苏东坡。后来司马光当政时废除了王安石新法，苏东坡又当面与司马光辩论。苏东坡觉得，他们俩都有偏差，又都有长处。当然，总的说来，他的观点更靠近司马光。

王安石晚年，曾在自己乡居的地方与苏东坡见面。他不仅亲自骑驴到码头迎接苏东坡，而且两人还一起住了一段时间。在苏东坡眼里，这个骑驴来迎接自己的长辈是一代宰相、文坛泰斗，而在王安石眼里，这个反对过自己的中年人是旷世天才。两人一起游了南京钟山，苏东坡写了一首记游诗，王安石看了就说："我一生写诗，也写不出这么好的句子。"

临别，两人还相约买地毗邻而居。苏东坡又写诗了："**劝我试求三亩宅，从公已觉十年迟。**"意思是早十年能追随王安石就好了。

其实两人都谦虚了。就诗词整体水平而言，当然苏东坡高得多，但那天在钟山游玩时写的两句却很随意，王安石说自己终身不及就太客气了。你看王安石这两句写得多好——

春风又绿江南岸，明月何时照我还？

在赞扬了王安石、司马光、苏东坡等人的"君子政治"之后，我还要加上另外的评述。

文化上的"最高"掌握行政上的"最高"，虽然处处体现出完整的文化逻辑和君子风范，但确实还存在不少根本性弊病。

首先，这样的文化大师虽然主张明确、说一不二，但要做成事情，还必须依赖庞大的行政架构。文化大师初来乍到，怎么可能有效而准确地推动这个行政架构来贯彻自己的主张呢？几乎没有可能。因此，必然会层层递减、层层变形。苏东坡开始反对王安石变法，就是因为在基层社会目睹了"青苗法"在执行时弄虚作假、谋取私利的事实。苏东坡看到的只是一小角，在整个国家，这样的弊端必定数不胜数，因此再好的主张也会走向反面。

其次，文化大师亲自执掌行政最高权力，虽很风光，却是孤家寡人。他们以前的文友一般都没有行政能力，而原来行政架构中立即表态支持的，大多是"小人"。

这样的"小人"用起来特别顺手，因此实际操作权力大半落到了这样的人物身上。为了让主人舒心，他们执行起来一定雷厉风行、不留余地，但是如果皇帝的态度有变，最早反咬一口的也必然是他们。例如，王安石变法时最得力的助手是吕惠卿，但后来风向有变，最猛烈地攻击王安石的也是这个人。至于司马光手下，更有那个著名的奸臣蔡京，有一阵对司马光俯首帖耳，过一阵又对司马光毫不留情。

正因为以上这两大弊病，文化大师闯入政坛执掌最高权力，实在让人担心。这是两种不同人格诉求所产生的巨大偏差，因此必须谨慎。

第十九节
李清照：东方女性美的典范

王安石和司马光能够登上国家行政的顶端，有赖于宋代的文官体制。但是，这种文官体制难以有效地处理来自四周的军事进攻。高雅的宋朝最不愿意听到的一些词语经常传来，那就是"战败"、"被俘"、"乞降"……结果，连两个皇帝宋徽宗、宋钦宗都成了俘虏，朝廷不得不迁都临安，改为南宋，但仍然危机重重。

这些历史有太多的书籍写到，本课程就不重复了。我只想告诉大家，在一层层军事失败的愁云惨雾中，中国出现了一批极其优秀的战乱诗人。

但是，战乱诗人未必是粗粝的男子，就连最柔婉的李清照，也算得上是其中一员。因为她写出了一个典雅女子在经历家破人亡、离乱逃难时的心灵感受。

作为一个女性，李清照所遭遇的"战乱"与家庭亲情直接相连。

在王安石、司马光去世之后，北宋朝廷形成了复杂的党争，司马光被划入了所谓"元祐党人"，被新的朝廷所否定，而李清照的父亲李格非，也被指有牵连，罢职流放。这事本来已很悲哀，更悲哀的是，处理这个案件的恰恰是李清照新婚丈夫赵明诚的父亲赵挺之。

李清照曾写信给自己的公公赵挺之，希望他能顾及儿子、儿媳、亲家的脸面。但是没有想到，公公赵挺之后来也受到了朝廷的打击。

李清照和丈夫赵明诚面对父辈的名誉重压，百口莫辩，只能回到故乡青州居住，过了十多年安静而又风雅的生活。赵明诚是一个远近闻名的鉴赏家，但身体不好，不久又得了重病。在重病期间，曾有北方一位探望者带着一把石壶请他鉴定。不久，赵明诚不幸去世。很快就有谣言传来，说他直到临死还将一把玉壶托人献给了金国。

当时，宋、金之间正在激烈交战，这个谣言触及了中国文化人最喜欢挂在嘴上的所谓气节问题，这使李清照坐不住了。诬陷自己倒也罢了，居然诬陷到了刚刚去世的丈夫头上，这怎么能容忍？

李清照决心要为亡夫洗刷污名。

想来想去，最诚实的女诗人想了一个最笨拙的办法，那

李清照（出自明代佚名《千秋绝艳图》）

就是带上夫妻俩艰辛收藏的全部古董文物，跟随被金兵追赶的宋高宗赵构一起逃难。她想用这种方法说明：宋朝已经在逃难了，我还愿意带着自己的全部古董文物追随朝廷。那么，在宋朝还没有逃难的年代，我丈夫怎么会有二心？

古董文物不少，一路颠簸装卸非常艰难，可怜的李清照就天天辛苦地押运着，追赶着朝廷的背影。

宋高宗在东南沿海一带逃奔时，一度慌张地居住在海船上。可怜的李清照，也总是远远地跟随在后面。

宋高宗的这一路是狼狈的，李清照的这一路是荒诞的。她为什么会做这样的选择？我想只有一个答案：因为她是诗人，而且是单身女诗人。

终于，极其疲劳的李清照在路上遇到了一位脑子比较清楚的亲戚。亲戚力劝她立即终止这一毫无意义的颠沛流离。

这个时候，女诗人李清照已经年近五十。她想来想去，决定告别过去，开始过一种安定的生活。那就应该找一个家，正好有一个军队的财务人员一直在向自己求婚，她想那就答应了吧。

她当然知道，在当时，一个出身官宦之家的上层女子再婚，一定会受到上上下下的指责和嘲笑。但李清照决定走自己的路，表现出一种破釜沉舟般的勇敢。

如果事情仅仅到此为止，倒也罢了，但是万万没有想到，这个丈夫竟然是不良之徒。他以一个奸商的目光，看上了李清照在逃难中已经所剩无几的古董文物。所谓结婚，只是诈骗的一个手段。等到古董文物到手，他立即对李清照拳脚相加、百般虐待。

这个奸商的名字叫张汝舟。可怜到了极点的李清照，就在结婚三个月后，向官府提出上诉，要求离婚。

宋朝有一项怪异的法律，妻子上告丈夫，即使丈夫真的有罪，妻子也要被官府关押一阵。但是，李清照宁肯被关押，也要离婚。结果，离婚成功，张汝舟被问罪，李清照被关押，幸好没有被关押太久。

后来有不少学者为了保护李清照的名誉，否定李清照曾经再婚并离婚。但是，他们虽然出于好心，却很难掩盖李心传、王灼、胡仔、晁公武等人的记载，而且我们现在还能读到李清照写给亲戚的一封信，信中也提到了这件事。她在信中担心自己再婚、离婚这件事，一定难逃后世的讥笑和诽谤。

女诗人就这样悄悄地进入了晚年。

于是，我们能真正读懂她写于晚年的《声声慢》了。

寻寻觅觅，冷冷清清，凄凄惨惨戚戚。乍暖还寒时候，最难将息。三杯两盏淡酒，怎敌他晚来风急？雁过也，正伤心，却是旧时相识。　　满地黄花堆积，憔悴损，如今有谁堪摘？守着窗儿，独自怎生得黑。梧桐更兼细雨，到黄昏、点点滴滴。这次第，怎一个、愁字了得？

我把李清照的经历说得比较详细，是想借以表述两项文化特性。

第一项文化特性：一切世间谣传，看起来黑云森森，其实从文化的眼光来看都只是瞬间烟尘。因此，文化人千万不要为悠悠之口而心神不宁。

第二项文化特性：文化的最终声誉在于作品。即便是在混乱和沮丧中，也能提炼出第一流的审美范型，传之永恒。

第二十节
堂堂男子汉

如果说，李清照是战乱时代弱者的美学典型，那么陆游、辛弃疾就是战乱时代强者的美学典型。

强者的美学典型，并不一定是实际上的强者。陆游和辛弃疾没有资源、没有机会、没有身份，因此饥渴地向往着远方的沙场，动情地想象着疾驰的战马，焦急地关注着自己的鬓发，反复地擦拭着自己的眼泪。这就构成了一种如醉如梦的精神欲望，吸引了天下一切近似的心理流向，终于变成了美学典型。强者的美学典型比实际上的强者更有号召力，更有感应面，更有造型美。

我在十几岁时就深深地迷上了陆游、辛弃疾的铿锵诗句，而那时，我还不熟悉宋代的历史，而自己身边又没有战争。有一次去新疆，遇到了后来成为好朋友的散文家周涛，他从我的文章中已经判定我的美学迷恋，所以一见面就说："别给我提辛弃疾，一提我就脸红心跳。"原来他也与我一样。

可见，一种真正美学典型的出现，与当时产生的历史环境已经脱离，变成了一种超越时空的心理笼罩，俘获着一批批有相同心理结构的人。

因此，我一直控制着自己，少说陆游和辛弃疾。今天，我各选一首，来带入气氛。

陆游的是这一首：

> 当年万里觅封侯，匹马戍梁州。关河梦断何处，尘暗旧貂裘。　胡未灭，鬓先秋，泪空流。此生谁料，心在天山，身老沧洲！

辛弃疾的是这一首：

> 醉里挑灯看剑，梦回吹角连营。八百里分麾下炙，五十弦翻塞外声，沙场秋点兵。　马作的卢飞快，弓如霹雳弦惊。了却君王天下事，赢得生前身后名，可怜白发生！

陆游和辛弃疾所提供的，是一种超越时空的男子汉风范。

男子汉风范有两种：一种以盛唐为标志，背景是明丽的塞外长空；一种以陆游、辛弃疾为标志，背景是阴郁的悲风战云。都很豪迈，但前一种意气飞扬，后一种凝重苍凉。

比较起来，对中国历史而言，前一种是罕例，后一种是常例。因为是常例，也就更深地植入了中国人的集体人格。

在失败主义的气氛下，好像中国人已习惯于逆来顺受。但是，我们从李清照、陆游、辛弃疾笔下知道，事实并非如此。就连弱者美学典型李清照，也发出过"生当作人杰，死亦为鬼雄"这样英雄主义的心声。

这也是中国文化在宋代发出的重要信号。

根据现在的历史视野，当时的多数战争都发生在中华大家庭之内，各方都有自己的理由，很难判定绝对的是非。但是，就中国文化承袭的主体宋朝而言，却在战乱中淬砺了英雄主义的文化精神。

我特别想从国际眼光说一件事：已经征服了亚洲、欧洲的成吉思汗蒙古骑兵，世界上谁也抵抗不了，却在宋朝遇到了有效抵抗。那就是重庆合川钓鱼城，居然抵抗了蒙古军接近四十年，这实在是世界奇迹了。

钓鱼城保卫战为什么会坚持那么久？历史会记住我们余家的一位将军，叫余玠。他针对蒙古骑兵的弱点，制定了一系列重要方针，苦守了十年后被朝中恶人所害，继任的守将又守了近三十年。在这期间，蒙古大汗蒙哥，死在钓鱼城下，蒙古帝国产生了由谁继位的问题，致使当时正在欧洲前线的蒙古军队万里回撤。从此蒙古帝国分化，军事方略改变，世界大势也因此而走向了另一条路。因此有人说："钓鱼城独钓中原，四十年改变天下。"

一座孤城终于失去了继续固守的军事意义，最后一位主帅王立面临艰难抉择：如果元军破城，城中十几万百姓可能遭到屠杀，而如果主动开门，就可以避免这个结果。在个人名节和十几万生灵的天平上，王立选择了后者。元军也遵守承诺，没有屠城。当然，南宋流亡小朝廷也随之覆灭了。

但是，就在这时，又站出来一位乱世诗人，他就是文天祥。

文天祥是宋代文化的终结者。他是状元、学者、宰相，以誓死不屈的实际行动，展示了宋代文化的人格力量。

元朝统治者忽必烈对他十分敬佩，通过各种途径一再请他出任宰相，并答应元朝以儒学治国。但是，文天祥要捍卫的已经不仅仅是儒学，而是文化人格。

由于文天祥被关押在大都监狱中坚贞不屈，民间就有人试图劫狱起义，这对刚刚建立的元朝构成了威胁，忽必烈亲自出面劝降文天祥不成，只得一再长叹："好男儿，不为我用，杀之太可惜！"文天祥刚就义，忽必烈又下达诏书阻止杀戮，却已经晚了一步。文天祥的遗书表明，他是在实践儒家"成仁"、"取义"的教言，因此，他的死亡是一个文化行为。

他的文化行为，还有一系列宏大的笔墨可以验证。他记述灾难的诗集《指南录》，被后人评为"一代史诗"；他更在狱中写了气势不凡的长诗《正气歌》，在中国代代传诵，成为一部精神教科书。《正气歌》以最明确的语言表述了"文化人格"与"天地元气"之间的密切关系，为中国文化重新注入了强大的魂魄。

一个国家的行政首脑，在主动走向死亡前，居然在监狱里写出了一部诗化的中国精神教科书，这在全世界都没有先例。中国文化在这种悲壮的历史关口，显得特别强大。

因此，我建议各位都要再读一遍《正气歌》。《正气歌》太长，这里就不引述了，但必须再读一遍他的那首《过零丁洋》，作为对宋代文化的归结。

辛苦遭逢起一经，干戈寥落四周星。山河破碎风飘絮，身世浮沉雨打萍。惶恐滩头说惶恐，零丁洋里叹零丁。人生自古谁无死，留取丹心照汗青。

第二十一节
关汉卿：顽泼的戏剧大师

陆游、辛弃疾、文天祥他们都认为，中国文化将会随着大宋灭亡而断绝，蒙古马队的铁骑是文化覆灭的丧葬鼓点。但是，实际情况并非如此。

元代的诗歌、散文，确实不值一提。但是，中国文化几千年的一个重大缺漏，在元代这个不到百年的短暂朝代获得了完满弥补。这个被弥补的重大缺漏，就是戏剧。

中国文化为什么会长期缺漏戏剧，又为什么会在元代补上，这些问题我在上一册第十九节《迟到的原因》中已经讲过，这里要介绍的，是完成这一弥补工程的一批文化天才，尤其是他们的代表者关汉卿。

这些文化天才经历了宋元之际的生死变革，文化人格受到巨大冲击。终于，他们在冲击中站立起来，以全新的方式投入了文化创造。

他们当然憎恨那些破坏文明的暴力，但是被破坏的文明为什么如此不堪一击呢？他们不能不对原先自称文明的架构提出怀疑，并且快速寻找到了那些以虚假的套路剥夺健康生命力的负面传统。因此，在艰难的生存境遇中，他们首先要做的事情是撕破虚假，呼唤健康，哪怕做得有点儿鲁莽、有点儿变形也在所不惜。

简单来说，他们走向了顽泼，成了顽泼的君子。

顽泼的君子还是君子，因为他们心存大道。如果没有心存大道，顽泼就会滑到无赖。其实元代社会处处无赖猖獗，因此即便是"顽泼君子"也是少数，而且是英勇的少数。

正是这个少数，扶住了中国文化的基脉。

我要引一段自述，来说明何谓"顽泼的君子"。自述者就是关汉卿，元代戏剧艺术的领军人物。

我是个普天下郎君领袖，盖世界浪子班头。愿朱颜不改常依旧，花中消遣，酒内忘忧。……

我是个蒸不烂、煮不熟、捶不匾、炒不爆、响珰珰一粒铜豌豆。恁子弟每谁教你钻入他锄不断、斫不下、解不开、顿不脱、慢腾腾千层锦套头。我玩的是梁园月，饮的是东京酒，赏的是洛阳花，攀的是章台柳。我也会围棋、会蹴鞠、会打围、会插科、会歌舞、会吹弹、会咽作、会吟诗、会双陆。你便是落了我牙、歪了我嘴、瘸了我腿、折了我手，天赐与我这几般儿歹症候，尚兀自不肯休。则除是阎王亲自唤，神鬼自来勾，三魂归地府，七魄丧冥幽。天哪，那其间才不向烟花路儿上走！

也就是说，整个美好的世界、全部娱乐的技能、所有艺术的门类，自己都能随脚进入，不想离开。如果要用刻板的教条来衡量、来训斥、来惩罚、来折磨，那就全然拒绝、永不回头。而且宣布，面对种种迫害，自己就像一粒能让迫害者沮丧的"铜豌豆"。

这是一个强悍的生态告示，把那些陈腐理念所要责骂的话，自己全先骂了，而且立即由反转正，成了自己的生活主张。由于那些陈腐理念根深蒂固又铺天盖地，他必须以强烈反抗的方式，把话说得夸张、说得决绝、说得不留余地、说得无可妥协。

这副劲头，我们后来在二十世纪欧洲现代派艺术浪子身上见到过，同样落拓不羁，同样口无遮拦，而背后蕴藏的，总是惊世才华、一代新作。

为此，我在担任上海戏剧学院院长期间，只要知道有的学生由于顽泼行为而面临处分，总是出面予以保护。因为我当时已经完成《中国戏剧史》的写作，熟悉关汉卿这样的人物。那些学生很可能没有出息，但我要守护某种依稀的可能性。

我发现，像关汉卿这样的艺术家一顽泼，对于社会恶势力，也就从针锋相对的敌视，转向居高临下的蔑视。

顽泼的君子，已经不会从政治上寻找对手。如果把对方看成是政治上的对手，那就看高了他们。即便他们是高官和政客，也只看成是痞子和无赖。以顽泼浪子身份来面对痞子和无赖，他觉得才门当户对，针尖麦芒，接得上手。低层就低层，混斗就混斗，我们就是要在低层混斗中，把那样的恶人制服。

如果是正经君子，总会寻找高层对手，用知性话语来抨击对方的政治图谋。我想，如果陆游、辛弃疾、文天祥能活到元代，就会这么做。在关汉卿身边的同行里，也不失这样的正经君子。例如，马致远故意把剧名定为《汉宫秋》，并在剧中反复强调一个"汉"字，这在汉人被奴役的时代，显然是一种高雅的"词语风骨"。纪君祥把剧名定为《赵氏孤儿》，让人直接联想到刚刚灭亡的宋代皇姓就是"赵"，因此大家都称得上是"赵氏孤儿"。

这儿有一种勇敢的"密码潜藏"，让人佩服。但在关汉卿看来，暴虐的统治者既看不懂也不在乎这些文字游戏，如果只是以典雅的方式让自己解气，范围就太小了。因此，他寻找从整体上揭露痞子和无赖的方式。

他的《窦娥冤》，为什么能够"感天动地"？因为窦娥是民间底层一个只知平静度日的弱女子，没有任何理由遭到迫害，但迫害还是毫无逻辑、毫无缘由地来了，而且来得那么环环相扣、严丝密缝、昏天黑地。原因是，她生活在一个无赖的世界，上上下下全是无赖。

如果是政见之恶，总会有一点点矜持和掩饰。但是，无赖没有这一切，没有矜持，没有掩饰。这就是窦娥们所遭遇的"无逻辑恐怖"。

你看那对张家父子，居然要以"父子对"强娶"婆媳对"，又嫁祸于人；那个赛卢医，号称做过太医，不知医死了多少人却没有一天关门；那个审案的太守，把原告、被告都当"衣食父母"，一见就跪拜……总之，一切都在荒谬绝伦中进行。结果，面对死刑的窦娥居然连一个"加害者"都找不到，她只能责问天地了：地也，你不分好歹何为地？天也，你错勘贤愚枉做天！

对于世间这么多无赖，关汉卿除了愤怒责问，觉得还应该用聪明的方法来处理一下。想象出一个包公来解气当然也可以，但关汉卿更主张用民间女性的慧黠来狠狠作弄，让那些无赖逐一出丑。于是，我们看到了《望江亭》和《救风尘》。

这两个戏都是由绝色美女向权贵无赖设套，其间的情节、语言都让观众畅怀大笑，笑美女的聪慧，笑无赖的愚蠢。在观众的笑声中，关汉卿完成了对无赖世界的局部战胜。

靠着美女战胜，甚至靠着妓女战胜，靠着计谋、色相、调情、诱惑、欺诈、骗取、逃遁来战胜——这样的手段还合乎"君子之道"吗？在关汉卿看来，以正义的目的而采用非君子的手段来制服邪恶，正符合"君子之道"的本原价值。如果不符合，那么，要修改的应该是"君子之道"了。

用非君子的手段来制服邪恶，让剧场里的大量君子在欢笑中产生信心，这有什么不好？

这又牵涉到喜剧与悲剧的区别了。悲剧的灵魂是责问，喜剧的灵魂是笑声。这么黑暗的世道还笑得出来？对，这就是艺术的力量，高于世道、俯视世道、调戏世道，在精神上收拾世道。

关汉卿是一个完整意义上的戏剧家，大悲大喜都出自他的手笔。然而，在中国文化人格的推进上，我更看重他以顽泼的心态营造喜剧的那一面。

第二十二节
黄公望：绘画艺术的里程碑

元代，不仅对戏剧具有里程碑意义，而且对绘画的意义也非常巨大。

我们不做理论概括，只想举出那幅在中国美术史上地位特殊的《富春山居图》来约略说明。

一六五〇年，江苏宜兴的一所吴姓大宅里发生了一次"焚画事件"。一位临死的老人太喜欢他所藏的《富春山居图》了，居然想以焚烧的方式让它伴随自己升天。幸好一个后辈从火堆里抢了出来，但是画已被烧成了两半。这两半，现在分别被收藏在台北和杭州。这幅画，创作于元代，作者是黄公望。

黄公望是一个籍贯不清、姓氏不明、职场平庸，又因为受人牵连而入狱多年的人。出狱之后，他也没有找到像样的职业，卖卜为生，过着草野平民的日子。中国传统文化界对于一个艺术家的习惯描述，例如"家学渊源"、"少年得志"、"风华惊世"、"仕途受嫉"、"时来运转"之类，与他基本

黄公望《富春山居图》(局部)

无关。

有人曾经这样描述黄公望：

身有百世之忧，家无担石之乐。盖其侠似燕赵剑客，其达似晋宋酒徒。至于风雨塞门，呻吟槃礴，欲援笔而著书，又将为齐鲁之学，此岂寻常画史也哉。（戴表元《黄公望像赞》）

忧思、侠气、博学、贫困、好酒。在当时能看到他的人们眼中，这个贫困的酒徒似乎还有点儿精神病。

有人说他喜欢整天坐在荒山乱石的树竹丛中，那意态，像是刚来或即走，但他明明安坐着，真不知道他要干什么。有时，他又会到海边看狂浪，即使风雨大作，浑身湿透，也毫不在乎。

我想，只有真正懂艺术的人才知道他要干什么。很可惜，他身边缺少这样的人。

晚年他回到老家常熟住，被乡亲们记住了他奇怪的生活方式。例如，他每天要打一瓦瓶酒，仰卧在湖边石梁上，看着对面的青山一口口喝。喝完，就把瓦瓶丢在一边。时间一长，日积月累，堆起高高一坨。

更有趣的情景是，每当月夜，他会乘一艘小船从西城门出发，顺着山麓来到湖边。他的小船后面，系着一根绳子，绳子上挂着一个酒瓶，拖在水里跟着船走。走了一大圈，到了"齐女墓"附近，他想喝酒了，便牵绳取瓶。没想到绳子已断，酒瓶已失，他就拍手大笑。周围的乡亲不知这月夜山麓何来这么响亮的笑声，都以为是神仙降临。

为什么要把酒瓶拖在船后面的水里？是为了冷却，还是为了在运动状态中提升酒的口味，就像西方调酒师甩弄酒瓶那样？夜、月、船、水、酒、笑，一切都发生在"齐女墓"附近。这又是一座什么样的坟茔？齐女是谁？现在还有遗迹吗？

黄公望就这样活了很久。他是八十五岁去世的，据记述，在去世前他看上去还很年轻。对于他的死，有一种很神奇的传说。李日华《紫桃轩杂缀》有记：

> 一日于武林虎跑，方同数客立石上，忽四山云雾，拥溢郁勃，片时竟不见子久，以为仙去。

这里所说的"子久"就是黄公望。难道他就是这样结束生命的？但我想也有可能，老人想与客人开一个玩笑，借着浓雾离开了。他到底是怎么离世的，大家其实并不知道。

黄公望不必让大家知道他是怎么离世的，因为他已经把自己转换成了一种强大的生命形式——《富春山居图》。

其实，当我们了解了他的大致生平，也就更能读懂这幅画了。

人间的一切都洗净了，只剩下了自然山水。对于自然山水的险峻、奇峭、繁叠也都洗净了，只剩下平顺、寻常、简洁。但是，对于这么干净的自然山水，他也不尚写实，而是开掘笔墨本身的独立功能，也就是收纳和消解了各种模拟物象的具体手法，如皴、擦、点、染，只让笔墨自足自为、无所不能。

正是在黄公望手上，山水画成了文人画的代表，并引领了文人画，结果又引领了整个画坛。

没有任何要成为里程碑的企图，却真正成了里程碑。

不是出现在"文化盛世"，而是出现在元代——短暂的元代，铁蹄声声的元代，脱离了中国主流文化规范的元代。这正像中国传统戏剧的最高峰元杂剧，也出现在那个时代；被视为古代工艺文物珍宝的青花瓷，还是出现在那个时代。

相比之下，"文化盛世"往往反倒缺少文化里程碑，这是"文化盛世"的悲哀。

里程碑自己也有悲哀。那就是在它之后的"里程"，很可能是一种倒退。例如，以黄公望为代表的"元人意气"，延续最好的莫过于明代的"吴门画派"，但仔细一看，虽然回荡着书卷气，但里面的气质却变了。简单来说，元人重"骨气"，而吴门重"才气"，低了好几个等级。

又如，清代"四僧"画家对于黄公望和吴门画派的传统也有继承，在绘画史上达到了很高的水准。他们很懂黄公望，但在精神的独立、人格的自由上，离黄公望还有一段距离。

再如，"四僧"的杰出代表者八大山人朱耷，就多多少少误读了黄公望。他把黄公望看作了自己，以为在山水画中也寄托着遗世之怨、亡国之恨，因此他说《富春山居图》中的山水全是"宋朝山水"。显然，黄公望并没有这种政治意识。政治意识对艺术来说，是一种"似高实低"的东西，朱耷看低了黄公望。

由此可知，即便在后代相同派别的杰出画家中，黄公望也是孤立的。孤立地标志在历史上，那就是里程碑。

第二十三节
王阳明：新一代君子代表

明清两代五百四十余年，由于朝廷的文化专制主义，中国文化严重衰退。

这五百多年，如果想要找出能够与屈原、司马迁、陶渊明、李白、杜甫、苏东坡、关汉卿并肩站立的文化巨人，那么，答案只有两人，一是明代的哲学家王阳明，二是清代的小说家曹雪芹。

王阳明展示了一种强大的生命结构，让人们看到了新一代君子的精彩状态。

王阳明的影响力之大，令人吃惊。很多与文化并不亲近的政治人物，也对他十分崇拜。近年来对他的纪念，更是越来越隆重。这，究竟是什么原因？

当然，他是明代一位杰出的哲学家，但中国绝大多数民众历来对哲学家兴趣不大。事实上，除他之外也没有另外一位哲学家享此殊荣，包括远比他更经典、更重要的老子在内。很多朋友出于对他的这种巨大影响力的好奇，去钻研他的著作和一部部中国哲学史，却仍然没有找到答案。

在哲学史上，他并不是横空出世。他的一些哲学观念，例如"心学"的思维逻辑，比他早三百多年的陆九渊也曾有过深刻的论述。在宋明理学的整体流域中，还有周敦颐、张载、程颢、程颐、朱熹、薛瑄、胡居仁、陈献章等一座座航标。总之，如果纯粹以哲学家的方位来衡量王阳明，他就不会像现在这样出名。

因此，王阳明产生的影响，一定还有超越哲学史的原因。有些历史学家认为，他善于打仗，江西平叛，却又频遭冤屈，这个经历提高了他的知名度。当然，这一些都很重要，也很不容易。但细算起来，他打的仗并不太大，他受的冤屈也不算太重。

我认为，王阳明的最大魅力，是把自己的哲思，变成了一个生命宣言。这个生命宣言的主旨是，做一个有良知的行动者。

一般说来，多数君子并不是行动者，多数行动者不在乎良知。这两种偏侧，中国人早已看惯，却又无可奈何。突然有人断言，一个人的生命可以克服这两种偏侧，达到两相完满，这就不能不让大家精神一振了。

王阳明（吴为山雕塑作品）

而且，他自己恰恰是一个重量级的学者兼重量级的将军，使这种断言具有了"现身说法"的雄辩之力，变成了人生宣言。

王阳明的人生宣言，一共只有三条。

第一条："心即是理"。

不管哲学研究者们怎么分析，我们从人生宣言的层面，对这四个字应该有更广泛的理解。

在王阳明看来，天下一切大道理，只有经过我们的心，发自我们的心，依凭我们的心，才站得住。无法由人心来感受、来意会、来接受的"理"，都不是真正的理，不应该存在。因此王阳明说，"心外无理"，"心即是理"。

这一来，一切传统的、刻板的、空泛的、强加的大道理都失去了权威地位，它们之中若有一些片段想存活，那就必须经过心的测验和认领。

王阳明并不反对理，相信人类社会需要普遍的道德法则，但是他又明白，这种普遍的道德法则太容易被权势者歪曲、改写、裁切了。即使保持了一些经典话语，也容易僵化、衰老、朽残。因此，他把道德法则引向内心，成为内在法则，让心尺来衡量，让心筛来过滤，让心防来剔除，让心泉来灌溉。对理是这样，对事也是这样。

他所说的"心"，既是个人之心，也是众人之心。他认为由天下之心所捧持的理，才是天理。

有人一定会说，把一切归于一心，是不是把世界缩小了？其实，这恰恰是把人心大大开拓了。把天理大道、万事万物都装进心里，这就出现了一个无所不能、无远弗届的圣人心襟。

试想，如果理在心外，人们要逐一领教物理、地理、生理、兵理、文理，在短短一生中，那又怎么轮得过来？怎么能成为王阳明这样没有进过任何专业学校却能事事精通的全才？

在江西平叛时，那么多军情、地形、火器、补给、车马、船载等专业需求日夜涌来，而兵法、韬略、舆情、朝规、军令又必须时时取用，他只有把内心当作一个无限量的仓库，才能应付裕如。查什么书、问什么人，都来不及，也没有用，唯一的办法，是从心里找活路。

于是，像奇迹一般，百理皆通，全盘皆活。百理在何处相通？在心间。由此可见，"心即是理"，是一个极为重要的人生宣言。依凭着这样的人生宣言，我们看到，一批批"有心人"离开了空洞的教条，去从事一些让自己和他人都能"入心"的事情。这就是王阳明所要求的君子。

第二条："致良知"。

心，为什么能够成为百理万事的出发点？因为它埋藏着良知。良知，是人之为人、与生俱来的道德意识。良知主要表现为一种直觉的是非判断，以及由此产生的好恶之心。王阳明所说的良知很大，没有时空限制。他说：

> 自圣人以至凡人，自一人之心以达四海之远，自千古之前以至于万代之后，无有不同。是良知也者，是所谓天下之大本也。（《书朱守谐卷》）

把超越时空、超越不同人群的道德原则，看成是"天下之大本"，这很符合康德和世界上很多高层思想家的论断。所不同的是，"良知"的学说包含着"与生俱来"的性质，因此也是对人性的最高肯定。

良知藏在心底，"天下之大本"藏在心底，而且藏在一切人的心底，藏在"自圣人以至凡人"的心底。这种思维高度，让我们产生三种乐观：一是对人类整体的乐观，二是对道德原则的乐观，三是对个人心力的乐观。

把这三种乐观连在一起，也就能够以个人之心来普及天下良知了。

把"致良知"作为目标的君子，自觉地担负着把内心的良知扩充为"天下之大本"的责任，因此一定不会遇到困难就怨天尤人，而只会觉得自己致良知的功夫尚未抵达。这样，他一定是一个为善良而负责的人。

在这个问题上，王阳明曾经在天泉桥上概括了四句话：无善无恶心之体，有善有恶意之动。知善知恶是良知，为善去恶是格物。

从浑然无染的本体出发，进入"有善有恶"、"知善知恶"的人生，然后就要凭着良知来规范事物（格物）了，这就必须让自己成为一个行动者。于是有了人生宣言的第三条。

第三条："**知行合一**"。

与一般君子不同，王阳明完全不讨论"知"和"行"谁先谁后、谁重谁轻、谁主谁次、谁本谁末的问题，而只是一个劲儿呼吁：行动，行动，行动！

他认为，"知"和"行"并不存在彼此独立的关系，而是两者本为一体，不可割裂。他说，"知是行之始，行是知之成"，"未有知而不能行者，知而不行只是未知"。

我们在日常工作中总能听到这样的话："我知道事情该那样办，但是行不通。"王阳明说，既然行不通，就证明你不知道事情该怎么办。因此，在王阳明那儿，能不能行得通，是判断"知否"的基本标准。他本人在似乎完全办不到的情况下办成了那么多事，就是不受预定的"知"所束缚，只把眼睛盯住"行"的前沿、"行"的状态。他认为，"行"是唯一的发言者。

王阳明不仅没有给那些不准备付之于行的"知"留出空间，也没有给那些在"行"之前过于得意的"知"让出地位。这让我们颇感痛快，因为平日见到的那种大言不惭的策划、顾问、研讨、方案实在太多，见到的那种慷慨激昂的会议、报告、演讲、文件更是多得难以计算。有的官员也在批评"文山会海"、"空谈误国"，但批评仍然是以会议的方式进行的，会议中讨论空谈之过，使空谈又增加了一成。

其实大家也在心中暗想：既然你们"知"之甚多，为何不能"行"之一二？王阳明让大家明白，他们无行，只因为他们无知；他们未行，只因为他们未知。

一定有人怀疑：重在行动，那么有谁指引？前面说了，由内心指引，由良知指引。这内心，足以包罗世界；这良知，足以接通天下。因此，完全可以放手行动，不必有丝毫犹豫。

说了这三点，我们是否已经大致了解一个有良知的行动者的生命宣言？

与一般的哲学观点不同，这三点，都有一个明确的主体：我的内心、我的良知、我的行动。这个稳定的主体，就组合成了一个中心课题：我该如何度过人生？王阳明既提出了问题，又提供了答案，不能不让人心动。

因此，王阳明的影响力，还会长久延续。

虽然意蕴丰厚，但王阳明词句却是那么简洁："心即是理"、"致良知"、"知行合一"，一共才十一个汉字。

这实在是君子之道的新形态、新境界。

第二十四节
黄昏时分三剑客

明清之际，虽然破败的情景触目皆是，但还有一些思想家在履行着自己的精神使命。他们忧郁而深刻，勇敢而尖锐，在失重的时代加重了时代的分量。现在，我要郑重向大家介绍三个非常了不起的文化人格典型，那就是黄宗羲、顾炎武和王夫之。社会上对他们还有一些习惯称呼，黄宗羲又叫黄梨洲，顾炎武又叫顾亭林，王夫之又叫王船山。

他们有几个共同特征。

第一，他们都对中国历史做出了特别深刻的反思；

第二，他们都在改朝换代之际亲自参与了实际战斗；

第三，他们都是博通古今的大学者，成为后世学术的开启者；

第四，他们"读万卷书，行万里路"，长期奔波在山川大地之间。

这四个特征，拥有其中一项就极不容易，要四项具备，那实在是凤毛麟角了。但是，在中国的十七世纪，居然同时出现了三位，这实在令人叹为观止。

更特别的是，他们彼此的年龄十分接近，相差不超过十岁。

相同的年龄使他们遇到了相同的历史悖论。大明王朝已经气息奄奄，而造成这个结果的祸根，却远远超越一个朝代。因此，几乎同时，他们拔出了佩在腰间的精神长剑。

这实在是出现在中国文化黄昏地平线上的"三剑客"，斗篷飘飘，很有魅力。

先说黄宗羲，因为他稍稍年长一点儿，比顾炎武大三岁，比王夫之大九岁。

黄宗羲不到二十岁就已经名震朝野，不是因为科举诗文，而是因为他在北京公堂上的一个暴力复仇行动。

原来，在黄宗羲十七岁那年，他父亲黄尊素被朝廷中的魏忠贤党羽所害，死得很惨，他祖父就在他经常出入的地方贴了字句，要他不要忘了勾践，提醒他不能忘了复仇。第二年，冤案平反，奸党受审，黄宗羲来到刑部的会审现场，拿出藏在身上的锥子，向着罪大恶极的官吏许显纯、崔应元等猛刺，血流满地。这个情景把在场的审判官员都吓坏了，但他们并没有立即阻止，可见那些被刺的官吏实在是朝野共愤。而那个首先被刺的许显纯，还是万历皇后的外甥。当堂行刺之后，黄宗羲连那些直接对父亲施虐的狱卒也没有放过。做完这些事情，他又召集其他当年屈死忠魂的子女，举行祭奠父辈的仪式。凄厉的哭声传入宫廷，把皇帝都感动了。

据历史记载，这件事情之后，"姚江黄孝子之名震天下"。为什么说是"姚江黄孝子"呢？因为，他与王阳明先生一样，都是我的同乡余姚人。

家乡的地理位置，证明他是一个典型的"江南文人"。但是，他在北京朝堂之上的举动，太不符合人们对"江南文人"的印象了，似乎应该是"燕赵猛士"、"关西大汉"、"齐鲁英豪"所做的事。

黄宗羲并没有停留在为父报仇的义举上，后来还亲身参加过反清战斗。面对浩荡南下的清军，他曾与两个弟弟一起，毁弃家产，集合了家乡子弟六百余人组成义军，与其他反清武装一起战斗，黄宗羲还指挥过"火攻营"。兵败后率残部五百余人进入四明山，后又失败，遭到通缉。直到南明政权覆亡，黄宗羲才转向著作和讲学。

黄宗羲的讲学活动，从五十四岁一直延续到七十岁，创建了赫赫有名的浙东学派。他一反学术文化界流行的空谈学风，主张"经世致用"，培养出了一大批在经学、史学、文学，以及天文、地理、六书、九章等领域的大学者。我曾在《姚江文化史》的序言中写道，从王阳明到黄宗羲，再到黄宗羲的学生万斯同、全祖望、邵晋涵、章学诚等一代大师，当时小小姚江所承载的文化浓度，一时几乎超过了黄河、长江。

他的学说，严厉批判君主专制体制是天下唯一之大害，主张以"天下之法"来代替。为了证明自己的观点，他还重新梳理了宋、元、明三代的思想文化流脉，学术精深，气魄宏伟。在七十岁之后，他停止讲学，专门著书立说。结果，他毕生的著作可谓经天纬地。例如大家都知道的《明夷待访录》、《明儒学案》、《宋元学案》、《明文案》、《南雷文案》、《今水经》、《勾股图说》、《测圆要义》等等。后面三种，已属于自然科学著作。总计起来，他的著述多达两千万字。如果用当时木刻版的线装本一函一函地叠放在一起，简直是一个庞大的著作林。很难想象，这是由一个单独的生命完成的。

这么一位大学者，引起了康熙皇帝的重视。康熙皇帝当然知道他曾经组织武装反清，还遭到通缉，但康熙皇帝毕竟是康熙皇帝，只看重他作为大学者的身份，以及他背后的汉文化，完全不在乎他与朝廷武装对立的往事。康熙皇帝搜集黄宗羲的著作，读得很认真。

黄宗羲作为中国文化的顶级代表，一直活到八十五岁高龄。这在当时，算是罕见的长寿了。就在临死前四天，他给自己的孙女婿写了一段告别人世、迎接死亡的话，很有趣味。我发现别的书里很少提及，就把它翻译成现代白话。黄宗羲说——

总之，可以死了。

第一，年龄到了，可以死了；

第二，回顾一生，说不上什么大善，却也没有劣迹，因此，可以死了；

第三，面对前辈，当然还可以做点儿什么，却也没有任何抱歉，因此，可以死了；

第四，一生著作，虽然不一定每本都会流传，却也不在任何古代名家之下，因此，可以死了。

有了这四个"可以死了"的理由，死，也就不苦了。

他说自己一生的著作不在任何古代名家之下，好像口气有点儿大，但仔细一想，并不错。历史上，有哪一位古代学者，既拥有如此浩大的著作量，又全都达到高峰的呢？可以一比的，是两位"司马"，也就是司马迁和司马光，但是，黄宗羲对历史的横向断代分析和纵向专题分析，都超越了他们。更何况，他看到的历史更长，又有两位"司马"未曾经历的时代变迁所带来的一系列重大思考。

黄宗羲在临终前悄悄告诉孙辈的这段话，在我看来就像一座寂寞的孤峰向身边的一朵白云轻声笑了一下。他自信，山坡可以更换季节，但高度不会失去。

"三剑客"的第二名顾炎武，是江苏昆山人。昆山本来有一个亭林湖，所以大家都尊称他为亭林先生。现在昆山有一个亭林公园，那就完全是纪念他的了。他具体的家乡，在昆山一个叫"千灯"的地方。千灯，似乎是在一片黑夜中的遍地星斗，这是多么有诗意的地名。那里有他的故居和坟墓，大家旅行时如果到了昆山、苏州、周庄，可以弯过去看一看。

顾炎武对黄宗羲评价很高，他在读完黄宗羲的《明夷待访录》后曾写信给黄宗羲，说您的书我读之再三，才知道天下并非无人，才知道中国可以在历朝的阴影中复兴。顾炎武又告诉黄宗羲，自己著了《日知录》一书，其中观点，与他

顾炎武（昆山亭林公园顾炎武塑像）

不谋而合的至少有六七成。

顾炎武虽然高度评价了黄宗羲，但在我看来，他有三方面超越了黄宗羲。

第一方面，他在信中提到的《日知录》，在中国知识界影响极大。书中所说的几个字"**天下兴亡，匹夫有责**"，在中国的文化界人人皆知，并在民间广泛传扬，简直可以与孔子、孟子的格言等量齐观。相比之下，包括黄宗羲在内的其他学者，都没有留下这种感染全社会、激励普天下的格言、警句。

第二方面，他在《日知录》、《天下郡国利病书》、《肇域志》、《音学五书》、《韵补正》等著作中，对历史、典制、政治、哲学、文学、天文、地理、经济、军事等各方面的创见，全都言必有据、疏通源流、朴实无华，成为后来乾嘉学者建立考据学的源头。乾嘉考据学也就是"朴学"，对中国历史文化进行了一次大规模的清理、纠错、疏通，功劳很大，而顾炎武应荣居首位，理所当然地受到后代一批批饱学之士的虔诚敬仰。

第三方面，他的路，比黄宗羲走得更远。他化了名，带着两匹马、两匹骡，驮着一些书籍，走遍了山东、河北、山西、陕西、甘肃等地。一边寻找自己未读之书，一边考察山川地理、风土人情，尤其是考察了山海关、居庸关、古北口、昌黎、蓟州等战略要地，询问退休的老兵，探索宋代以来的兵阵结构以及败亡的原因。这也是当时其他优秀知识分子所未曾做到的。

与黄宗羲一样，顾炎武早年有抗清的背景。家乡昆山在抗清时，死难四万余人。顾炎武的两个弟弟被杀，生母重伤，嗣母绝食而死。顾炎武一直与反清武装保持着秘密联系，因此遭人告发，被拘留，被击伤。直到目睹反清无望，才投身于旅行考察和学术研究。

我本人对顾炎武最为着迷的，是他在长途苦旅时的生命状态。他骑在马背上，以沿途所见所闻对比着古代经典。他记性好，很多经典都能默诵出来。有时几句话忘了，就下马，从那匹骡子驮着的书袋中找到原文来核查。这种在山川半道上核查书籍的情景，令我十分神往。他有一句诗，很早就打动了我的心，叫作"**常将汉书挂牛角**"。把一部《汉书》挂在牛角上，这牛也就成了一个移动图书馆，这人也就成了一个没有终点的旅行者。那么，此时此刻的中国文化正与一个自由的灵魂一起，在山川间流浪。

顾炎武最后在山西曲沃骑马时失足坠地而去世。这真是一个毕生的旅行者，连死都死在马下。

"三剑客"的第三名王夫之与黄宗羲、顾炎武一样，一直在改朝换代之际寻找着抗清复明的机会，屡屡碰壁，满心郁愤。他一次次长途奔走，例如在酷暑中到湘阴，调解反清武装力量内部的矛盾，后来又向辰溪、沅陵一带出发，试图参加反清队伍，只不过没有走通。他甚至在清政权建立后参加过"衡山起义"，溃败而脱逃。后来，他看到反清复明已经无望，而反清的队伍内部又矛盾重重，就改名换衣，自称瑶人，独自讲学和著作。

王夫之对社会历史的批判，与黄宗羲、顾炎武很接近，同样是对君主专制提出了明确的否定。在批判儒家的理学和心学上，他可能比黄宗羲和顾炎武更彻底。

王夫之遇到的致命障碍，与"三剑客"里的其他两位一样。

第一，他们为社会看病、把脉，把病情说得很准，但找不到医病的药方。他们也开了一些药方，却不知道药从哪里找，怎么配，怎么吃。

第二，他们承担了启蒙的责任，但找不到真正的"被启蒙者"。他们也有不少读者，但与全社会的整体启蒙，还有漫长的距离。

前不久，王夫之的家乡湖南衡阳，要建造一幢高大壮丽的楼宇来纪念他，当地很多文人学者选来选去，选中我为"夫之楼"题名。我在接到邀请的三天之内，就写了"夫之楼"三字送去。很快就有照片传来，夫之楼确实非常雄伟，中间牌匾上刻着的，正是我写的那三个字。这也就让我表达了对这位杰出思想家的崇拜。

在这"三剑客"之后，中国的精神思想领域，就很难找到这样的血性男儿了。在他们身后，清代出现过"康雍乾盛世"，后来又必然地走向衰弱。但是，即使是所谓"盛世"，也不是他们几位愿意看到的模样。"文字狱"变本加厉，言论自由被全面扼杀，再有学问的文人学士，也只能投身在考据学中整理古籍，或者参与国家级的"盛典"《古今图书集成》、《四库全书》的编修。这种文化工程当然也很有意义，但在整体文化走向上，已陷入"以保守取代创新"、"以国粹对峙世界"的迷途。在"三剑客"相继谢世的一个半世纪之后，整个中华民族和中国文化，几乎陷于灭顶之灾。直到以鸦片战争为标志的千年败局终于横亘在眼前的时候，我想，九天之上的历历英魂都在悲呼长啸。"三剑客"身上的佩剑还未生锈，佩剑边上的披风还在翻卷。

"三剑客"的余风，投射到这场历史性灾难的前后，就出现了一些新的名字，例如龚自珍、林则徐、魏源。他们的诗句和著作触摸到了沉埋已久的历史魂魄，甚至对日本的明治维新也起到了推动作用，但中国朝野基本上没有接受他们。他们苍凉的呼吁，飘散在混乱的枪炮声中。再过半个世纪，人们才又关注到精神思想领域的另一些响亮名字，那就是康有为、梁启超、谭嗣同、严复、章太炎、孙中山。这是一群新的文化剑客，他们拼尽全力，要把中国拔离出陈腐、专制的老路。他们秉持独立而又自由的思想人格，焕发着睥睨权势、纵横天下的壮士之风，今天想来还由衷敬佩。

第二十五节
曹雪芹：几百年的等待

在瞻仰过王阳明、黄宗羲、顾炎武、王夫之这些思想家之后，我还要急切地向大家介绍一位伟大的小说家，那就是曹雪芹。正是他和《红楼梦》，一下子提振了明清两代的文化创造等级，让思想家的艰深论述也获得了一种美学平衡。

《红楼梦》不应该与《三国演义》、《水浒传》、《西游记》一起并列为"四大古典小说"，因为这太不公平——不是对《红楼梦》不公平，而是对另外三部不公平。它们是通向顶峰途中的几个路标性的山头，从来也没有想过要与顶峰平起平坐，何苦硬要拉扯在一起？

《红楼梦》的最大魅力，是全方位地探询人性美的存在状态和幻灭过程。

这部小说以宏大的结构写出了五百多个人物，其中宝黛、王熙凤、晴雯可谓千古绝笔。这么多人又分别印证了大结构的大走向，那就是大幻灭。

围绕着这个核心，又派生一系列重要的人生美学课题。

曹雪芹（吴为山雕塑作品）

例如：两个显然没有为婚姻生活做任何心理准备的男女，能投入最惊心动魄的恋爱吗？如果能，那么，婚姻和恋爱究竟哪一头是虚空的？

又如：一群谁也不安坏心的亲人，会把他们最疼爱的后辈推上绝路吗？一个拥有庞大资产和无数侍者的家庭，会大踏步地走向彻底崩溃的悲剧吗？一个艳羡于任何一个细节的乡下老太太，会是这个豪宅的最后收拾者吗？一个最让人惊惧的美丽妇人，会走向一个让任何人都怜悯的结局吗？

于是，接下来的大问题是：任何人背后真有一个"太虚幻境"吗？在这个幻境中，人生是被肯定，还是被嘲弄、被诅咒、被祝祈？在幻境和人生之间，是否有"甄贾之别"、真假之分？……

凭着这些我随手写出的问题，可以明白，《红楼梦》实在是抵达了绝大多数艺术作品都很难抵达的有关天地人生的哲思层面。

难得的是，这种哲思全部走向了诗化。《红楼梦》中，不管是喜是悲、是俗是雅，全由诗情贯串。连里边的很多角色，都具有诗人的气质。

更难得的是，无论是哲思还是诗情，最终都渗透在最质感、最细腻、最生动、最传神的笔调之中，几乎让人误会成是一部现实主义作品，甚至误会成是一部社会批判作品。幸好，对于真正懂艺术的人来说，不会产生这种误会。

比现实主义的误会更离谱的，是历史主义的误会。

有不少《红楼梦》研究者喜欢从书中寻找与历史近似的点点滴滴，然后大做文章，甚至一做几十年。这是他们的自由联想，本也无可厚非。但是如果一定要断言这是作者曹雪芹的意图，那真要为曹雪芹抱屈了。作为这么一位大作家，怎么会如此无聊，成天在自己的天才作品中按钉子、塞小条、藏哑谜、挖暗井、埋地雷？在那些研究者笔下的这个曹雪芹，要讲历史又不敢讲，编点儿故事偷着讲，讲了谁也听不懂，等到几百年后才被几个人猜出来……这难道会是他？

不管怎么说，真正的曹雪芹实实在在地打破了明清两代的文化郁闷。有一次我曾打趣说，也许，几百年缺少文学星座的遗憾，正在为他的出场做反面铺垫。也就是说，几百年都在等待他。

中国文脉本该抱怨明清两代的，却不必抱怨了，因为有了曹雪芹和《红楼梦》。这是可以与屈原、陶渊明、李白、杜甫、苏东坡比肩的健脉和神脉。这个人和这本书，写尽了人间幻灭，却没有让中国文脉幻灭，真该深谢。

　　这样一部杰作，引来了数量巨大的"红学家"群体，他们研究小说的各种细节，更对曹雪芹家族和他本人进行了大规模的考证。我如果想用最简单的几句话向年轻的读者朋友略做介绍，那就是：在清代的"康雍乾盛世"中，曹家在康熙初年发达，雍正初年被查，乾隆初年破落。曹雪芹过了十三年的贵族生活后，辛苦流离，三十八岁开始写这本书，四十八岁就去世了。

第二十六节
他们的共性

　　梳理中国文脉这件事，我已经做了整整二十年。

　　我在《中国文脉》一书的开头，论述了文脉的定义、形态和几项特征。这儿就不重复了。但我希望读者朋友能够重视文脉是"最高等级的生命潜流"这个提法。

　　堂堂文脉，居然是潜流？

　　一点不错，是潜流。中国有一个惯常思维，以为凡是重要的东西总是热闹的、展示的、群集的。这种现象当然也有，但是，如果要在重要里边寻找更重要、最重要的元素，那就对不起，一切都反了过来，是冷清的、内敛的、孤独的了。正是这些元素，默默地贯通了千年，构成了一种内在生命，这就是"生命潜流"。

　　我在梳理过程中，也经历了由热闹归冷清，由作品归作者，由群体归个人的一次次转折。终于，在最高等级上，留下了为数不多的一些寂寞灵魂。他们，正是中国文脉的维系环扣，却维系在安静中。

他们，就是庄子、屈原、司马迁、陶渊明、李白、杜甫、王维、白居易、李商隐、苏东坡、陆游、辛弃疾、李清照、关汉卿、王实甫、汤显祖、曹雪芹。

我们把他们称为得脉者、执脉者。

他们后来都很出名，而出名必然带来误解。为了消除误解，我想在《中国文脉》这本书之外专讲一课，谈谈这些得脉者、执脉者的共性。以往，人们总是以为这样的旷世天才，只有个性，没有共性。

第一个共性，他们都是创造者。

这好像是废话，但针对性很明确，因为不少研究者总喜欢把他们说成是继承者。那些研究者认为，脉，就是前后贯通，因此"继往开来"是得脉者的使命。

真实情况并非如此。所谓"继往开来"，是后人返观全局时的总体印象，并非得脉者的故意追求。这正像雄伟山脉中的群峰，每一座山峰本身各具姿态，并不是考虑到前后左右的承续关系才故意生成这样的。同样，文脉的每一个得脉者，都是一种"自立存在"，而不是"粘连存在"。他们只埋首于自己的创造，力求创造的精彩。因此，他们必须摆脱因袭的重担。追求标新立异、石破天惊，是他们的共同特点。

他们当然有很好的文化素养，熟悉前辈杰作，但一定不会把很多精力花在蒙尘的陈迹之间。这有三个原因——

第一，前辈杰作再好，也是一种"异体纹样"。创造者的着力点，只能在本体，而本体的自我觉醒和深入开掘，都非常艰难。

第二，执着前辈杰作，容易产生一种不自觉的"近似化暗示"，这是创造的敌人。哪怕在自己的创作间有淡淡的沿袭印痕，也会遭到他人的嘲笑。因此，创造者不会在自己的道路上留下一个个颓老的陷阱。

第三，创造的最好时机，应在生命力勃发的青春年月，但是，这年月远比想象的更短暂、更易逝，因此也更珍贵。创造者哪里舍得把这种无限珍贵，抛掷在死记硬背的低智游戏中？他们，实在没有时间。

正是出于以上这三个原因，所有的得脉者都不会让古人的髯须来缚羁自己的脚步，而只会抢出分分秒秒的时间开发自己，开发当下，开发未来。

这中间，司马迁似乎是个例外。但是，作为历史学家的他，过往的史料只是他进行文化建设的素材，就像画家让山入画，乐师让风入乐，而不会成为山和风的附庸。司马迁也不是传统的附庸，而是中国历史思维的开创者。在宏大的叙事文学上，他更有开天辟地之功。

至于其他得脉者，请排一排，有哪一个不是纯粹的创造者？

事实反复证明，历史上最精彩的段落，总是由创造者的脚步踩出。文脉，本应处于一切创造之先。捡拾脚边残屑的那些人，虽然辛劳可嘉，却永远不可能是文脉的创造者。他们如果"呼诱"很多人一起来做那样的事，那么这条路的性质就变了，很快就会从通向未来的地图上删除。

中国文脉的曲线告诉我们，任何一个时代，如果以"捡拾"和"缅怀"为主轴，不管用什么堂皇而漂亮的借口，文脉必然衰滞。这些时代固然也会出现不少淹博的学者，但从长远看，那只是黯淡的历史篇页。

第二个共性，他们都是流放者。

这儿所说的"流放"，有被动的，也有主动的。得脉者即使处于"被动流放"状态，迟早也会进入"主动流放"境界。

主动流放，就是长为异乡人，永远在路上，处处无家处处家。

从表面看，这种流放，能让他们感受陌生的自然空间，体察大地的苦乐情仇，使他们的创作更有厚度。但是，从深层看，比自然空间更重要的是生命空间。流放，使他们发现了一个与以前不同的自己。他们曾经为此而痛苦，而慌张，而悲叹，而自嘲，结果，生命因此而变异，而扩大，而提升。

这些得脉者，多数走了很远的路。即使走得不太远，精神跋涉的途程也非常艰辛。他们同时进行着两层迁徙：生态的迁徙和精神的迁徙。既挥别一个个旧居所，又迎来一层层新感悟。

这里所说的流放，大多是向陌生天地冒险，往往没有"安居乐业"可言。"安居乐业"是民众的向往，但对于得脉者而言，却常常会自动打破。

主动流放还要跨过更大的门槛。

年纪轻轻就逃出冠缨之门、诗礼之家，就是放弃体制的佑护而独立闯荡。当然，更令人瞩目的是背离官僚体制而飘然远行，既潇洒放达，又艰难重重。这一关，对于得脉之人是生死大关。出之者生，入之者死，可谓"出生入死"。

官场未必是罪恶之地，历来总有一些好官为民造福，而且少数高官也是不错的文人。但是，若要成为文脉中的得脉者，却迟早会脱离那个地方。也就是说，不管是撤职还是辞职，都应该流放。

这是因为，即便是世间最明智、最理性的官场，它所需要的功绩、指令、关系、场面、服从，也与最高等级的文化创造格格不入。当然，更不要说寻常官场的察言观色、独断专行、任人唯亲、尔虞我诈了。

我这么说，并不是冀求以最高文化标准来营造官场。其实这是两个完全不同的领域，有着各自不同的逻辑。如果让前面列举的这些得脉者成了官场调度者，情况可能更糟。

顺着这个思路，人们也无法接受以官场逻辑来设计文脉、勾画文脉、建造文脉。这种现象，古已有之，皆成笑柄。

还是让杰出的文化创造者们流放在外吧。流放在传承之外，流放在定位之外，流放在体制之外，流放在重重名号和尊荣之外。只有当他们"失踪"了，文脉才有可能回来。

第三个共性，他们都是无助者。

这是流放的结果，说起来有点不忍，却也无可奈何。

请再看一遍我列出的得脉者名单，当他们遇到巨大困苦乃至生命威胁的时候，有谁帮助过他们？没有，总是没有。

这很奇怪，但粗粗一想，就知道原因了。

原因之一，当巨大困苦降临的时候，能够有效帮助他们的，只能是体制，其中包括官方体制、财富体制、家族体制，但他们早就远离体制之外；原因之二，由于他们的精神等级太高，一般民众其实并不了解他们，因此很少伸出援手；原因之三，他们都很出名，因此易遭嫉妒，即便有难，也会被幸灾乐祸者观赏。

回想一下，这些得脉者的履历，不都是这样吗？

我知道这是必然，已经硬了心肠。但是，想到屈原不得不沉江，想到司马迁哽咽着写《报任安书》，想到李白受屈时"世人皆欲杀"，想到苏东坡被捕后试图跳水自沉，想到曹雪芹在"蓬牖茅椽，绳床瓦灶"中只活了四十几岁，还是一次次鼻酸。

即便是好心人想帮助他们，也很难，因为不知道他们在哪里。为此，当我知道苏东坡在监狱里天天遭受垢辱逼拷时，居然有一个狱卒为他准备了洗脚热水，感动得热泪盈眶。我还特地查到了这个狱卒的名字，叫梁成。

我这么写，容易让人产生一种误会，以为不懂得保护文化天才，是中国特有的民族劣根性。其实，这里触及的是人类通病。我曾长期研究欧洲文化史，写过很多文章告诉读者，塞万提斯、莎士比亚、伦勃朗、莫扎特、凡·高的遭遇也相当不好，他们显然都是欧洲文明的得脉者。

那么，怎么办呢？

没有满意的答案。

我想，对于杰出的文化创造者而言，应该接受这种孤独无助的境界。

既然已经决定脱离，决定流放，决定投入突破任何传承的创造，那么，无助是必然的。抱怨，就该回去，但回去就不是你了。那就不如把自己磨炼得强健蛮犷，争取在无助的状态下存活得比较长久。

对于热爱文化的民众而言，虽然不要求你们及时找到那些急需帮助的文化创造者，却希望你们随时做好发现和帮助的准备。尽管，这未必有用。因为在司马迁、李白、苏东坡他们受苦受难的时候，当时何尝无人试图润泽文化、施以援手？但必然地，总是失之交臂，两相脱空。也许今天我们会认为，现在好了，最优秀的文化创造者都被很多协会、大学、剧团照顾着呢。但是，如果我们的目光能够延伸到百年之后，再返观现在，一定会惊奇地发现，情况完全不是如此。

怎么办呢？我想，不能要求广大民众发现旷世人才，却不妨在社会上建立一个戒律：永远不要去伤害一个你并不了解、并不熟悉的文化创造者。任何政治斗争、传媒风潮、社会纠纷，一旦涉及他们，都不要起哄。他们也可能做了傻事，说了错话，情绪怪异，不擅辩解，大家都应该尽量宽容。千万不要再度出现大家都在诵读着李白的诗，但他一旦受困便"世人皆欲杀"的可怕情景。

加害者们很可能指着被害者说："他不可能是李白！"当然不是，但数千年来，有多少个"疑似李白"被伤害了。这种伤害，未必是真的屠杀，还包括群贬、冷冻、闲置、喧哗、谣诼、分隔、暗驱。伤害这样的人非常轻便，遇不到任何反抗，但是中国文脉恰恰维系在这些软弱的生命之上。

第二十七节
两位学者的选择

从十九世纪晚期到二十世纪前期，中国文化经历了一次生死选择。在这过程中，两位学者起到了至关重要的作用。

他们是中国文化在当时的最高代表。他们对传统文化的精熟程度和研究深度，甚至超过了唐、宋、元、明、清的绝大多数高层学者。因此，他们有一千个理由选择保守，坚持复古，呼唤国粹，崇拜遗产，抗拒变革，反对创新，抵制西学。而且，他们这样做，即使做得再极端，也具有天经地义的资格。

但是，奇怪的是，他们没有做这样的选择。甚至，做了相反的选择。

正因为这样，在中国文化的痛苦转型期，传统文化没有成为一种强大的阻力。这是一件非常了不起的大事，仅仅因为两个人，一场文化恶战并没有发生。局部有一些冲突，也形不成气候，因为"主帅中的主帅"，没有站到敌对营垒。

这两人是谁？

一是章太炎，二是王国维，都是浙江人。

仅凭这一点，浙江的文化贡献就非同小可。后来浙江也出了一批名气很大的文化人，但是即使加在一起，也比不上章太炎或王国维的一个转身。他们两人深褐色的衣带，没有成为捆绑遗产的锦索，把中国传统文化送上豪华的绝路。他们的衣带飘扬起来，飘到了新世纪的天宇。

我曾经说过，在黄宗羲、顾炎武、王夫之这组杰出的"文化三剑客"之后，清代曾出现过规模不小的"学术智能大荟萃"。一大串不亚于人类文明史上任何学术团体的渊博学者的名字相继出现，例如戴震、江永、惠栋、钱大昕、段玉裁、王念孙、王引之、汪中、阮元、朱彝尊、黄丕烈等等。他们每个人的学问，几乎都带有历史归结性。这种大荟萃，在乾隆、嘉庆年间更是发达，因此称之为"乾嘉学派"。但是，由于清代极其严苛的政治禁忌，这么多智慧的头脑只能通过各种艰难的途径来搜集、汇勘、校正古代经典，并从音韵学、文字学上进行最为精准的重新读解。乾嘉学派分吴派和皖派，皖派传承人俞樾的最优秀弟子就是章太炎。随着学术群星的相继殒落，章太炎成了清代这次"学术智能大荟萃"的正宗传人，又自然成了精通中国传统文化的最高代表和最后代表。

而且，他的这个身份获得学术界、文化界的公认。

但是，最惊人的事情发生了。这个古典得不能再古典、传统得不能再传统、国学得不能再国学的世纪大师，居然是一个最勇敢、最彻底的革命者！他连张之洞提倡的"中学为体，西学为用"方案也不同意，反对改良，反对折中，反对妥协，并为此而"七被追捕，三入牢狱，而革命之志终不屈挠者，并世亦无第二人"（鲁迅语）。

"并世亦无第二人"，既表明是第一，又表明是唯一。请注意，这个在革命之志上的"并世亦无第二人"，恰恰又是在学术深度上的"并世亦无第二人"。两个第一，两个唯一，就这样神奇地合在一起了。

凭着章太炎，我们可以回答现在社会上那些喧嚣不已的复古势力了。他们说，辛亥革命中断了中国文脉，因此对不起中国传统文化。章太炎的结论正好相反：辛亥革命，是中国传统文化的自我选择，也是中国文脉的自我选择。在他看来，除了脱胎换骨的根本性变革，中国文化已经没有出路。

再说说王国维。他比章太炎小八岁，而在文化成就上，却超过了章太炎。如果说，章太炎掌控着一座伟大的文化庄园，那么王国维却在庄园周边开拓着一片片全新的领土，而且每一片都前无古人。例如，他写出了第一部真正意义上的中国戏剧史，对甲骨文、西北史地、古音、训诂、《红楼梦》的研究都达到了划时代的高度。而且，他在研究中运用的重要思想资源，居然有很大一部分来自于德国哲学家叔本华和康德。由于他，中国文化界领略了"直觉思维"，了解了"生命意志"。他始终处于一种国际等级的创造状态，正如陈寅恪先生评价的，他发挥着"独立之精神，自由之思想"。他后来的自杀，是对他以全新观念清理过的中国传统文化的祭奠，也反映出二十世纪的中国社会现状与真正的大文化还很难融合。

两位文化大师，一位选择了革命，一位选择了开拓，一时让古老的中国文化出现了勇猛而又凄厉的生命烈度。这种生命烈度，可以使他们耗尽自己，却从根子上点燃了文化基因。为此，我们不能不对这两位归结型又开创型的大学者，表示最高的尊敬。

我回想世界历史上每一个古典文明走向隐灭的关键时刻，总有几位"集大成"的银髯长者在做最后的挣扎，而且，每次都是以他们生命的消逝代表一种文明的死亡。章太炎、王国维都没有银髯，但他们也是这样的集大成者，他们也有过挣扎，却在挣扎中创造了奇迹，那就是没有让中华文明陨灭。我由此认定，他们的名字应该在文明史上占据更重要的地位。

他们两位是参天高峰，却也容易让我们联想到身边的一些丘壑。回忆平生遇到过的所有文化巨匠，没有一个是保守派。而那些成天高喊"国学"、"国粹"的复古主义者，却没有一个写得出几句文言，读得下半篇《楚辞》。

真正热爱某个行当的人，必定为除旧布新而伤痕累累。天天在保守的村寨口敲锣打鼓的人，却一定别有所图，需要多加提防。

图书在版编目（CIP）数据

给青少年的中国文化课 .2，记住这些名字 / 余秋雨
著 .— 北京：北京联合出版公司，2020.6（2022.3 重印）
ISBN 978-7-5596-4144-1

Ⅰ . ①给… Ⅱ . ①余… Ⅲ . ①中华文化 – 青少年读物
Ⅳ . ① K203-49

中国版本图书馆 CIP 数据核字（2020）第 057986 号

给青少年的中国文化课 .2，记住这些名字

作　　者：余秋雨
责任编辑：刘　恒
排版制作：今亮后声 HOPESOUND
　　　　　pankouyugu@163.com

北京联合出版公司出版
（北京市西城区德外大街 83 号楼 9 层　　100088）
河北鹏润印刷有限公司印刷　　新华书店经销
字数 106 千字　880 毫米 × 1230 毫米　1/32　印张 6.25
2020 年 6 月第 1 版　　2022 年 3 月第 5 次印刷
ISBN 978-7-5596-4144-1
定价：32.00 元

余 秋 雨 著

给青少年的

中國文化課

③ 熟 读 这 些 作 品

北京联合出版公司
Beijing United Publishing Co.,Ltd.

作者近影。2019 年 11 月 21 日，马兰摄

中国当代文学家、美学家、史学家、探险家。

一九四六年八月生，浙江人。早在三十岁之前，就独自完成了《世界戏剧学》的宏大构架。至今三十余年，此书仍是这一领域的权威教材。

二十世纪八十年代中期，因三度全院民意测验皆位列第一，被推举为上海戏剧学院院长，并出任上海市中文专业教授评审组组长，兼艺术专业教授评审组组长。曾任复旦大学美学博士答辩委员会主席、南京大学戏剧博士答辩委员会主席。获"国家级突出贡献专家"、"上海十大高教精英"、"中国最值得尊敬的文化人物"等荣誉称号。

在担任高校领导职务六年之后，连续二十三次的辞职终于成功，开始孤身一人寻访中华文明被埋没的重要遗址。所写作品，往往一发表就哄传社会各界，既激发了对"集体文化身份"的确认，又开创了"文化大散文"的一代文体。

二十世纪末，冒着生命危险贴地穿越数万公里考察了巴比伦文明、克里特文明、希伯来文明、阿拉伯文明、印度文明、波斯文明等一系列重要的文化遗址。他是迄今全球唯一完成此举的人文学者，一路上对当代世界文明做出了全新思考和紧迫提醒，在海内外引起广

泛关注。

他所写的大量书籍，长期位居全球华文书排行榜前列。在台湾，他囊括了白金作家奖、桂冠文学家奖、读书人最佳书奖等多个文学大奖。在大陆，多年来有不少报刊频频向全国不同年龄的读者调查"谁是你最喜爱的当代写作人"，他每一次都名列前茅。二〇一八年，他在网上开播中国文化史博士课程，尽管内容浩大深厚，收听人次却超过了六千万。

几十年来，他自外于一切社会团体和各种会议，不理会传媒间的种种谣言讹诈，集中全部精力，以独立知识分子的身份完成了"空间意义上的中国"、"时间意义上的中国"、"人格意义上的中国"、"哲思意义上的中国"、"审美意义上的中国"等重大专题的研究，相关著作多达五十余部，包括《老子通释》、《周易简释》、《佛典译释》等艰深的基础工程。联合国教科文组织、北京大学等机构一再为他颁奖，表彰他"把深入研究、亲临考察、有效传播三方面合于一体"，是"文采、学问、哲思、演讲皆臻高位的当代巨匠"。

自二十一世纪初开始，赴美国国会图书馆、联合国总部、哈佛大学、耶鲁大学、哥伦比亚大学等处演讲中国文化，反响巨大。二〇〇八年，上海市教育委员

会颁授成立"余秋雨大师工作室";二〇一二年,中国艺术研究院设立"秋雨书院"。

二〇一八年,白先勇、高希均先生赴上海颁授奖匾,铭文为"余秋雨——华文世界最具影响力的一支笔"。

近年来,历任澳门科技大学人文艺术学院院长、香港凤凰卫视首席文化顾问、上海图书馆理事长。(陈羽)

给青少年的信

为厚厚的《中国文化课》出一个"青少版",是一件快乐而又艰难的事。

快乐,是因为惊奇地得知,有大量小朋友花费整整一年时间,天天收听我在网上播出的这门课程。人们告诉我:"六千万人次,年龄从八岁到八十岁。"八岁是太小了,就说十几岁的吧,也让我高兴。因为讲述文化的最终意义,恰恰就是面对年青一代,而他们,迟早又会改写我们的课程。这是一个充满生命活力的动态结构,标志着中国文化的创新主调。我在讲课时曾反复表述一个观点:"中国文化是一条奔流不息的大江,而不是江边的枯藤、老树、昏鸦。"现在好了,有那么多年轻生命大踏步地加入文化课程,我看到了"奔流不息"的前景,当然快乐。

但是,快乐背后是艰难。因为中国文化时间长、体量大、分量重,要为年轻人提供一个恰当的入门图谱,很不容易。所谓"恰当的入门图谱",也就是要在历史坐标和国际坐标中分得清轻重,抓得住魂魄。这件事,我在给博士研究生讲课时已经反复思虑,但是那样的课程对青少年来说毕竟太复杂、太深奥了。这就像把一副沉重的担子压在稚嫩的肩膀上,实在于心不忍。

就说我那本根据网上课程整理而成的《中国文化课》吧，洋洋六百五十页，即使放在成人的书架上都显得太抢眼了，当然更比年轻人书包里的其他书籍厚得多、重得多。每次看到很多不认识的孩子捧着这么一本大书坐在屋子一角慢慢地读，我总觉得心中有愧。能不能让他们所捧持的书本变得更轻便一点儿？

——正是这个想法，形成了这个"青少版"。

这个版本为年轻读者进入中国文化，划分出了三个方面的课题，标题很轻松：

一、了解这些难题；

二、记住这些名字；

三、熟读这些作品。

这三个方面的划分，等于在一个学术迷宫中为年轻人开出了三扇方便之门，指引了三条简捷之路。其中的划分逻辑，也适合青少年的心理节奏，相信他们更乐于接受。

相比之下，第一方面的课程要艰深一点儿，其中包含着不少连文化长辈都不敢触碰的难题。我把这些

难题放在最前面，不是吓唬你们，而是要用一种特殊的方式吸引你们。我相信，年轻人头脑单纯、干净，反而会使这些难题走向清晰。第二、第三方面的课题，是介绍中国文化的一些伟大创造者和他们的创造成果。我希望年轻读者对这些名字和这些作品从一开始就产生亲切感。你们在以后一定会了解更多的相关内容，但是唯有早年的亲切感，会滋润终生。

三个方面的课题分成三册出版，年轻读者可以选一册或两册来读，也可以把三册一一读完。在这之后再去啃我那部厚厚的《中国文化课》原本，就会方便得多。当然，也可以不再去啃。

我前面说了，不管是啃还是读，这门课程将来都会被你们改写。

最后，我还要感谢雕塑家吴为山先生。正是我在整理《中国文化课》的时候，应邀参观了他在国家博物馆举行的作品展，我看到其中有很多中国古代文化名人的塑像，就想作为插图收入书中。他一口答应，并立即请他夫人送来了塑像的照片。这次编青少年版，

仍然采用了其中一部分。这也就可以让青少年读者看到，在文化上，古代和当代有可能产生如何美好的形象沟通。

余秋雨

于 2020 年 1 月

目录

四点说明

一、学习中国文化，不应该停留在评论和讲述，而必须面对作品。但是，传媒间有不少课程在介绍文化作品时不分高低轻重，致使中国文化断筋失魂，因此迫切地需要提醒青少年读者懂得选择。选择最终是自己的事情，但在开始阶段应该获得师长帮助。今天，我就自告奋勇地充当这样的师长，选的标准比较严格。

二、文化的门类很多，但是值得不同职业的人共同记忆的，主要是文学艺术作品。我的选择也主要集中在文学领域，唯有《老子》，介乎哲学与文学之间，也因为极其重要，选择了部分章节。

三、我的选择，顺着历史程序依次形成的"大文体"排列，如楚辞、唐诗、宋词等等。我在每个部分都做了概括性的引导。每个部分所列的作品目录，分"基础记忆"和"扩大记忆"两个层次。对于青少年读者而言，熟悉"基础记忆"里的篇目就可以了。似乎还是有点多，建议在浏览之后先找几篇有"眼缘"的来读，再逐渐增加。至于"扩大记忆"的篇目，我是为"秋雨书院"的博士研究生开列的，你们等过些年再找时间读不迟。

四、我在不同历史阶段的"大文体"中，都选了一些代表作品翻译成当代散文，而且，是诗化散文。这与一般的"古文译注"很不相同，是要抉发出原作本身的浩瀚诗情。文辞古今有异，诗情千年相通。我不希望今天的青少年读者在艰涩译注的泥淖中滞留太久，因为这样就会失去原作的魂魄和神采。为此，我特地把今译放在原作之前，青少年读者不妨先从诵读今译开始，领略跨越时空的诗情，然后再进入原作，达到"拥抱古今"的自由境界。

第一节
《诗经》导读

　　《诗经》是中国第一部诗歌总集，创作于三千年前至两千五百年前这五百年间。共三百零五首，原来都是乐歌，可唱可舞。汉代儒家学者把它们奉为经典，故称《诗经》。一个民族，能够以"诗"为"经"，可见从一开始就文脉雄健。

　　《诗经》分《风》、《雅》、《颂》三部分。《风》为地方乐歌，《雅》为宫城乐歌，《颂》为祭祀乐歌。

　　大家在吟诵《诗经》的时候，不要仅仅以为是在读一些古诗。这是中国文化的真正起点，连端庄渊博的诸子百家、叱咤风云的军政强人也都曾熟记于心。一种庞大而悠久的文化居然有这样美丽的起点，实在让人觉得不可思议。我们也许会为此而深感惭愧，因为几千年来常常忘了这番波光云影，这番花香鸟鸣，这番青春痴情，这番家常人伦。

基础记忆

　　1.《关雎》（关关雎鸠，在河之洲）；

2.《桃夭》（桃之夭夭，灼灼其华）；

3.《汉广》（南有乔木，不可休思）；

4.《凯风》（凯风自南，吹彼棘心）；

5.《静女》（静女其姝，俟我于城隅）；

6.《淇奥》（瞻彼淇奥，绿竹猗猗）；

7.《氓》（氓之蚩蚩，抱布贸丝）；

8.《采葛》（彼采葛兮，一日不见，如三月兮）；

9.《子衿》（青青子衿，悠悠我心）；

10.《出其东门》（出其东门，有女如云）；

11.《伐檀》（坎坎伐檀兮，置之河之干兮，河水清且涟猗）；

12.《硕鼠》（硕鼠硕鼠，无食我黍）；

13.《蒹葭》（蒹葭苍苍，白露为霜）；

14.《月出》（月出皎兮，佼人僚兮）；

15.《鹿鸣》（呦呦鹿鸣，食野之苹）；

16.《伐木》（伐木丁丁，鸟鸣嘤嘤）；

17.《蓼莪》（蓼蓼者莪，匪莪伊蒿）；

18.《振鹭》（振鹭于飞，于彼西雍）。

扩大记忆

1.《鹊巢》（维鹊有巢，维鸠居之）；

2.《江有汜》（江有汜，之子归，不我以）；

3.《柏舟》（泛彼柏舟，亦泛其流）；

4.《谷风》（习习谷风，以阴以雨）；

5.《二子乘舟》（二子乘舟，泛泛其景）；

6.《相鼠》（相鼠有皮，人而无仪）；

7.《硕人》（硕人其颀，衣锦绡衣）；

8.《将仲子》（将仲子兮，无逾我里，无折我树杞）；

9.《葛生》（葛生蒙楚，蔹蔓于野）；

10.《黄鸟》（交交黄鸟，止于棘）；

11.《东门之池》（东门之池，可以沤麻）；

12.《东山》（我徂东山，慆慆不归）；

13.《常棣》（常棣之华，鄂不韡韡）；

14.《采薇》（采薇采薇，薇亦作止）；

15.《我行其野》（我行其野，蔽芾其樗）；

16.《斯干》（秩秩斯干，幽幽南山）。

第二节
《诗经》选读

关雎

关关雎鸠，在河之洲。窈窕淑女，君子好逑。

参差荇菜，左右流之。窈窕淑女，寤寐求之。

求之不得，寤寐思服。悠哉悠哉，辗转反侧。

参差荇菜，左右采之。窈窕淑女，琴瑟友之。

参差荇菜，左右芼之。窈窕淑女，钟鼓乐之。

今译：

　　快乐的鸠鸟，欢叫在河洲。美丽的姑娘，是我的渴求。

　　参差不齐的荇菜，摆动得像水流。美丽的姑娘，我日夜都在追求。

　　求之不得，不知如何。想着想着，辗转反侧。

　　参差不齐的荇菜，我左右采摘。美丽的姑娘，我要向你弹奏琴瑟。

　　参差不齐的荇菜，我左右选择。美丽的姑娘，我要敲着钟鼓让你快乐。

这是《诗经》的首篇，中国文脉有这么一个轻快而又絮叨的恋情开头，令人高兴。

静女

静女其姝，俟我于城隅。爱而不见，搔首踟蹰。

静女其娈，贻我彤管。彤管有炜，说怿女美。

自牧归荑，洵美且异。匪女之为美，美人之贻。

今译：

又静又美的姑娘，等我在城角。故意躲着不露面，让我乱了手脚。

又静又美的姑娘，送我一支红色的洞箫。洞箫闪着光亮，我爱这支洞箫。

她又送我一束牧场的荑草，这就美得有点儿蹊跷。其实，美的是人，而不是草。

这首诗，在平静的语言中，有一种空疏有味的诗的色调。

氓

这首诗比较长，我要边讲解，边翻译。

原文的开头是：

氓之蚩蚩，抱布贸丝。匪来贸丝，来即我谋。

这里的"氓"字，并没有后来"流氓"的负面意义，而只是指平民男子、外来男子。这首诗的男主角，一个平民青年，哧哧地笑着，手抱着一匹布，说要来交换丝。但女孩一眼就看穿了，哪里是来换丝啊，明明是借口，目的是要来求婚。

对于这个男子，女孩子的言行非常得体。她说：这么来求婚是不行的，你还缺少一个好媒人。今天就回去吧，我送送你，与你一起涉过淇水，送到顿丘。不是我故意拖延，请你不要灰心，我们约好在秋天吧，你找好了媒人再过来。

于是我们可以看下面几句原文了：

送子涉淇，至于顿丘。匪我愆期，子无良媒。将子无怒，秋以为期。

约好的秋天，很快就到了。女孩子在墙边等啊等，一直等不到人，不免泣涕涟涟。但终于还是等到了，于是就载笑载言，好不高兴。那个男子还去为婚事占卜了，一切都好。于是，就用车把女孩子拉走了，还载走了不少嫁妆，两人结婚了。

请看这一段原文：

> 乘彼垝垣，以望复关。不见复关，泣涕涟涟。既见复关，载笑载言。尔卜尔筮，体无咎言。以尔车来，以我贿迁。

那么，结婚之后情况如何呢？这就是《氓》这首诗让人伤心的中心内容了。简单说来，这个当初抱着布匹咪咪笑着上门的男青年，实在不是一个好丈夫。作为妻子的"我"流了太多的眼泪，终于要倾诉一下自己的感受了。她的倾诉，是从告诫其他未婚的女孩子开始的——

> 桑之未落，其叶沃若。于嗟鸠兮，无食桑葚。于嗟女兮，无与士耽。士之耽兮，犹可说也。女之耽兮，不可说也。

翻译一下就是——

桑树还未凋落的时候，叶子很鲜嫩。斑鸠鸟啊，不要贪嘴吃那么多桑葚。姑娘啊，你们更要当心，不要太迷恋男人。男人迷恋进去了还能脱身，女人迷恋进去了，就很难脱身！

告诫过未婚的女孩子，这位妻子就要倾诉自己的经历了。她转身对着负心的丈夫说了一段话，说得滔滔不绝——

桑之落矣，其黄而陨。自我徂尔，三岁食贫。淇水汤汤，渐车帷裳。女也不爽，士贰其行。士也罔极，二三其德。三岁为妇，靡室劳矣。夙兴夜寐，靡有朝矣。言既遂矣，至于暴矣。兄弟不知，咥其笑矣。静言思之，躬自悼矣。及尔偕老，老使我怨。淇则有岸，隰则有泮。总角之宴，言笑晏晏。信誓旦旦，不思其反。反是不思，亦已焉哉！

这一长段，有一百二十字，我翻译成当今白话，听起来也还是一番千年不变的夫妻家常。她是这么说的——

桑树终于落叶了，枯黄飘零。自从我到你家，一直贫困。现在我又要涉过淇水回娘家了，河水溅湿了布巾。我没有做错什么，你却那么无情。你总是变化无常，没有德行。

做妻子那么多年，家务全由我包了，夙兴夜寐，天天辛劳。该做的事情都已经做了，你却越来越粗暴。兄弟们不知情，还在边上嘲笑。我无言苦思，只能自己为自己哀悼。说好一起变老，老了却让我气恼。淇水有岸，沼泽有边，未嫁之时，你是多么讨好，信誓旦旦，全都扔了。既然扔了，也就罢了！

这实在是一首好诗，估计作者是一位女性。

子衿

青青子衿，悠悠我心。纵我不往，子宁不嗣音？

青青子佩，悠悠我思。纵我不往，子宁不来？

挑兮达兮，在城阙兮。一日不见，如三月兮。

今译：

青青的是你的衣襟，悠悠的是我的心情。纵然我没有去找你，你为什么不带来一点儿音讯？

青青的是你的玉带，悠悠的是我的期待。纵然我没有去找你，你为什么也不过来？

走来走去，总在城阙。一日不见，如隔三月。

　　我很喜欢"青青子衿，悠悠我心"这样的诗句，不是把深深的思念寄托于其他象征物件，而是直接寄托在对方的衣襟和玉带上。这可以让人想见，他们两人曾经贴身亲近的时分。

蒹葭

　　我们只选前面八句吧——

> 蒹葭苍苍，白露为霜。所谓伊人，在水一方。
> 溯洄从之，道阻且长。溯游从之，宛在水中央。

今译：

　　芦苇苍苍，白露为霜。心中的人，在水的那一方。
　　逆水去找，坎坷漫长。顺水去找，她就像在水中央。

　　当时的句子和现代的句子，已经差别不大。由此可见中国文字从《诗经》出发到今天的千年畅达。

第三节
诸子文笔导读

我在《中国文脉》一书中，对先秦诸子的文学品相做了一个排序。次序为：庄子、孟子、老子、孔子、韩非子、墨子。

我还陈述了这样排列的理由。

我先从屈居第四位的孔子说起。孔子在文学上是中国语录式散文体裁的开创者，他以端庄、忠厚、恳切的语调，给了中国文脉一种朴实的正气，延绵久远。这本来已是文功赫赫，没想到被一个另辟奇境的老子超越了。老子的语言，如刀切斧劈的上天律令，以极少之语，蕴极深之义，使每个汉字都重似千钧。简单说来，孔子定下了汉语的基调，老子则提升了汉语的品质。因此，老子被排在了孔子的前面。

那么，孟子怎么又出现在他们两位老人家前面了呢？原因是，孟子的文辞大气磅礴、浪卷潮涌、畅然无遮、情感浓烈，他让中国语文摆脱了左顾右盼的过度礼让，连接成一种马奔车驰的畅朗通道。文脉到他，气血健旺，精神抖擞，注入了一种"大丈夫"的生命格调。

可见，这主要是从文脉着眼的。如果就思想论，他只是老子和孔子的隔代学生。

　　庄子排在第一，是因为他的文学素养已经远远高出于当时所有思想家、哲学家的水准，获得了一种天真的艺术方位。表面上看，他的人生调子很低。他不会站在讲台上教化世人，相反，他以孩子般的目光问出了一串串起点性的问题。但这些起点性的问题如此重要，实际上已触及世界和人生的底部。他像欧洲那个看穿"皇帝的新衣"的小孩，把什么都看穿了。更重要的是，他用极富想象力的寓言，讲述了一个又一个令人难忘的故事，这就使他成了那个思想巨人时代的异类。奇怪的是，在以后漫长的历史中，诸子百家各有门派、各有异议，但唯有庄子，几乎人人喜欢。由此可见，形象大于思维，文学大于哲学。

　　至于韩非子和墨子，本身都不在乎文学，但他们的论述干净、雄辩、简洁、明快，让人产生一种阅读上的愉悦，因此也具备文学素质。而且，他们在历史上作为呼风唤雨的实干家形象，也让人产生文学之外的动人想象，增加了他们的文化魅力。

　　以上说的是"基础记忆"。在"扩大记忆"部分，加了《尚书》、《礼记》这两部儒家经典。而《战国策》则反映了当时"纵横家"的一些思路。

基础记忆

1. 庄子:《逍遥游》、《齐物论》、《大宗师》、《至乐》、《秋水》;

2. 孟子:《梁惠王》、《尽心》、《离娄》、《万章》、《告子》、《公孙丑》、《滕文公》;

3. 老子:《老子》;

4. 孔子:《论语》中之《学而》、《为政》、《里仁》、《雍也》、《述而》、《卫灵公》;

5. 韩非子:《五蠹》、《难一》、《喻老》、《安危》、《观行》、《解老》;

6. 墨子:《非攻》、《亲士》、《兼爱》、《修身》、《尚贤》;

7. 荀子:《劝学》、《致士》、《性恶》、《儒效》、《王制》。

扩大记忆

1. 庄子:《天下》、《盗跖》、《让王》、《山木》、《养生主》;

2. 孔子:《论语》中之《公冶长》、《阳货》、《颜渊》、《子罕》、《宪问》;

3.《尚书》:《洪范》、《酒诰》、《大禹谟》、《周官》、《皋陶谟》;

4.《礼 记》:《礼 运》、《学 记》、《中 庸》、《乐 记》、《檀弓》、《经解》;

5. 孙子:《孙子兵法》中之《军形篇》、《兵势篇》、《始计篇》、《地形篇》;

6. 商 鞅:《商 君 书》中之《立 本》、《更 法》、《开 塞》、《赏刑》;

7.《战国策》:《秦策》、《楚策》、《赵策》。

第四节
《老子》今译选读

小序

"《老子》今译"这件事，我足足准备了三十年。原因是，无论研究中国文化史，还是考察国际上对中国文化的认知，都一次次感受到老子的重要。而且，既是起点性的重要，又是终极性的重要。

在学术著作《中国文脉》、《修行三阶》、《北大授课》中，我都用很大的篇幅论述了老子。在本课程的第二、第三单元，我讲解老子的时间也特别长。在其他著作中，我还记述了自己与希腊哲学家讨论老子的情景。

记得在世界图书馆馆长会议上，我以上海图书馆理事长的身份发表演说，告诉各国同行，中国最早的图书馆馆长是两千五百多年前的老子，他执掌着周朝的"国家图书馆"。当然，他也应该是全世界最老的、有名有姓有著作的图书馆馆长。我说到这里，世界各国的图书馆馆长都给予了长时间的热烈掌声。

　　不管怎么说，老子已经深深锲入了我的话语系统。按照我的文化习惯，早就应该把他的五千字《老子》翻译成现代散文了，却遇到了两大障碍。第一障碍是，他的文字简约圣洁，如天颁谕旨，难以撼动，更难翻译；第二障碍是，从韩非、王弼开始，历来有关《老子》的注疏、训诂、考订的著作多达数百种，许多见解各不相同，当代又有了马王堆出土的两种帛书，我若要翻译，就应该细致地研究这些著作，从而勘定老子每句话的歧义、衍义和真义，但这在时间上实在不允许。

　　因此，那么多年，这件事就搁下了。我已经在一系列学术著作中陆续完成了对中国古代很多文学、艺术、哲学、宗教文本的今译，却一直没有惊动老子。尽管我还在不断讲述他，而且一直在研读王弼《道德经注》、河上公《老子章句》、苏辙《老子解》、马叙伦《老子校诂》、高亨《老子正诂》等著作。终于，发生了一件事，躲不过去了。

　　课程以音频播出时，"只能听，不能看"，而《老子》的词句离开了文字呈现则很难被当代学员听明白。于是，为了课程，为了讲述，为了数千万人次的听众，我把《老子》八十一章全部翻译成了当代口语。

《老子》今译，社会上已有过一些版本。记得一开始有很多学员要我推荐，我总是推荐两种：一是中国社会科学院任继愈先生的《老子新译》，二是旅美学者陈鼓应先生的《老子注译及评介》。

既然推荐，当然是出于肯定，而且我对这两位先生也都很尊敬。但是，《老子》太宏大了，值得后人从不同的角度仰望。他们的这两个译本在不少地方与我颇有距离，因而促使我在尊敬之余另开译笔。

各种距离之中，值得笑谈的是我的文学感应。我非常喜欢老子斩钉截铁、铿锵有力的语言魅力，而任继愈、陈鼓应先生则更多地考虑阐释意涵，不太在乎文学。

例如，老子说"天下有始，以为天下母"，这个"母"的比喻非常精彩，接下来他还把这个比喻衍生到"子"，组成了母子关系的完整比喻。但是，陈先生把"母"翻译成了"根源"，把"子"翻译成了"万物"，那就放弃了比喻，也放弃了文学。

又如，老子哲学中有一个既重要又形象的概念叫"啬"，陈先生把它翻译成"爱惜精力"，少了味道。因为只有"爱惜"到"吝啬"的程度，才有文字冲击力。

更有不少句子，早已如雷贯耳，不必翻译。例如老子说"千里之行，始于足下"，大家都懂，任先生把它翻译成了"千里的远行，在脚下第一步开始"，这种语言节奏就不是我所能接受的了。

还有很多地方，任先生和陈先生都用温和的解释性语言把老子的"极而言之"冲淡了，拉平了，失去了醒豁之力。例如，老子说"五色令人目盲，五音令人耳聋"，语气多么痛快，陈先生将其翻译成"缤纷的色彩使人眼花缭乱，纷杂的音调使人听觉不敏"，这就造成了词语烈度上的严重后退，在修辞上有点儿遗憾。

——这些，都是很不重要的文字技术细节，我举以为例，只想表达我在学术视角之外还有一个小小的文学视角，并借此说明我的翻译所追求的境界。那就是，让当代读者更有质感、更简捷地倾听老子，不要让一层层的阐释丝网把他隔远了。老子的不少句子说得非常爽利又并不玄奥，我就让它们原样保留。有的章节只排除了一些词语障碍，就能使当代读者朗诵得畅达无阻。这样的译本就在当代语文中构成一种包含着不少古典美文的有趣"复调"，让古今语文相拥而笑。

《老子》永远会被一代代读者反复解释和翻译，不同的视角都是为了更加贴近老子的音容笑貌。因此，在他名下的各种声音永远会是热闹而又快乐的。

在这种热闹的快乐中，时间和空间都被无限度穿越，一位老人和一种文化的生命力，让我们深感自豪。

好，那就开始我们的今译吧。

道，说得明白的，就不是真正的道。名，说得清楚的，就不是真正的名。无名，是天地的起点。有名，是万物的依凭。所以，我们总是从"无"中来认识道的奥秘，总是从"有"中来认识物的界定。其实，这两者是同根而异名，都很深玄。玄之又玄，是一切奥妙之门。

天地并不仁慈，只让万物自生自灭。圣人也不仁慈，只让百姓自生自灭。天地之间，就像风箱，虽是空的，却是无穷，一旦发动，就能出风。政令太多，总是不通，不如守中。

上善若水。水乐于滋润万物而不争，只去人们不喜欢的地方，所以与道最为接近。处身低位，存心深沉，对人亲仁，言语诚信，为政清晰，办事有能，适时动静。正因为什么也不争，所以没有什么毛病。

　　五色令人目盲，五音令人耳聋，五味令人口伤，驰骋打猎令人心中发狂，稀有货品令人产生邪想。因此，圣人只求安饱而不求声色，摒去声色只取安饱。

　　大道废弛，才倡仁义；智巧出现，才有大伪；家庭不和，才倡孝慈；国家昏乱，才有忠臣。

　　有一个东西浑然而成，先于天地，无声无形，独立不改，周行不停，是天下万物之本。我不知道它的名字，那就称为"道"吧，也可勉强叫作"大"。"大"会远行，因此又称"远"；"远"会返回，因此又称"反"。所以，道大，天大，地大，人也大。寰宇间有这四大，人居其一。它们之间，人取法地，地取法天，天取法道，道取法自然。

　　认识别人，叫作"智"；认识自己，叫作"明"。战胜别人，叫作"有力"；战胜自己，叫作"强"。知足者富，坚持者可谓有志，不失根基就能长久，死而不亡才是真正的长寿。

反，是道的运动；弱，是道的作用。天下万物生于
"有"，而"有"生于"无"。

道生一，一生二，二生三，三生万物。万物抱负着阴阳，阴
阳两气对冲而和成。人们厌恶的"孤"、"寡"、"不谷"，王
公却用来自称。可见，一切事物，减损反有增益，增益反有
减损。这是人之所教，我也拿来教人。"强梁者不得其死"，
我将以此为教本。

不出门，知天下；不窥窗，见天道。走得越远，知道越
少。因此，圣人不行而知，不见而明，不为而成。

知者不言，言者不知。塞住口，闭其门，挫其锐，解其
纷，含敛光耀，混同世尘，这就叫"玄同"，玄妙大同之境。
在这里，不分亲疏，不分利害，不分贵贱，所以被天下尊敬。

治大国，就好像煎小鱼。以道治国，鬼怪就不能混同于
神。鬼怪不神，而神本身又不伤人。不仅神不伤人，圣人也
不伤人。彼此都不相伤，归德于民，相安无事。

局面安稳，容易持守。未出预兆，容易图谋。脆弱之时，容易消解。细微之时，容易流走。在未有时动手，在未乱时统筹。合抱之木，生于毫末。九层之台，始于累土。千里之行，始于足下。过于作为，必然败亡；过于执持，必然失去。所以，圣人无为，也就无败；无执，也就无失。人们做事，常败在即将成功之时。若能像开始时一样谨慎，就不会失败。因此，圣人的欲望就是不欲，对稀有之物并不看重；圣人的学问就是不学，弥补众人过错，辅助万物自然，不敢另有作为。

江海所以能为百谷王者，只因为善于自处，处于下方，天道以"下"为王。因此，若要统治人民，必先出言谦卑；若要率领人民，必先置身人后。对圣人而言，即使处于上方也不让人民负重，即使处于前方也不对人民有碍。因此，天下乐于推举他而不厌倦。因为他不争，所以天下没有人能与他争。

人活着的时候是柔弱的，死了就僵硬。万物草木活着的时候都又柔又脆，死了就会枯槁。因此，强硬属死亡一族，柔弱属生存一族。所以，兵强必灭，木强必折。强硬为下，柔弱为上。

国家要小，人民要少。器具虽多而不用，民众重死不远迁，虽有船车不乘坐，虽有武器不陈列，使人民回到结绳记事的状态。吃得香甜，穿得漂亮，住得安适，乐其风俗。邻国相望，鸡犬之声相闻，老死不相往来。

信言不美，美言不信；善者不辩，辩者不善；知者不博，博者不知。圣人不喜积藏，尽力帮助别人，自己反更充足；尽力给予别人，自己反更增多。天之道，利而不害；圣人之道，为而不争。

第五节
《老子》原文选读

道可道，非常道；名可名，非常名。无名天地之始，有名万物之母。故常无欲，以观其妙；常有欲，以观其徼。此两者同出而异名，同谓之玄，玄之又玄，众妙之门。

天地不仁，以万物为刍狗；圣人不仁，以百姓为刍狗。天地之间，其犹橐籥乎？虚而不屈，动而愈出。多言数穷，不如守中。

上善若水。水善利万物而不争，处众人之所恶，故几于道。居善地，心善渊，与善仁，言善信，政善治，事善能，动善时。夫唯不争，故无尤。

五色令人目盲，五音令人耳聋，五味令人口爽，驰骋畋猎令人心发狂，难得之货令人行妨。是以圣人为腹不为目，故去彼取此。

大道废，有仁义；智慧出，有大伪；六亲不和，有孝慈；国家昏乱，有忠臣。

有物混成，先天地生。寂兮寥兮，独立不改，周行而不殆，可以为天下母。吾不知其名，字之曰道，强为之名曰大。大曰逝，逝曰远，远曰反。故道大，天大，地大，人亦大。域中有四大，而人居其一焉。人法地，地法天，天法道，道法自然。

知人者智，自知者明。胜人者有力，自胜者强。知足者富，强行者有志，不失其所者久，死而不亡者寿。

反者，道之动；弱者，道之用。天下万物生于有，有生于无。

道生一，一生二，二生三，三生万物。万物负阴而抱阳，冲气以为和。人之所恶，唯孤寡不谷，而王公以为称。故物，或损之而益，或益之而损。人之所教，我亦教之。强梁者不得其死，吾将以为教父。

不出户，知天下；不窥牖，见天道。其出弥远，其知弥少。是以圣人不行而知，不见而明，不为而成。

知者不言，言者不知。塞其兑，闭其门，挫其锐，解其纷，和其光，同其尘，是谓玄同。故不可得而亲，不可得而疏；不可得而利，不可得而害；不可得而贵，不可得而贱，故为天下贵。

治大国若烹小鲜。以道莅天下，其鬼不神。非其鬼不神，其神不伤人；非其神不伤人，圣人亦不伤人。夫两不相伤，故德交归焉。

其安易持，其未兆易谋，其脆易泮，其微易散。为之于未有，治之于未乱。合抱之木，生于毫末；九层之台，起于累土；千里之行，始于足下。为者败之，执者失之。是以圣人无为，故无败；无执，故无失。民之从事，常于几成而败之。慎终如始，则无败事。是以圣人欲不欲，不贵难得之货。学不学，复众人之所过。以辅万物之自然，而不敢为。

江海之所以能为百谷王者，以其善下之，故能为百谷王。是以欲上民，必以言下之；欲先民，必以身后之。是以圣人处上而民不重，处前而民不害，是以天下乐推而不厌。以其不争，故天下莫能与之争。

人之生也柔弱，其死也坚强。万物草木之生也柔脆，其死也枯槁。故坚强者死之徒，柔弱者生之徒。是以兵强则灭，木强则折。强大处下，柔弱处上。

小国寡民，使有什伯之器而不用，使民重死而不远徙。虽有舟舆，无所乘之；虽有甲兵，无所陈之；使民复结绳而用之。甘其食，美其服，安其居，乐其俗。邻国相望，鸡犬之声相闻，民至老死不相往来。

信言不美，美言不信；善者不辩，辩者不善；知者不博，博者不知。圣人不积，既以为人，己愈有；既以与人，己愈多。天之道，利而不害；圣人之道，为而不争。

第六节
《逍遥游》今译

说明:《逍遥游》篇名这三个字,早已成了我的人生理想和艺术理想。庄子首先是大哲学家,安踞先秦诸子中的至高地位,却又顺便成了大散文家。因此,他的文章,是哲学和文学的最佳融结。由他开始,中国哲学始终渗透着诗意,而中国文学则永远叩问着天意。

下面是我对《逍遥游》的今译。

北海有鱼,叫鲲。鲲之大,不知有几千里。它化为鸟,就叫作鹏。鹏之背,也不知有几千里。奋起一飞,翅膀就像天际的云。这大鸟,飞向南海;那南海,就是天池。

《齐谐》这本记载怪异之事的书中说:"鹏鸟那次飞南海,以翅击水三千里,直上云霄九万里,一路浩荡六月风。"大鹏从上往下看,只见野马般的雾气和尘埃相互吹息。天色如此青苍,不知是天的本色,还是因为深远至极而显现这种颜色?

积水不厚，就无力承载大舟。如果倒一杯水在堂下小洼，只能以芥草为舟。放上一个杯子就胶着不能动了，这是水浅而船大的缘故。同样，积风不厚，就无力承载巨翅。所以，大鹏在九万里之间都把风压在翅下，才凭风而飞，背负青天，无可阻挡，直指南方。

寒蝉和小鸠在一起讥笑大鹏："我们也飞上去过嘛，穿越榆树和檀枝，飞不过去了就老老实实回到地面，何必南飞九万里？"

是啊，如去郊游，只要带三餐就饱；如出百里，就要舂一宿之米；如走千里，就要聚三月之粮。这个道理，那两个小虫怎么能懂？

小智不懂大智，短暂不知长久。你看，朝菌活不过几天，寒蝉活不过几月，这就叫短暂。但是，楚国南部有一只大龟叫冥灵，把五百年当作一个春季，再把五百年当作一个秋季；古代那棵大椿树就更厉害了，把八千年当作一个春季，再把八千年当作一个秋季。这就叫长久，或者说长寿。最长寿的名人是彭祖，众人老想跟他比，那不是很悲哀！

商汤和他的贤臣棘，同样在谈论鲲鹏和小鸟的话题。他们也这样说，极荒之北有大海天池，那里有鱼叫鲲，宽几千

南冥者天池也
齊諧者志怪者
也諧之言曰鵬之
徙於南冥也水
擊三千里摶扶
搖而上者九萬
里去以六月息者
也野馬也塵埃也
生物之以息相吹
也天之蒼蒼其正色
邪

庄子《逍遥游》（余秋雨草书，局部）

里，长不可知；有鸟叫鹏，背如泰山，翅如天云，扶摇直上九万里，超云雾，背青天，去南海。但是，水塘里的小雀却讥笑起来："它要去哪里？像我，也能腾跃而上，飞不过数仞便下来，在草丛间盘旋。所谓飞翔，也不过如此吧，它还想去哪里？"这就是大小之别。

且看周围那些人，既有做官的本事，又有乡间的名声，既有君主的认可，又有征召的信任，他们对自己的看法，大概也像小雀这样的吧？难怪，智者宋荣子要嘲笑他们。

宋荣子这样的人就不同了。举世赞誉他，他也不会来劲；举世非难他，他也不会沮丧。他觉得，人生在世，分得清内外，认得清荣辱，也就可以了，何必急于求成。

但是，即使像宋荣子这样，也还没有树立人生标杆。请看那个列子，出门总是乘风而行，轻松愉快，来回半个月路程。对于求福，从不热切。然而，列子也有弱点，他尽管已经不必步行，却还是需要有所凭借，譬如风。

如果有人，能够乘着天地之道，应顺自然变化，遨游无穷之境，那么，他还会需要凭借什么呢？

因此，结论是——至人不需要守己；神人不需要功绩；圣人不需要名声。

尧帝要把天下让给许由，对他说："日月都出来了，火炬还没有熄灭，那光，不就难堪了吗？大雨就要下了，灌溉还在进行，那水，不就徒劳了吗？先生出来，天下大治，如果我还空居其位，连自己也觉得不对。那就请容我，把天下交给你。"

许由回答道："你治天下，天下已治。我如果来替代你，为了什么？难道为名？那么，名是什么？名、实之间，实为主人，名为随从。莫非，我要做一个无主的随从？要说名，你看鹪鹩，名为筑巢深林，其实只占了一枝；再看鼹鼠，名为饮水河上，其实只喝了一肚。"

"请回去休息吧，君王。我对天下无所用。"许由说，"厨子不想下厨了，也不能让主祭人越位去代替啊！"

那天，一个叫肩吾的人告诉友人连叔："我最近听了一次接舆先生的谈话，实在是大而无当，口无遮拦。他说得那么遥而无极，非常离谱，不合世情，我听起来有点儿惊恐。"

"他说了什么？"连叔问。

"他说：'在遥远的姑射山上住着一位神人。肌肤如冰雪，风姿如处女，不食五谷，吸风饮露，乘云气，驾飞龙，游四海之外。他只要把元神凝聚，就能祛灾而丰收。'"肩吾说，

"我觉得他这话，虚妄不可信。"

连叔一听，知道了肩吾的障碍，便说："是啊，盲人无以欣赏文采，聋者无以倾听钟鼓。岂止形体有盲聋，智力也是一样。我这话，是在说你呢！"

连叔继续说下去："那样的神人，那样的品貌，已与万物合一。世上太多纷扰，而他又怎么会在乎天下之事？那样的神人，什么东西也伤不着他，滔天洪水也淹不了他，金熔山焦也热不了他。即便是他留下的尘垢秕糠，也能铸成尧舜功业。他，怎么会把寻常物理当一回事？"

宋人要到越国卖帽子，但是越人剪过头发文过身，用不着。尧帝管理过了天下之民，治理过了天下之政，也已经用不着什么"帽子"。他到汾水北岸去见姑射山上的四位高士，恍惚间，把自己所拥有的天下权位，也给忘了。

惠施对庄子说："魏王送给我大葫芦的种子，我种出来一看，容量可装五石。拿去盛水，却又怕它不够坚牢。剖开为瓢，还是太大，不知道能舀什么。你看，要说大，这东西够大，因为没用，只好砸了。"

庄子说："先生确实不善于用大。宋国有一家人，祖传一种防皲护手药，便世世代代从事漂洗。有人愿出百金买这个药方，这家人就聚集在一起商议，说我们世代漂洗，所得不过数金，今天一下子就卖得百金，那就卖吧。那个买下药方的人，把这事告诉了吴王。正好越国发难，吴王就派他率部，在冬天与越人水战，因为有了那个防皲药方，使越军大败，吴王就割地封赏他。你看，同是一个药方，用大了可以凭它获得封赏，用小了只能借它从事漂洗，这就是大用、小用之别。现在你既然有了五石大葫芦，为什么不来一个大用，做成一个腰舟挂在身上，去浮游江湖？如果老是担忧它没有用，心思就被蓬草缠住了。"

惠施还是没有明白，对庄子说："我有一棵大树，人家叫它樗，树干臃肿而不合绳墨，小枝卷曲而不中规矩，实在无用，长在路旁，木匠一看便转身离去。刚才先生的话，听起来也是大而无用，恐怕众人也会转身离去。"

庄子进一步劝说惠施："无用？有用？你难道没见过野猫和黄鼠狼吗？它们多么能干，既可以躬身埋伏，等候猎物；又可以东西跳梁，不避高下。结果，陷于机关，死于网猎。"

"要说实用，连身大如云的牦牛，虽可大用，却逮不着老鼠。"庄子又加了一句。

"今天你拥有一棵大树，却在苦恼它无用！"庄子继续说，

"能不能换一种用法？例如，把它移栽到无边无际的旷野里，你可以毫无牵挂地徘徊在它身边，可以逍遥自在地躺卧在它脚下。刀斧砍不着它，什么也害不了它。它确实无用，却为何困苦？"

第七节

《逍遥游》原文

北冥有鱼，其名为鲲。鲲之大，不知其几千里也；化而为鸟，其名为鹏。鹏之背，不知其几千里也；怒而飞，其翼若垂天之云。是鸟也，海运则将徙于南冥。南冥者，天池也。《齐谐》者，志怪者也。《谐》之言曰："鹏之徙于南冥也，水击三千里，抟扶摇而上者九万里，去以六月息者也。"野马也，尘埃也，生物之以息相吹也。天之苍苍，其正色邪？其远而无所至极邪？其视下也，亦若是则已矣。且夫水之积也不厚，则其负大舟也无力。覆杯水于坳堂之上，则芥为之舟，置杯焉则胶，水浅而舟大也。风之积也不厚，则其负大翼也无力。故九万里，则风斯在下矣，而后乃今培风；背负青天，而莫之夭阏者，而后乃今将图南。蜩与学鸠笑之曰："我决起而飞，抢榆枋，时则不至，而控于地而已矣，奚以之九万里而南为？"适莽苍者，三餐而反，腹犹果然；适百里者，宿舂粮；适千里者，三月聚粮。之二虫又何知！

小知不及大知，小年不及大年。奚以知其然也？朝菌不知晦朔，蟪蛄不知春秋，此小年也。楚之南有冥灵者，以五百岁为春，五百岁为秋；上古有大椿者，以八千岁为春，八千岁为秋，此大年也。而彭祖乃今以久特闻，众人匹之，不亦悲乎！汤之问棘也是已。穷发之北，有冥海者，天池也。有鱼焉，其广数千里，未有知其修者，其名为鲲。有鸟焉，其名为鹏，背若太山，翼若垂天之云，抟扶摇羊角而上者九万里，绝云气，负青天，然后图南，且适南冥也。斥鴳笑之曰："彼且奚适也？我腾跃而上，不过数仞而下，翱翔蓬蒿之间，此亦飞之至也。而彼且奚适也？"此小大之辩也。

故夫知效一官，行比一乡，德合一君，而征一国者，其自视也，亦若此矣。而宋荣子犹然笑之。且举世而誉之而不加劝，举世而非之而不加沮，定乎内外之分，辩乎荣辱之境，斯已矣。彼其于世，未数数然也。虽然，犹有未树也。夫列子御风而行，泠然善也，旬有五日而后反。彼于致福者，未数数然也。此虽免乎行，犹有所待者也。若夫乘天地之正，而御六气之辩，以游无穷者，彼且恶乎待哉？故曰：至人无己，神人无功，圣人无名。

尧让天下于许由，曰："日月出矣，而爝火不息，其于光也，不亦难乎！时雨降矣，而犹浸灌，其于泽也，不亦劳乎！夫子立而天下治，而我犹尸之，吾自视缺然。请致天下。"许由曰："子治天下，天下既已治也，而我犹代子，吾将为名乎？名者，实之宾也，吾将为宾乎？鹪鹩巢于深林，不过一枝；偃鼠饮河，不过满腹。归休乎君，予无所用天下为！庖人虽不治庖，尸祝不越樽俎而代之矣。"

肩吾问于连叔曰："吾闻言于接舆，大而无当，往而不返。吾惊怖其言犹河汉而无极也，大有径庭，不近人情焉。"连叔曰："其言谓何哉？""曰'藐姑射之山，有神人居焉。肌肤若冰雪，绰约若处子；不食五谷，吸风饮露；乘云气，御飞龙，而游乎四海之外；其神凝，使物不疵疠而年谷熟。'吾以是狂而不信也。"连叔曰："然，瞽者无以与乎文章之观，聋者无以与乎钟鼓之声。岂唯形骸有聋盲哉？夫知亦有之。是其言也，犹时女也。之人也，之德也，将旁礴万物以为一，世蕲乎乱，孰弊弊焉以天下为事！之人也，物莫之伤，大浸稽天而不溺，大旱金石流、土山焦而不热。是其尘垢秕糠，将犹陶铸尧舜者也，孰肯以物为事！"

宋人资章甫而适诸越，越人断发文身，无所用之。

尧治天下之民，平海内之政。往见四子藐姑射之山，汾水之阳，窅然丧其天下焉。

惠子谓庄子曰："魏王贻我大瓠之种，我树之成而实五石。以盛水浆，其坚不能自举也。剖之以为瓢，则瓠落无所容。非不呺然大也，吾为其无用而掊之。"庄子曰："夫子固拙于用大矣。宋人有善为不龟手之药者，世世以洴澼絖为事。客闻之，请买其方百金。聚族而谋曰：'我世世为洴澼絖，不过数金。今一朝而鬻技百金，请与之。'客得之，以说吴王。越有难，吴王使之将。冬，与越人水战，大败越人，裂地而封之。能不龟手一也，或以封，或不免于洴澼絖，则所用之异也。今子有五石之瓠，何不虑以为大樽而浮乎江湖，而忧其瓠落无所容？则夫子犹有蓬之心也夫！"

惠子谓庄子曰："吾有大树，人谓之樗。其大本拥肿而不中绳墨，其小枝卷曲而不中规矩。立之涂，匠者不顾。今子之言，大而无用，众所同去也。"庄子曰："子独不见狸狌乎？卑身而伏，以候敖者；东西跳梁，不避高下；中于机辟，死于罔罟。今夫斄牛，其大若垂天之云。此能为大矣，而不能执鼠。今子有大树，患其无用，何不树之于无何有之乡，广莫之野，彷徨乎无为其侧，逍遥乎寝卧其下。不夭斤斧，物无害者，无所可用，安所困苦哉！"

第八节
楚辞导读

无论是《诗经》，还是"诸子文笔"，主要属于黄河文化，而楚辞则代表长江文化。如果说中国文化也是一种"两河文化"，那么楚辞则是这一宏大文化的南方脉象，在美丽、浪漫、华贵、神秘的特色上，都超过北方脉象。

楚辞，以楚地歌谣、巫风乐词为基调，又承袭"不歌而诵"的赋体创造而成。

基础记忆

1.屈原：中国第一诗人。以前的《诗经》是一种"集体创作"，有整理者、署名者、依托者，却找不到明确而具有自己风格的个体诗人。由"诗"到"诗人"，文脉因个体精神而获得新的生命。屈原作为个体精神的代表者，开创此后历史。

2.屈原的《离骚》。须通读几遍，熟悉其中的基本情感、好恶、憧憬，以及所象征的种种自然物象。

3.屈原的《九章》。抒发生平感受，与《离骚》呼应。

包括:《惜诵》、《涉江》、《哀郢》、《抽思》、《怀沙》、《思美人》、《惜往日》、《橘颂》、《悲回风》。 其中又以《涉江》、《哀郢》、《怀沙》、《橘颂》为要。

4. 屈原的《九歌》。 歌颂神明,却又赞美了苍茫恋情。《东皇太一》写天神,《东君》写日神,《云中君》写云神,《湘君》及《湘夫人》写湘水配偶神,《大司命》写寿神,《少司命》写子嗣之神,《河伯》写河神,《山鬼》写山神。 最后一篇《礼魂》为送神之曲。

5. 屈原的《天问》。 向天地山川、天命人事提出了一百七十多个问题,体现了他彻底的怀疑精神和追索态度,证明他是一个真正世界级的大诗人。

扩大记忆

1. 屈原:《招魂》。 以铺排夸张的绚丽文辞抒写了楚国之美,开启了后来汉赋的创作风格。 此诗作者,司马迁认为是屈原,王逸在《楚辞章句》中认为是宋玉。 我们认同司马迁。屈原所招,乃楚怀王之魂。

2. 宋玉:《九辩》。 宋玉是屈原之外另一位值得一提的诗人。《九辩》以悲秋的方式表现了一个憔悴落魄的文士形象,景象开阔动人，笔触敏锐细腻，文辞精致灵活。杜甫曾写诗感慨"摇落深知宋玉悲，风流儒雅亦吾师"。

第九节
《离骚》今译

我是谁？

来自何方？

为何流浪？

　　我是古代君王高阳氏的后裔，父亲的名字叫伯庸。我出生在寅年寅月庚寅那一天，父亲一看日子很正，就给我取了个好名叫正则，又加了一个字叫灵均。我既然拥有先天的美质，那就要重视后天的修养。于是我披挂了江蓠和香芷，又把秋兰佩结在身上。

　　天天就像赶不及，唯恐年岁太匆促。早晨到山坡摘取木兰，傍晚到洲渚采撷宿莽。日月匆匆留不住，春去秋来不停步。我只见草木凋零，我只怕美人迟暮。何不趁着盛年远离污浊，何不改一改眼下的法度？那就骑上骏马驰骋吧，我愿率先开路。

　　古代三王德行纯粹，众多贤良聚集周旁：申椒和菌桂交

屈原《离骚》（余秋雨行书，局部）

错杂陈，蕙草和香芷联结成行。 遥想尧舜耿介坦荡，选定正道一路顺畅；相反桀纣步履困窘，想走捷径而陷于猖狂。 现在那些党人苟且偷安，走的道路幽昧而荒唐。 我并不是害怕自身遭殃，而只是恐惧国家败亡。 我忙忙碌碌奔走先后，希望君王能效法先王。 但是君王不体察我的一片真情，反而听信谗言而怒发殿堂。 我当然知道忠直为患，但即便隐忍也心中难放。 我指九天为证，这一切都是为了你，我的君王！

说好了黄昏时分见面，却为何半道改变路程？ 既然已经与我约定，却为何反悔而有了别心？ 我并不难以与你离别，只伤心你数次变更。

我已经栽植了九畹兰花，百亩蕙草。 还种下了几垄留夷和揭车，杜衡和芳芷。 只盼它们枝叶峻茂，到时候我来收摘。 万一萎谢了也不要紧，怕只怕整个芳苑全然变质，让我哀伤。

众人为什么争夺得如此贪婪，永不满足总在索取。 又喜欢用自己的标尺衡量别人，凭空生出那么多嫉妒。 看四周大家都在奔跑追逐，这绝非我心中所需。 我唯恐渐渐老之将至，来不及修名立身就把此生虚度。

早晨喝几口木兰的清露，晚上吃一把秋菊的残朵。 只要内心美好坚定，即便是面黄肌瘦也不觉其苦。 我拿着木根系上白芷，再把薜荔花蕊穿在一起，又将蕙草缠上菌桂，搓成一条长长的绳索。我要追寻古贤，绝不服从世俗。虽不能见容于今人，也要走古代贤者彭咸遗留的道路。

我擦着眼泪长叹，哀伤人生多艰。我虽然喜好修饰，也知道严于检点。但早晨刚刚进谏，傍晚就丢了官位。既责备我佩戴蕙草，又怪罪我手持茝兰。然而，只要我内心喜欢，哪怕九死也不会后悔。

只抱怨君王无思无虑，总不能理解别人心绪。众女嫉妒我的美色，便造谣说我淫荡无度。时俗历来投机取巧，背弃规矩进退失据。颠倒是非追慕邪曲，争把阿谀当作制度。我抑郁烦闷心神不定，一再自问为何独独困于此时此处。我宁肯溘死而远离，也不忍作态如许。

鹰雀不能合群，自古就是殊途。方圆岂可重叠，相安怎能异路？屈心而抑志，只能忍耻而含辱。保持清白而死于直道，本为前代圣贤厚嘱。

我后悔没有看清道路，伫立良久决定回去。掉转车舆回到原路吧，赶快走出这短短的迷途。且让我的马在兰皋漫步，再到椒丘暂时驻足。既然进身不得反而获咎，那就不如退将下来，换上以前的衣服。

把荷叶制成上衣，把芙蓉集成下裳。无人赏识就由它去，只要我内心依然芬芳。高高的帽子耸在头顶，长长的佩带束在身上，芳香和汗渍交糅在一起，清白的品质毫无损伤。忽然回头远远眺望，我将去游观浩茫四荒。佩戴着缤纷的装饰，散发出阵阵清香。人世间各有所乐，我独爱修饰已经习以为常。即使是粉身碎骨，岂能因惩戒而惊慌。

大姐着急地反复劝诫："大禹的父亲鲧过于刚直而死于羽山之野，你如此博学又有修养，为何也要坚持得如此孤傲？人人身边都长满了野草，你为何偏偏洁身自好？民众不可能听你的解释，有谁能体察你的情操？世人都在勾勾搭搭，你为何独独不听劝告？"

听完大姐的劝诫，我心烦闷，须向先圣求公正。渡过了沅湘再向南，我要找舜帝陈述一番。

我说，大禹的后代夏启得到了乐曲《九辩》、《九歌》，只知自纵自娱，不顾危难之局，终因儿子作乱而颠覆。后羿游玩过度，沉溺打猎，爱射大狐。淫乱之徒难有善终，那个寒浞就占了他的妻女。至于寒浞的儿子浇，强武好斗不加节制，终日欢娱，结果身首异处。夏桀一再违逆常理，怎能不与大祸遭遇。纣王行施酷刑，殷代因此难以长续。

相比之下，商汤、夏禹则虔恭有加。周朝的君王谨守大道，推举贤达，遵守规则，很少误差。皇天无私，看谁有德就帮助他。是啊，只有拥有圣哲的德行，才能拥有完整的天下。

瞻前而顾后，观人而察本，试问：谁能不义而可用？谁能不善而可行？我虽然面对危死，反省初心仍无一处悔恨。不愿为了别人的斧孔，来削凿自己的木柄，一个个前贤都为之牺牲。我嘘唏心中郁悒，哀叹生不逢辰，拿起柔软的蕙草来擦拭眼泪，那泪水早已打湿衣襟。

终于，我把衣衫铺在地上屈膝跪告：我已明白该走的正道，那就是驾龙乘风，飞上九霄。

清晨从苍梧出发，傍晚就到了昆仑。我想在这神山上稍稍停留，抬头一看已经暮色苍茫。太阳啊你慢点儿走，不要那么急迫地落向西边的崦嵫山。前面的路又长又远，我将上下而求索。

我在咸池饮马，又从神木扶桑上折下枝条，遮一遮刺目的光照，以便在天国逍遥。我要让月神作为先驱，让风神跟在后面，然后再去动员神鸟。我令凤凰日夜飞腾，我令云霓一路侍从，整个队伍分分合合，上上下下一片热闹。

终于到了天门，我请天帝的守卫把天门打开，但是，他却倚在门边冷眼相瞧。太阳已经落山，我扭结着幽兰等得苦恼。你看世事多么混浊，总让嫉妒把好事毁掉。

第二天黎明，渡过神河白水，登上高丘阆风。拴好马匹眺望，不禁涕泪涔涔：高丘上，没有看见女人。

我急忙从春宫折下一束琼枝佩戴在身，趁鲜花还未凋落，看能赠予哪一位佳人。我叫云师快快飞动，去寻访古帝伏羲的宓妃洛神。我解下佩带寄托心意，让臣子蹇修当个媒人。谁知事情离合不定，宓妃古怪地摇头拒人。说是晚上要到穷石居住，早晨要到洧盘濯发。仗着相貌如此乖张，整日游逛不懂礼节，我便转过头去另做寻访。

四极八方观察遍，我周游一圈下九霄。巍峨的瑶台在眼前，美女有娀氏已见着。我让鸩鸟去说媒，情况似乎并不好。鸣飞的雄鸠也可去，但又嫌它太轻佻。犹豫是否亲自去，又怕违礼被嘲笑。找到凤凰送聘礼，但晚了，古帝高辛已先到。

想去远方无处落脚，那就随意游荡逍遥。心中还有夏朝那家，两位姑娘都是姓姚。可惜媒人全都太笨，事情还是很不可靠。

人世混浊嫉贤妒才，大家习惯蔽美扬恶，结果谁也找不到美好。历代佳人虚无缥缈，贤明君主睡梦颠倒。我的情怀向谁倾诉？我又怎么忍耐到生命的终了？

拿着芳草竹片，请巫师灵氛为我占卜。

占问："美美必合，谁不慕之？九州之大，难道只有这里才有佳人？"

卜答："赶紧远逝，别再狐疑。天下何处无芳草，何必总是怀故土？"

是啊，世间昏暗又混乱，谁能真正了解我？人人好恶各不同，此间党人更异样：他们把艾草塞满腰间，却宣称不能把幽兰佩在身上；他们连草木的优劣也分不清，怎么能把美玉欣赏；他们把粪土填满了私囊，却嘲笑申椒没有芳香。

想要听从占卜，却又犹豫不定。正好巫咸要在夜间降临，我揣着花椒精米前去拜问。百神全都来了，几乎挤满天庭。九嶷山的诸神也纷纷出迎，光芒闪耀显现威灵。

巫咸一见我，便告诉我很多有关吉利的事情。他说："勉力上下求索，寻找同道之人。连汤、禹也曾虔诚寻找，这才找到伊尹、皋陶来协调善政。只要内心真有修为，又何必去用媒人？传说奴隶傅岩筑墙，商王武丁充分信任；吕望曾经当街操刀，周文王却把他大大提升；宁戚叩击牛角讴歌，齐桓公请来让他辅政。该庆幸的是年岁还轻，时光未老。怕只怕杜鹃过早鸣叫，使百花应声而凋。"

为什么琼佩如此出色，人们却要掩盖美好。唯恐小人不讲诚信，因嫉妒而把它毁掉。时势缤纷多变，何必在此消耗。兰芷变而不芳，使荃蕙化而为茅。

是啊，为什么往日的芳草，如今都变成了萧艾？难道还有别的什么理由？实在只因为它们缺少修养。我原以为兰花可靠，原来也是空有外相。委弃美质沉沦世俗，只能勉强列于众芳。申椒变得谄媚嚣张，樧草自行填满香囊。一心只想往上钻营，怎么还能固守其香？既然时俗都已同流，又有谁能坚贞恒常？既然申兰也都如此，何况揭车、江蓠之辈，不知会变成什么模样。

独可珍贵我的玉佩，虽被遗弃历尽沧桑，美好品质毫无损亏，至今依然散发馨香。那就让我像玉佩那样协调自乐吧，从容游走，继续寻访。趁我的服饰还比较壮观，正可以上天下地、行之无疆。

灵氛告诉我已获吉占，选个好日子我可以启程远方。

折下琼枝做佳肴，碾细玉屑做干粮。请为我驾上飞龙，用象牙、美玉装饰车辆。离心之群怎能同在，远逝便是自我流放。 向着昆仑前进吧，长路漫漫正好万里爽朗。 云霓的旗帜遮住了天际，玉铃的声音叮叮当当。 早晨从天河的渡口出发，晚上就到达西天极乡。 凤凰展翅如举云旗，雄姿翩翩在高空翱翔。

终于我进入了流沙地带，沿着赤水一步步徜徉。 指挥蛟龙架好桥梁，又命西皇援手相帮。 前途遥远而又艰险，我让众车侍候一旁。 经过不周山再向左转，一指那西海便是方向。

集合起我的千乘车马，排齐了玉轮一起鸣响。 驾车的八龙蜿蜒而行，长长的云旗随风飞扬。 定下心来我按辔慢行，心神却是渺渺茫茫。 那就奏起《九歌》、舞起《韶》乐吧，借此佳日尽情欢畅。

升上高天一片辉煌，忽然回首看到了故乡。 我的车夫满脸悲戚，连我的马匹也在哀伤，低头屈身停步彷徨。

唉，算了吧。 既然国中无人知我，我又何必怀恋故乡？ 既然不能实行美政，我将奔向彭咸所在的地方。

第十节
《离骚》原文

　　帝高阳之苗裔兮，朕皇考曰伯庸。摄提贞于孟陬兮，惟庚寅吾以降。皇览揆余初度兮，肇锡余以嘉名：名余曰正则兮，字余曰灵均。纷吾既有此内美兮，又重之以修能。扈江离与辟芷兮，纫秋兰以为佩。

　　汩余若将不及兮，恐年岁之不吾与。朝搴阰之木兰兮，夕揽洲之宿莽。日月忽其不淹兮，春与秋其代序。惟草木之零落兮，恐美人之迟暮。不抚壮而弃秽兮，何不改乎此度？乘骐骥以驰骋兮，来吾道夫先路！

　　昔三后之纯粹兮，固众芳之所在。杂申椒与菌桂兮，岂维纫夫蕙茝！彼尧、舜之耿介兮，既遵道而得路。何桀、纣之猖披兮，夫唯捷径以窘步。惟夫党人之偷乐兮，路幽昧以险隘。岂余身之惮殃兮，恐皇舆之败绩！忽奔走以先后兮，及前王之踵武。荃不察余之中情兮，反信谗而齌怒。余固知謇謇之为患兮，忍而不能舍也。指九天以为正兮，夫唯灵修之故也。

　　曰黄昏以为期兮，羌中道而改路！初既与余成言兮，后悔遁而有他。余既不难夫离别兮，伤灵修之数化。

　　余既滋兰之九畹兮，又树蕙之百亩。畦留夷与揭车兮，杂杜衡与芳芷。冀枝叶之峻茂兮，愿竢时乎吾将刈。虽萎绝其亦何伤兮，哀众芳之芜秽。众皆竞进以贪婪兮，凭不厌乎求索。羌内恕己以量人兮，各兴心而嫉妒。忽驰骛以追逐兮，非余心之所急。老冉冉其将至兮，恐修名之不立。

朝饮木兰之坠露兮，夕餐秋菊之落英。苟余情其信姱以练要兮，长顑颔亦何伤。擥木根以结茝兮，贯薜荔之落蕊。矫菌桂以纫蕙兮，索胡绳之纚纚。謇吾法夫前修兮，非世俗之所服。

虽不周于今之人兮，愿依彭咸之遗则。

长太息以掩涕兮，哀民生之多艰。余虽好修姱以鞿羁兮，謇朝谇而夕替。既替余以蕙纕兮，又申之以揽茝。亦余心之所善兮，虽九死其犹未悔。

怨灵修之浩荡兮，终不察夫民心。众女嫉余之蛾眉兮，谣诼谓余以善淫。固时俗之工巧兮，偭规矩而改错。背绳墨以追曲兮，竞周容以为度。忳郁邑余侘傺兮，吾独穷困乎此时也。宁溘死以流亡兮，余不忍为此态也。

鸷鸟之不群兮，自前世而固然。何方圜之能周兮，夫孰异道而相安？屈心而抑志兮，忍尤而攘诟。伏清白以死直兮，固前圣之所厚。

悔相道之不察兮，延伫乎吾将反。回朕车以复路兮，及行迷之未远。步余马于兰皋兮，驰椒丘且焉止息。进不入以离尤兮，退将复修吾初服。

制芰荷以为衣兮，集芙蓉以为裳。不吾知其亦已兮，苟余情其信芳。高余冠之岌岌兮，长余佩之陆离。芳与泽其杂糅兮，唯昭质其犹未亏。忽反顾以游目兮，将往观乎四荒。佩缤纷其繁饰兮，芳菲菲其弥章。民生各有所乐兮，余独好修以为常。虽体解吾犹未变兮，岂余心之可惩。

女嬃之婵媛兮，申申其詈予，曰："鲧婞直以亡身兮，终然夭乎羽之野。汝何博謇而好修兮，纷独有此姱节？薋菉葹以盈室兮，判独离而不服。众不可户说兮，孰云察余之中情？世并举而好朋兮，夫何茕独而不予听？"

依前圣以节中兮，喟凭心而历兹。济沅、湘以南征兮，就重华而陈词：启《九辩》与《九歌》兮，夏康娱以自纵。不顾难以图后兮，五子用失乎家巷。羿淫游以佚畋兮，又好射夫封狐。固乱流其鲜终兮，浞又贪夫厥家。浇身被服强圉兮，纵欲而不忍。日康娱而自忘兮，厥首用夫颠陨。夏桀之常违兮，乃遂焉而逢殃。后辛之菹醢兮，殷宗用而不长。

汤、禹俨而祗敬兮，周论道而莫差。举贤而授能兮，循绳墨而不颇。皇天无私阿兮，览民德焉错辅。夫维圣哲以茂行兮，苟得用此下土。

瞻前而顾后兮，相观民之计极。夫孰非义而可用兮？孰非善而可服？阽余身而危死兮，览余初其犹未悔。不量凿而正枘兮，固前修以菹醢。曾歔欷余郁邑兮，哀朕时之不当。揽茹蕙以掩涕分，沾余襟之浪浪。

跪敷衽以陈辞兮，耿吾既得此中正。驷玉虬以乘鹥兮，溘埃风余上征。

朝发轫于苍梧兮，夕余至乎县圃。欲少留此灵琐兮，日忽忽其将暮。吾令羲和弭节兮，望崦嵫而勿迫。路曼曼其修远兮，吾将上下而求索。饮余马于咸池兮，总余辔乎扶桑。折若木以拂日兮，聊逍遥以相羊。前望舒使先驱兮，后飞廉使奔属。鸾皇为余先戒兮，雷师告余以未具。吾令凤鸟飞腾兮，继之以日夜。飘风屯其相离兮，帅云霓而来御。纷总总其离合兮，斑陆离其上下。

吾令帝阍开关兮，倚阊阖而望予。时暧暧其将罢兮，结幽兰而延伫。世溷浊而不分兮，好蔽美而嫉妒。

朝吾将济于白水兮，登阆风而绁马。忽反顾以流涕兮，哀高丘之无女。

溘吾游此春宫兮，折琼枝以继佩。及荣华之未落兮，相下女之可诒。吾令丰隆乘云兮，求宓妃之所在。解佩纕以结言兮，吾令蹇修以为理。纷总总其离合兮，忽纬繣其难迁。

夕归次于穷石兮，朝濯发乎洧盘。保厥美以骄傲兮，日康娱以淫游。虽信美而无礼兮，来违弃而改求。

览相观于四极兮，周流乎天余乃下。望瑶台之偃蹇兮，见有娀之佚女。吾令鸩为媒兮，鸩告余以不好。雄鸠之鸣逝兮，余犹恶其佻巧。心犹豫而狐疑兮，欲自适而不可。凤皇既受诒兮，恐高辛之先我。

欲远集而无所止兮，聊浮游以逍遥。及少康之未家兮，留有虞之二姚。理弱而媒拙兮，恐导言之不固。

世溷浊而嫉贤兮，好蔽美而称恶。闺中既以邃远兮，哲王又不寤。怀朕情而不发兮，余焉能忍与此终古？

索藑茅以筳篿兮，命灵氛为余占之。

曰："两美其必合兮，孰信修而慕之？思九州之博大兮，岂唯是其有女？"

曰："勉远逝而无狐疑兮，孰求美而释女？何所独无芳草兮，尔何怀乎故宇？"

世幽昧以眩曜兮，孰云察余之善恶？民好恶其不同兮，惟此党人其独异！户服艾以盈要兮，谓幽兰其不可佩。览察草木其犹未得兮，岂珵美之能当？苏粪壤以充帏兮，谓申椒其不芳。

欲从灵氛之吉占兮，心犹豫而狐疑。巫咸将夕降兮，怀椒糈而要之。百神翳其备降兮，九疑缤其并迎。

皇剡剡其扬灵兮，告余以吉故。曰："勉升降以上下兮，求矩矱之所同。汤、禹严而求合兮，挚、咎繇而能调。苟中情其好修兮，又何必用夫行媒？说操筑于傅岩兮，武丁用而不疑。吕望之鼓刀兮，遭周文而得举。宁戚之讴歌兮，齐桓闻以该辅。及年岁之未晏兮，时亦犹其未央。恐鹈鴂之先鸣兮，使夫百草为之不芳。"

何琼佩之偃蹇兮，众薆然而蔽之。惟此党人之不谅兮，恐嫉妒而折之。时缤纷其变易兮，又何可以淹留？兰芷变而不芳兮，荃蕙化而为茅。

何昔日之芳草兮，今直为此萧艾也？岂其有他故兮，莫好修之害也！余以兰为可恃兮，羌无实而容长。委厥美以从俗兮，苟得列乎众芳。椒专佞以慢慆兮，樧又欲充夫佩帏。既干进而务入兮，又何芳之能祗？固时俗之流从兮，又孰能无变化？览椒兰其若兹兮，又况揭车与江离？

惟兹佩之可贵兮，委厥美而历兹。芳菲菲而难亏兮，芬至今犹未沫。和调度以自娱兮，聊浮游而求女。及余饰之方壮兮，周流观乎上下。

灵氛既告余以吉占兮，历吉日乎吾将行。

折琼枝以为羞兮，精琼靡以为粻。为余驾飞龙兮，杂瑶象以为车。何离心之可同兮？吾将远逝以自疏。邅吾道夫昆仑兮，路修远以周流。扬云霓之晻蔼兮，鸣玉鸾之啾啾。朝发轫于天津兮，夕余至乎西极。凤皇翼其承旂兮，高翱翔之翼翼。

忽吾行此流沙兮，遵赤水而容与。麾蛟龙使梁津兮，诏西皇使涉予。路修远以多艰兮，腾众车使径待。路不周以左转兮，指西海以为期。

屯余车其千乘兮，齐玉轪而并驰。驾八龙之婉婉兮，载云旗之委蛇。抑志而弭节兮，神高驰之邈邈。奏《九歌》而舞《韶》

分，聊假日以媮乐。陟升皇之赫戏兮，忽临睨夫旧乡。仆夫悲余马怀兮，蜷局顾而不行。

乱曰：已矣哉！国无人莫我知兮，又何怀乎故都！既莫足与为美政兮，吾将从彭咸之所居！

第十一节
汉代文学导读

汉代，以一个统一、强大、兴盛、富裕的东方帝国称雄于世界。文化和文学的地位在汉代也有明显提高，开始呈现出不完全依附政治权力的某种独立价值。因此，这一时期文学创作相当活跃，出现了各种文学样式，汉代文学也成为后世文学发展的根源。

汉代文学的繁荣集中体现在汉赋上，并出现了贾谊、枚乘、司马相如等一批辞赋作家。但是，历来不少文学史家把"汉赋"与"楚辞、唐诗、宋词、元曲"平列，当成中国文脉的一大环节，我却不大同意。因为汉赋虽有气势，但是堆砌辞藻、铺陈华丽、空泛整饬，是后代文化创造者们需要一再努力摆脱的痼疾。连当时的司马迁都这样评论司马相如，"相如虽多虚辞滥说，然其要归引之节俭"。这是在为他辩护，认为在太多"虚辞滥说"背后，还能引出"节俭"的"要归"。可见，"虚辞滥说"已成为汉赋的一大"流行病"，大家都看到了。汉赋"虚辞滥说"的负面传统，代代不绝。凡是乐于倾听华丽奉承之辞的统治者，以及那些善于颂扬盛世伟业的写手，总是竭力张扬连篇累牍的"骈俪"文风，以致其充斥朝野。为此，我就更不想在中国文脉中给汉赋让出较多的地位。即便是贾谊、枚乘、司马相如，我也只是安置在"扩大记忆"的范围里。这样的安排可能与很多文学史家有异，但我并不是在整理规范的汉代文学史，而是在检索文脉，有责任在内在生命的健衰上来决定轻重取舍。

相比之下，倒是一些政治人物在历史关键时刻随口吟出的诗句，包含着英雄人格上的刚健之气，例如项羽的《垓下歌》、刘邦的《大风歌》、刘彻的《秋风辞》，更能直接地表达出大汉之所以是大汉的原因，也更与文脉相关。

另外，汉代的乐府民歌中也出现了一批来自民间、情感浓烈的作品。

按一般文学史的观念，这是"非主流"的存在，但我在梳理中国文脉时却特别看高，把它们置于"基础记忆"的范围。

汉代文学的最高峰当然是司马迁，但他属于整部中国历史，已经不是"汉代文学"这个标题所能框范的了。因此，我们在后面单设一节，罗列一下他的作品中需要进行"基础记忆"和"扩大记忆"的篇目。

基础记忆

1. 项羽：《垓下歌》（力拔山兮气盖世）；

2. 刘邦：《大风歌》（大风起兮云飞扬）；

3. 刘彻：《秋风辞》（秋风起兮白云飞）；

4. 李延年：《北方有佳人》（北方有佳人，绝世而独立）；

5. 《陌上桑》，汉乐府民歌中叙事诗的代表作；

6. 《孔雀东南飞》，汉乐府民歌中最优秀的长篇叙事诗；

7. 《古诗十九首》。

扩大记忆

1. 贾谊：《吊屈原赋》《鹏鸟赋》；

2. 贾谊：《过秦论》（散文）；

3. 枚乘：《七发》，汉代大赋的基础；

4. 司马相如：《子虚赋》《上林赋》；

5. 王褒：《洞箫赋》；

6. 扬雄：《甘泉赋》《河东赋》；

7. 若有余暇还可浏览一些乐府民歌：《妇病行》（妇病连年累岁，传呼丈人前一言）；《东门行》（出东门，不顾归）；《十五从军征》（十五从军征，八十始得归）；《战城南》（战城南，死郭北，野死不葬乌可食）;《上邪》(上邪！我欲与君相知，长命无绝衰);《古歌》(秋风萧萧愁杀人);《悲歌》(悲歌可以当泣，远望可以当归);《长歌行》(青青园中葵，朝露待日晞)。

第十二节
《史记》导读

我在多部著作中都对司马迁做出了极高评价。他的《史记》为全部"二十四史"定下了统一格局，因此，他是全部中国历史的"总策划"，使历代中国智者都具备了历史理性和历史责任。这一切，都是通过高超的文学手段完成的。《史记》可称中国古代散文的"第一支笔"，连"唐宋八大家"都不能望其项背。他以经典意义上的人物刻画，让中国历史"以人为本"，又让中国文学渗透时空。因此，我把司马迁和《史记》看成是中国文脉的"制高点"，在此后两千多年的历史上，中国文化的所有健康脉络都与之有关。汉赋的铺张、骈俪之弊，在《史记》中不见踪影。

基础记忆

由于重要，我开列出了十六个篇目，似乎多了一些。大家可以在浏览之后，根据自己的喜爱程度，从中选出六至七篇，作为必记篇目。

1.《项羽本纪》；

2.《陈涉世家》；

3.《留侯世家》；

4.《孟尝君列传》；

5.《魏公子列传》；

6.《廉颇蔺相如列传》；

7.《田单列传》；

8.《屈原贾生列传》；

9.《淮阴侯列传》；

10.《陆贾列传》；

11.《叔孙通列传》；

12.《李将军列传》；

13.《滑稽列传》；

14.《刺客列传》；

15.《太史公自序》；

16.《报任安书》。

扩大记忆

1.《高祖功臣侯者年表》；

2.《孔子世家》；

3.《外戚世家》；

4.《伯夷列传》；

5.《管晏列传》；

6.《酷吏列传》；

7.《游侠列传》；

8.《货殖列传》。

第十三节
《报任安书》今译

少卿足下：

前些时候承蒙您写信给我，教导我慎于接物，举荐贤良。您的语气很恳切，好像怕我不听，随从流俗。其实怎么会呢，我虽然低能，却也知道长者遗风。只是觉得自己的身体已经遭受阴秽的刑残，动辄得咎，想做好事反成祸害，因此心情抑郁，无人诉说。

谚语说："为谁而为？让谁来听？"请看钟子期死后，俞伯牙终生不再弹琴，为什么？因为士人只为知己者所用，就像女子只为心爱者化妆。像我这样，身体已有根本缺陷，即使具有像随侯珠、和氏璧这样的材质，或者具有像许由、伯夷这样的品行，也不能稍有得意，因为听的人会暗暗耻笑。

来信本应及时作答，但刚刚从东方随驾而回，又琐事缠身，很难见面，实在抽不出时间一抒心意。如今，您遭受不测之罪，再过一个月就近冬末，我又要随从去雍地。恐怕这期间您会卒然伏刑离世，那我就没有机会向您倾诉愤懑了，而您则在死后也会抱怨无穷。因此，请让我赶紧略陈浅陋之见。拖了那么久才这样回信，请勿见怪。

我曾听到过这样的说法："修身是智慧的府巢，乐施是仁德的信号，取舍是道义的符兆，知耻是勇敢的先导，立名是行为的目标。"

士人有了这五方面的作为，就可以寄身于世，列君子之林。

如果从反面来说，那么，世上最多的祸殃，莫过于利令智昏；最重的悲痛，莫过于伤及心灵；最丑的行为，莫过于有辱祖先；最大的羞辱，莫过于受了宫刑。

受了宫刑阉割的人，无法与常人相提并论。这并非一世之见，而是由来已久。即便是历朝的宦官阉人，也都被人所耻。孔子见卫灵公与宦官同车，就离开卫国去了陈国；商鞅靠着宦官见了秦孝公，贤臣赵良一见就起了寒心；汉文帝由宦官陪着乘车，郎中袁盎随即就变了脸色。即使是社会上的中等人物，只要事涉宦官，便已垂头丧气，更何况慷慨之士。如今朝廷虽然缺少人才，却怎么会让我这样的阉余之人来推荐天下豪俊！

我依赖先人遗业，在京城任职已经二十多年。自己思量了一下：第一，我不能尽奉忠信，贡献奇策，结交明主；第二，我不能拾遗补阙，招贤进能，推举隐士；第三，我不能参与行伍，攻城野战，斩将夺旗；第四，我不能积聚功劳，高取官禄，光宗惠友。这四方面，无一如愿，只能苟且容身。由此可见，我实在没有长短之功。

想当年，我也曾置身于下大夫之列，陪在外廷发表一些零碎议论，却也没有在当时伸张法度，竭尽思虑。如今身残而成为扫除仆隶，如果在如此卑贱之中还想昂首扬眉，论列是非，那岂不是轻慢朝廷，羞辱当世之士？哎呀，像我这样的人，还说什么，还说什么！

况且，事情的本末很不容易说清。

我少年时颇有一点才能，长大后未被家乡称誉，幸亏皇上因为我的父亲，让我贡献薄技，出入宫廷。我想，如果头上顶着盒子还怎么能仰望天庭？因此把所有的"盒子"都撤了，谢绝宾客，忘记家室，日夜思考要竭尽薄才，专心营职求得皇上信任。然而谁知，情况却大谬而不然，发生了李陵事件。

我和李陵同在宫中任职，素不亲密，志趣相异，从未举杯而欢。但我看他，倒是一位奇士，孝敬父母，诚信交友，临财而廉，取舍合义，礼让有度，恭敬谦虚，常想奋不顾身地报效国家。因长期历练，有国士之风。我想，身为臣子面对公共灾难宁肯万死而不顾一生，实属奇罕。没想到，当他做事一有不当，那些历来只知保命保家的臣子随即扩大他的过失，对此我实在心痛。

况且，说起李陵兵败之事，他当时率兵不足五千，深践戎马腹地，足踏匈奴王廷。这就是垂饵虎口，横挑强敌，仰攻大营。与单于连战十余日，杀敌之数已超过自己部队的人数。匈奴一时连救死扶伤都来不及了，上下震惊恐怖，便征集左贤王、右贤王的所有部属，再发动一切能够骑射之民，围攻李陵。李陵转战千里，箭尽路穷，救兵不至，死伤士卒，遍地堆积。即便这样了，李陵一声呼喊，士卒们仍然尽力奋起，流着泪，抹着血，拉着已经无箭的弓弩，冲向白花花的刀剑，一起向北拼杀。

在李陵还未覆没时，只要有前线信使来报，满朝公卿王侯皆举杯祝捷。但是，几天后李陵兵败，消息传来，皇上便食不甘味，上朝不悦。大臣们又忧又惧，束手无策。

我见皇上如此悲伤，很想不顾自己地位卑下，奉上一份恳切劝慰的心意。我想，李陵平日对将士诚挚忘己，才得到他们以死相报，这情景即便是古代名将也不能超过。现在兵败而陷身对方，推测他的用意，还是想等待时机报效汉朝。时至今日已无可奈何，但他摧败匈奴的功绩也已经足以昭示天下。——我有心把这些想法对皇上说说，却一直未遇机会。

那天正好皇上召问，我就根据这些想法，以李陵之功来宽慰皇上，顺便阻挡一下朝上的怨怒之言。谁知，我还没有讲清楚，皇上也没有听明白，就认为我是借着为李陵游说，在诋毁另一位将军李广利。于是，我被交付审判。

我怀拳拳之心，却无法为自己辩白。我的罪名是"诬上"，这个审判被认准。

我家贫寒，没有钱财来自赎。朋友无一人来营救，皇上左右的官员也没有一个为我讲一句话。于是，我这具非木石之身深陷囹圄，只与法吏为伍，又能向谁诉说。这些都是您所见到的，不正是我的状况吗？李陵未死而成了降将，家庭名声败坏，而我则被阉割而关进了蚕室，深为天下嘲笑。悲痛啊悲痛！这样的事，真不易一一告诸世俗之人。

我的先人并没有立下让子孙免罪的功勋，做太史公的父亲虽然执掌文史星历，其实与执掌卜筮祭祀差不多，被朝廷像倡优一般养着，都是皇上眼里的"戏弄"小职，也为世俗所轻视。如果当初我选择伏法而死，那也就相当于九牛失去一毛，与蚁蝼何异？世人不会把我看作是死于节操，只认为是死于低智犯罪，自不可免。为什么？这出于平素的立身定见。

人固有一死，或重于泰山，或轻于鸿毛。这是因为，人生的趋向不同。

在生死边缘上，可以分很多层次。第一，不能让祖先受辱；第二，不能让身体受辱；第三，不能在道理、颜面上受辱；第四，不能在言辞上受辱；第五，不能因捆绑而受辱；第六，不能因囚服而受辱；第七，不能因枷杖而受辱；第八，不能因剃发、锁链而受辱；第九，不能因毁肤、断肢而受辱；而最终，第十，不能因宫刑阉割而受辱。

古书说："刑不上大夫。"这是说，对士大夫的节操不能不尊重和勉励。猛虎在深山，百兽震恐，但等到落入陷阱槛笼，只能摇尾求食，积聚的威力渐渐被制约。所以，对士大夫而言，即使有人画一个圆圈当监狱，也绝对不会踏入；即使有人削一个木偶当狱吏，也绝对不去应对。对这样的事，理应态度鲜明，宁死不屈。但是现在，居然手脚被绑，木枷上身，肌肤暴露，鞭抽杖打，幽禁高墙。见到狱吏就磕头触地，见到狱卒则胆战心惊。为什么？那全是由长期而具体的威压所造成。到了这个地步，还说不受辱，只是强颜罢了，已经没有价值。

想想历史，周文王一方霸主，被拘羑里；李斯一国之相，却受五刑；淮阴侯贵为楚王，被捕于陈；彭越、张敖面南称王，终投监狱；绛侯周勃平叛有功，权倾五霸，亦被囚禁；魏其侯窦婴，戴上了三道刑具；还有，大将季布卖身为奴；大将灌夫惨遭拘杀……

——这些人，都是王侯将相，声威远及邻国，一旦获罪，如果没有果断自杀，终究沦为尘埃。古今都是一样，哪能不受其辱。由此看来，一个人的勇敢、怯懦、强悍、脆弱，并非由他自己，而是由他所面临的形势而定。这很明白，不足为怪。一个人如果不在审判之外自杀，往往气息已经挫衰，等到受刑之时再想以死殉节，那也就太迟了。我想，古人所说的"刑不上大夫"，可能也与此有关。

人之常情是贪生恶死，念父母，顾妻子。但是，被道义和天理所激励的人就不一样了，他们无法以私利抑制自己。

我不幸早失父母，没有兄弟，孤独一身。你看我对妻儿会如何？其实勇敢的人不必以死殉节，怯懦的人如果仰慕道义，处处都能受到勉励。我虽怯懦，苟活至今，心里却明白行为分际，何至于在狱中受辱？世间奴婢尚且能断然自尽，何况像我这样的人。我之所以隐忍苟活到今天，身陷污秽而不死，完全是因为尚有心愿未完成。如果死了，我的著作也就不能传于后世。

自古以来，生而富贵而死后无名的人，不可胜数。只有卓越豪迈的非凡之人，才被后世称道。你看，文王被拘，推出《周易》；孔子困厄，写成《春秋》；屈原放逐，乃赋《离骚》；左丘明失明，仍著《国语》；孙膑断足，修得《兵法》；吕不韦贬蜀，便有《吕氏春秋》；韩非囚秦，写出《说难》、《孤愤》；即使是《诗》三百篇，也大多是圣贤发奋之作。

这些人，都是意有郁结，得不到排纾通道，所以追述往事，启发来者。至于像左丘明、孙膑这样的残障者，已不可实用，便退而著书，抒发郁愤，留文自现。

我本人则不自量力，近些年用笨拙的文辞，搜罗天下散佚旧闻，考证历来行为事迹，审察成败兴衰之理，上至黄帝，下至当今，写成表十篇、本纪十二篇、书八篇、世家三十篇、列传七十篇，共一百三十篇。我的意图是：究天人之际，通古今之变，成一家之言。

　　谁知，草稿还没有完成就遇到了这场大祸。我心中一直痛惜着这部未成之书，因此受到大刑也无愠色。我确实会写成此书，藏之名山，传之达人，并在通邑大都流播。这样，旧债得以补偿，万死而不后悔。当然，这只能为智者道，不能为俗人言。

　　最后，还想再度向您诉说我今天的处境。

　　负卑难以居世，位低多遭谤议。我因言论遭祸受乡人耻笑，使先人受辱，还有什么脸面为父母上坟？即使百世之后，这种屈辱还会加重。因此，愁肠一日而九回。在家恍惚若有所失，出门则不知到哪里去。每想到此，没有一次不是汗流浃背，沾湿衣裳。我简直成了宦官，哪里还能隐退到深山岩穴？因此姑且从俗沉浮，与时俯仰，以求疏通心间狂惑。今天您要我举荐贤能，未免与我心意相违。现在我即便想以美好的词句自雕自释，也是无益。因为世俗并不相信，只是自取其辱。

　　看来，要到死亡之日，才能定夺是非。

　　书信不能尽意，只是略陈固陋之见。恭敬再拜！

第十四节
《报任安书》原文

　　太史公牛马走司马迁，再拜言。

　　少卿足下：曩者辱赐书，教以慎于接物，推贤进士为务，意气勤勤恳恳。若望仆不相师，而用流俗人之言，仆非敢如此也。仆虽罢驽，亦尝侧闻长者之遗风矣。顾自以为身残处秽，动而见尤，欲益反损，是以独郁悒而谁与语。谚曰："谁为为之？孰令听之？"盖钟子期死，伯牙终身不复鼓琴。何则？士为知己者用，女为说己者容。若仆大质已亏缺矣，虽才怀随和，行若由夷，终不可以为荣，适足以见笑而自点耳。

　　书辞宜答，会东从上来，又迫贱事，相见日浅，卒卒无须臾之间，得竭至意。今少卿抱不测之罪，涉旬月，迫季冬，仆又薄从上雍，恐卒然不可为讳，是仆终已不得舒愤懑以晓左右，则长逝者魂魄私恨无穷。请略陈固陋。阙然久不报，幸勿为过。

　　仆闻之：修身者，智之符也；爱施者，仁之端也；取予者，义之表也；耻辱者，勇之决也；立名者，行之极也。士有此五者，然后可以托于世，而列于君子之林矣。故祸莫憯于欲利，悲莫痛于伤心，行莫丑于辱先，诟莫大于宫刑。刑余之人，无所比数，非一世也，所从来远矣。昔卫灵公与雍渠同载，孔子适陈；商鞅因景监见，赵良寒心；同子参乘，袁丝变色：自古而耻之！夫以中材之人，事有关于宦竖，莫不伤气，而况于慷慨之士乎！如今朝廷虽乏人，奈何令刀锯之余，荐天下之豪俊哉！仆赖先人绪业，得待罪辇毂下，二十余年矣。所以自惟：上之，不能纳忠效信，有奇策才力之誉，自结明主；次之，又不能拾遗补阙，招贤进能，显岩穴之士；外之，又不能备行伍，攻城野战，有斩将搴旗之功；下之，不能积日累劳，取尊官厚禄，以为宗族交游光宠。四者无一遂，苟合取容，无所短长之效，可见如此矣。向者，仆常厕下大夫之列，陪奉外廷末议。不以此时引维纲，尽思虑，今以亏形为扫除之隶，在阘茸之中，乃欲仰首伸眉，论列是非，不亦轻朝廷、羞当世之士耶？嗟乎！嗟乎！如仆尚何言哉！尚何言哉！

且事本末未易明也。仆少负不羁之才，长无乡曲之誉，主上幸以先人之故，使得奏薄伎，出入周卫之中。仆以为戴盆何以望天，故绝宾客之知，亡室家之业，日夜思竭其不肖之才力，务一心营职，以求亲媚于主上。而事乃有大谬不然者！

夫仆与李陵俱居门下，素非能相善也。趣舍异路，未尝衔杯酒，接殷勤之余欢。然仆观其为人，自守奇士，事亲孝，与士信，临财廉，取与义，分别有让，恭俭下人，常思奋不顾身，以殉国家之急。其素所蓄积也，仆以为有国士之风。夫人臣出万死不顾一生之计，赴公家之难，斯以奇矣。今举事一不当，而全躯保妻子之臣随而媒蘖其短，仆诚私心痛之。且李陵提步卒不满五千，深践戎马之地，足历王庭，垂饵虎口，横挑强胡，仰亿万之师，与单于连战十有余日，所杀过当。虏救死扶伤不给，旃裘之君长咸震怖，乃悉征其左、右贤王，举引弓之人，一国共攻而围之。转斗千里，矢尽道穷，救兵不至，士卒死伤如积。然陵一呼劳军，士无不起，躬自流涕，沫血饮泣，更张空拳，冒白刃，北向争死敌者。陵未没时，使有来报，汉公卿王侯皆奉觞上寿。后数日，陵败书闻，主上为之食不甘味，听朝不怡。大臣忧惧，不知所出。仆窃不自料其卑贱，见主上惨怆怛悼，诚欲效其款款之愚，以为李陵素与士大夫绝甘分少，能得人死力，虽古之名将，不能过也。身虽陷败，彼观其意，且欲得其当而报于汉。事已无可奈何，其所摧败，功亦足以暴于天下矣。仆怀欲陈之，而未有路，适会召问，即以此指，推言陵之功，欲以广主上之意，塞睚眦之辞。未能尽明，明主不晓，以为仆沮贰师，而为李陵游说，遂下于理。拳拳之忠，终不能自列。因为诬上，卒从吏议。家贫，货赂不足以自赎，交游莫救，左右亲近不为一言。身非木石，独与法吏为伍，深幽囹圄之中，谁可告诉者！此真少卿所亲见，仆行事岂不然乎？李陵既生降，颓其家声，而仆又佴之蚕室，重为天下观笑。悲夫！悲夫！事未易一二为俗人言也。

　　仆之先非有剖符丹书之功，文史星历，近乎卜祝之间，固主上所戏弄，倡优所畜，流俗之所轻也。假令仆伏法受诛，若九牛亡一毛，与蝼蚁何以异？而世又不与能死节者比，特以为智穷罪极，不能自免，卒就死耳。何也？素所自树立使然也。人固有一死，或重于泰山，或轻于鸿毛，用之所趋异也。太上不辱先，其次不辱身，其次不辱理色，其次不辱辞令，其次诎体受辱，其次易服受辱，其次关木索、被箠楚受辱，其次剔毛发、婴金铁受辱，其次毁肌肤、断肢体受辱，最下腐刑极矣！传曰："刑不上大夫。"此言士节不可不勉励也。猛虎在深山，百兽震恐，及在槛阱之中，摇尾而求食，积威约之渐也。故士有画地为牢，势不可入；削木为吏，议不可对，定计于鲜也。今交手足，受木索，暴肌肤，受榜箠，幽于圜墙之中。当此之时，见狱吏则头枪地，视徒隶则心惕息。何者？积威约之势也。及以至是，言不辱者，所谓强颜耳，曷足贵乎！且西伯，伯也，拘于羑里；李斯，相也，具于五刑；淮阴，王也，受械于陈；彭越、张敖，南面称孤，系狱抵罪；绛侯诛诸吕，权倾五伯，囚于请室；魏其，大将也，衣赭衣，关三木；季布为朱家钳奴；灌夫受辱于居室。此人皆身至王侯将相，声闻邻国，及罪至罔加，不能引决自裁，在尘埃之中。古今一体，安在其不辱也？由此言之，勇怯，势也；强弱，形也。审矣，何足怪乎？夫人不能早自裁绳墨之外，以稍陵迟，至于鞭箠之间，乃欲引节，斯不亦远乎！古人所以重施刑于大夫者，殆为此也。

夫人情莫不贪生恶死，念父母，顾妻子，至激于义理者不然，乃有所不得已也。今仆不幸，早失父母，无兄弟之亲，独身孤立，少卿视仆于妻子何如哉？且勇者不必死节，怯夫慕义，何处不勉焉！仆虽怯懦，欲苟活，亦颇识去就之分矣，何至自沉溺缧绁之辱哉！且夫臧获婢妾，犹能引决，况仆之不得已乎？所以隐忍苟活，幽于粪土之中而不辞者，恨私心有所不尽，鄙陋没世，而文采不表于后世也。

古者富贵而名摩灭，不可胜记，唯倜傥非常之人称焉。盖文王拘而演《周易》；仲尼厄而作《春秋》；屈原放逐，乃赋《离骚》；左丘失明，厥有《国语》；孙子膑脚，《兵法》修列；不韦迁蜀，世传《吕览》；韩非囚秦，《说难》、《孤愤》；《诗》三百篇，大抵圣贤发愤之所为作也。此人皆意有所郁结，不得通其道，故述往事、思来者。乃如左丘无目，孙子断足，终不可用，退而论书策，以舒其愤，思垂空文以自见。

仆窃不逊，近自托于无能之辞，网罗天下放失旧闻，略考其行事，综其终始，稽其成败兴坏之纪，上计轩辕，下至于兹，为十表，本纪十二，书八章，世家三十，列传七十，凡百三十篇。亦欲以究天人之际，通古今之变，成一家之言。草创未就，会遭此祸，惜其不成，是以就极刑而无愠色。仆诚以著此书，藏之名山，传之其人，通邑大都，则仆偿前辱之责，虽万被戮，岂有悔哉！然此可为智者道，难为俗人言也！

且负下未易居，下流多谤议。仆以口语遇此祸，重为乡党所笑，以污辱先人，亦何面目复上父母之丘墓乎？虽累百世，垢弥甚耳！是以肠一日而九回，居则忽忽若有所亡，出则不知其所往。

每念斯耻，汗未尝不发背沾衣也！身直为闺阁之臣，宁得自引深藏岩穴邪？故且从俗浮沉，与时俯仰，以通其狂惑。今少卿乃教以推贤进士，无乃与仆私心刺谬乎？今虽欲自雕琢，曼辞以自饰，无益，于俗不信，适足取辱耳。要之，死日然后是非乃定。书不能悉意，略陈固陋。谨再拜。

第十五节
魏晋南北朝诗文导读

魏晋南北朝是一个分裂的乱世，但在文化创造上却异彩纷呈。由于项目太多，背景不同，很难做总体概括。从曹氏父子到魏晋名士，再到陶渊明、蔡琰、刘勰、郦道元，都开天辟地、光耀史册。对中国文脉而言，这也是一个激流交叠、柳暗花明的重要段落。以下，无论是"基础记忆"还是"扩大记忆"，每一项都自成春秋。因此，以"琳琅满目"来描述这个时代的文脉呈现，正是合适。

基础记忆

1. 曹操。非常重要。我曾多次论述："曹操一心想做军事巨人和政治巨人而十分辛苦，却不太辛苦地成了文化巨人。"

我还举出他的很多诗句，已成为中国熟语。

具体篇目，首选《短歌行》。其次是《步出夏门行》的第一章《观沧海》、第四章《龟虽寿》。另有《蒿里行》，其中名句有"白骨露于野，千里无鸡鸣。生民百遗一，念之断人肠"。

2.蔡琰:《悲愤诗》、《胡笳十八拍》。一种不同族群、不同生态之间的离乱体验,由一位女性来表述,震撼人心,气势不凡。

3.曹植:《赠白马王彪》、《洛神赋》。

4.阮籍:《咏怀诗》、《大人先生传》(散文)。

5.嵇康:《与山巨源绝交书》(散文)。

6.陶渊明,更加重要。他是中国文学史上可以与屈原、司马迁、曹操、李白、杜甫、王维、苏东坡、李清照、辛弃疾、关汉卿、曹雪芹并肩而立的第一流大家。因此,理所当然,也是魏晋南北朝诗文的最高峰。我希望大家尽可能多地阅读和熟悉陶渊明的作品。

陶渊明的作品,现存诗一百二十多首,文十二篇(其中包括三篇辞赋)。诗中,有中国一切习文之人都知道的那首《饮酒》其五:"结庐在人境,而无车马喧。问君何能尔? 心远地自偏。采菊东篱下,悠然见南山。……"以及《归园田居》:"少无适俗韵,性本爱丘山。误落尘网中,一去三十年。羁鸟恋旧林,池鱼思故渊。……"还有《读山海经》:"精卫衔微木,将以填沧海。刑天舞干戚,猛志固常在。……"

文中，有几乎无人不知的《桃花源记》。

辞赋中，有著名的《归去来兮辞》。对陶渊明的诗文，我由于非常喜欢，所以推荐的篇目较多。与《史记》的推荐篇目一样，大家可以在浏览一遍之后，选择背诵目标。

咏怀诗——《饮酒》、《杂诗》、《读山海经》、《咏荆轲》、《赠羊长史》、《拟古》、《命子》、《停云》、《时运》、《荣木》、《咏贫士》、《庚子岁五月中从都还阻风于规林二首》、《辛丑岁七月赴假还江陵夜行涂口》、《始作镇军参军经曲阿作》、《戊申岁六月中遇火》、《述酒》。

田园诗——《归园田居》、《庚戌岁九月中于西田获早稻》、《移居》、《怨诗楚调示庞主簿邓治中》、《劝农》、《癸卯岁始春怀古田舍》、《丙辰岁八月中于下潠田舍获》。

哲理诗——《形影神》、《己酉岁九月九日》、《连雨独饮》、《拟挽歌辞》、《五月旦作和戴主簿》、《拟古》。

散文及辞赋——《桃花源记》、《归去来兮辞》、《五柳先生传》、《闲情赋》、《感士不遇赋》、《自祭文》。

7.《敕勒川》（北方少数民族的民歌）："敕勒川，阴山下。天似穹庐，笼盖四野。天苍苍，野茫茫，风吹草低见牛羊。"我说过，这几句来自北方的吟唱非常重要，中国文脉由于此川此山，此天此野，此歌此声，更为开阔。

8.《木兰诗》，这是一首在整个中国文化视野中都受到充分喜爱的北朝民歌。爽朗之气改变了原来抒写战火军旅的固有模式，也重塑了中国女性的另类美丽典型。

扩大记忆

1.郦道元《水经注》。一部地理学著作，在描写山水时也体现出了足够的文学价值，可见在实践性的科学家身上也有文脉渗透。

2.杨衒之《洛阳伽蓝记》。在描述宗教发展状况时体现出了文学价值。

3.陆机的《文赋》、刘勰的《文心雕龙》、钟嵘的《诗品》。开启第一代文学批评，总结此前的文学创作状况。由此证明，文学开始拥有了总体思考者。但是，由于总体思考还缺少更多的素材，又由于理论语言过于玄虚，我不主张一般读者深钻其中。

4.即使对书法不熟悉的学员，也应该关注魏晋时代以王羲之为代表的书法艺术高峰。因为书法本身是中国文脉的重要组成部分，是文脉的形体呈现。

　　王羲之与他前后左右的书法，可读我《极品美学》一书中的《书法美学》。他本人的留世杰作中，最值得珍爱的是《兰亭集序》、《快雪时晴帖》、《平安帖》、《丧乱帖》。他儿子王献之的《鸭头丸帖》、《廿九日帖》、《中秋帖》也很精彩。

第十六节
《归去来兮辞》今译

回去吧，田园就要荒芜，为什么还不回去？既然是自己把心灵交给了身体，那又为何还要独自惆怅和悲哀？过去已经无法挽回，未来还是可以追赶。其实迷路并未太远，我已经明白今天的选择，昨天的遗憾。船，轻轻地在水中摇晃。风，飘飘地吹拂着衣裳。我向行人问路，但路上，晨光还只是微微透亮。终于看见了横木的家门，我心中一喜就把步子加快。童仆前来迎接，稚子等在门边。小路已经荒蔓，松菊却还依然。我牵着幼子入室，发现酒樽已经斟满。取出壶觞自饮自酌，看看庭院中的树木我不禁开颜。倚凭南窗我又生傲然，反观这小小的容膝之地倒让我收心而安。

每天在园中散步成趣，虽然有门却长闭长关。握着手杖走走停停，却经常抬起头来仰望长天。看见那云，无意间飘离了山坳；再看那鸟，飞倦了还自己回返。日光昏昏将要入山，手抚孤松徘徊盘桓。

回去吧，我会断绝一切交游。世道与我不合，再驾车出去又有何求？只爱听亲戚们真情闲聊，乐于在琴弦和书页间悠然消忧。农人告诉我春天来了，将会忙着去西边的田畴。有时我也会乘上遮篷小车，有时我也会划出孤独小舟，有时我也会探寻幽深沟壑，有时我也会攀登崎岖山丘。一路上，只见草木欣欣向荣，泉水涓涓而流。真羡慕天下万物皆得天时，只感叹我的生命已走向尽头。

算了吧，寄身宇内能有几时，不如随心任其去留。何苦成日遑遑不知往哪里走，富贵非我所愿，仙境更不可求。等天气好时独自遛遛，或者插了手杖下到田里做做帮手。登上东边的高冈舒喉长啸，对着清澈的水流赋诗几首。姑且应顺天意终结一生，乐天知命何须疑虑忧愁。

第十七节
《归去来兮辞》原文

归去来兮，田园将芜胡不归？既自以心为形役，奚惆怅而独悲？悟已往之不谏，知来者之可追。实迷途其未远，觉今是而昨非。舟遥遥以轻飏，风飘飘而吹衣。问征夫以前路，恨晨光之熹微。

乃瞻衡宇，载欣载奔。僮仆欢迎，稚子候门。三径就荒，松菊犹存。携幼入室，有酒盈樽。引壶觞以自酌，眄庭柯以怡颜。倚南窗以寄傲，审容膝之易安。园日涉以成趣，门虽设而常关。策扶老以流憩，时矫首而遐观。云无心以出岫，鸟倦飞而知还。景翳翳以将入，抚孤松而盘桓。

归去来兮，请息交以绝游。世与我而相违，复驾言兮焉求？悦亲戚之情话，乐琴书以消忧。农人告余以春及，将有事于西畴。或命巾车，或棹孤舟。既窈窕以寻壑，亦崎岖而经丘。木欣欣以向荣，泉涓涓而始流。善万物之得时，感吾生之行休。

已矣乎！寓形宇内复几时？曷不委心任去留？胡为乎遑遑欲何之？富贵非吾愿，帝乡不可期。怀良辰以孤往，或植杖而耘耔。登东皋以舒啸，临清流而赋诗。聊乘化以归尽，乐夫天命复奚疑！

第十八节
唐诗导读

唐诗的记忆，包括记忆的范围、记忆的程度，本身就是一门学问。这是因为，对唐诗的知晓程度，决定着一个中国人的文化品级。

我对唐诗的记忆，有以下几点看法。

第一，唐诗量大，因此反而要把守住记忆之门。如果一味贪多，会成为一个过于沉重的记忆负担，减损了诗歌潇洒、轻灵的韵致。

第二，对优秀唐诗的记忆应该提高要求，达到可以背诵的程度。对于部分特别著名的佳作名句，应该随口吐出，成为中国语言中通行的"古典元件"。

第三，唐诗的背诵，因篇幅而不同。需要大家熟练背诵的，一般集中在五绝、七绝、五律、七律，至于那些篇幅较长的古体诗，虽很重要，但我们会放到"扩大记忆"部分，例如李白的《梦游天姥吟留别》、白居易的《长恨歌》、张若虚的《春江花月夜》等。

第四，唐诗排序有多种标准。中华书局出版的《唐诗排行榜》列出了各首唐诗在古代和现代被入选、被评点的各种数据，使这项工作走向了严谨和科学，很有意义。但是，我则更加倾向于历代民众熟知和传诵的程度，因为民众熟知和传诵，牵涉到一系列文化人类学上的多重原因，比学术界评点更为深刻。既然是传诵，那么，今天民众的熟知程度就是历代传诵的结果。传诵是一种筛选和淘汰，因此，以往的影响力不如今天的影响力重要。

第五，唐诗排序还存在着以诗人归并，还是以诗作归并的区别。不少选本着眼于诗作的体例和内容，而我则更着眼于诗人。每个诗人名下的诗作，也要按照优秀程度和传诵程度来排序。

做了以上五点说明，我们可以列出唐诗"基础记忆"和"扩大记忆"的篇目了。

我本人几十年间一直在不断推敲：究竟有多少首唐诗值得当代华文青年记忆?《唐诗三百首》是清代所设定的一个规模，按照现代普通年轻人的生活节奏和兴趣容量，显然是太多了。二十年前西安曲江新区作为一个重要的唐诗故地，想选刻一些诗碑来吸引中外游人，他们邀请我来选定篇目，我选了二十首。但这是受了刻碑的限制，如果按一般的诵读需求来说，又太少了。

我经过反复权衡，决定选五十首，作为当代华文青年应该背诵唐诗的基数。然后再扩大四十首，作为必要储备。按照我的要求，前面的五十首应该背诵，后面四十首应该熟读。

基础记忆

——必记唐诗五十首

1.李白：早发白帝城

朝辞白帝彩云间，千里江陵一日还。

两岸猿声啼不住，轻舟已过万重山。

2.李白：静夜思

床前明月光，疑是地上霜。

举头望明月，低头思故乡。

3.李白：黄鹤楼送孟浩然之广陵

故人西辞黄鹤楼，烟花三月下扬州。

孤帆远影碧空尽，唯见长江天际流。

4. 李白：将进酒

君不见黄河之水天上来，奔流到海不复回。

君不见高堂明镜悲白发，朝如青丝暮成雪。

人生得意须尽欢，莫使金樽空对月。

天生我材必有用，千金散尽还复来。

烹羊宰牛且为乐，会须一饮三百杯。

岑夫子，丹丘生，

将进酒，杯莫停。

与君歌一曲，请君为我倾耳听。

钟鼓馔玉不足贵，但愿长醉不复醒。

古来圣贤皆寂寞，惟有饮者留其名。

陈王昔时宴平乐，斗酒十千恣欢谑。

主人何为言少钱，径须沽取对君酌。

五花马，千金裘，呼儿将出换美酒，与尔同销万古愁。

5. 李白：蜀道难

噫吁嚱，危乎高哉！

蜀道之难，难于上青天！

蚕丛及鱼凫，开国何茫然。

尔来四万八千岁，不与秦塞通人烟。

西当太白有鸟道，可以横绝峨眉巅。

地崩山摧壮士死，然后天梯石栈相钩连。

上有六龙回日之高标，下有冲波逆折之回川。

黄鹤之飞尚不得过，猿猱欲度愁攀援。

青泥何盘盘，百步九折萦岩峦。

扪参历井仰胁息，以手抚膺坐长叹。

问君西游何时还？畏途巉岩不可攀。

但见悲鸟号古木，雄飞雌从绕林间。

又闻子规啼夜月，愁空山。

蜀道之难，难于上青天，使人听此凋朱颜！

连峰去天不盈尺，枯松倒挂倚绝壁。

飞湍瀑流争喧豗，砯崖转石万壑雷。

其险也如此，嗟尔远道之人，胡为乎来哉！

剑阁峥嵘而崔嵬，一夫当关，万夫莫开。

所守或匪亲，化为狼与豺。

朝避猛虎，夕避长蛇，

磨牙吮血，杀人如麻。

锦城虽云乐，不如早还家。

蜀道之难，难于上青天，侧身西望长咨嗟。

6. 李白：月下独酌

　　花间一壶酒，独酌无相亲。

　　举杯邀明月，对影成三人。

　　月既不解饮，影徒随我身。

　　暂伴月将影，行乐须及春。

　　我歌月徘徊，我舞影零乱。

　　醒时同交欢，醉后各分散。

　　永结无情游，相期邈云汉。

7. 李白：行路难

　　金樽清酒斗十千，玉盘珍羞直万钱。

　　停杯投箸不能食，拔剑四顾心茫然。

　　欲渡黄河冰塞川，将登太行雪满山。

　　闲来垂钓碧溪上，忽复乘舟梦日边。

　　行路难，行路难，多歧路，今安在？

　　长风破浪会有时，直挂云帆济沧海！

8. 李白：子夜吴歌

　　长安一片月，万户捣衣声。

　　秋风吹不尽，总是玉关情。

　　何日平胡虏，良人罢远征？

9. 李白：送友人

> 青山横北郭，白水绕东城。
>
> 此地一为别，孤蓬万里征。
>
> 浮云游子意，落日故人情。
>
> 挥手自兹去，萧萧班马鸣。

10. 李白：宣州谢朓楼饯别校书叔云

> 弃我去者昨日之日不可留，乱我心者今日之日多烦忧。
>
> 长风万里送秋雁，对此可以酣高楼。
>
> 蓬莱文章建安骨，中间小谢又清发。
>
> 俱怀逸兴壮思飞，欲上青天揽明月。
>
> 抽刀断水水更流，举杯销愁愁更愁。
>
> 人生在世不称意，明朝散发弄扁舟。

11. 杜甫：登高

> 风急天高猿啸哀，渚清沙白鸟飞回。
>
> 无边落木萧萧下，不尽长江滚滚来。
>
> 万里悲秋常作客，百年多病独登台。
>
> 艰难苦恨繁霜鬓，潦倒新停浊酒杯。

12. 杜甫：蜀相

　　丞相祠堂何处寻？锦官城外柏森森。

　　映阶碧草自春色，隔叶黄鹂空好音。

　　三顾频烦天下计，两朝开济老臣心。

　　出师未捷身先死，长使英雄泪满襟！

13. 杜甫：春望

　　国破山河在，城春草木深。

　　感时花溅泪，恨别鸟惊心。

　　烽火连三月，家书抵万金。

　　白头搔更短，浑欲不胜簪。

14. 杜甫：春夜喜雨

　　好雨知时节，当春乃发生。

　　随风潜入夜，润物细无声。

　　野径云俱黑，江船火独明。

　　晓看红湿处，花重锦官城。

15. 杜甫：登岳阳楼

　　昔闻洞庭水，今上岳阳楼。

　　吴楚东南坼，乾坤日夜浮。

亲朋无一字，老病有孤舟。

戎马关山北，凭轩涕泗流。

16. 杜甫：月夜

今夜鄜州月，闺中只独看。

遥怜小儿女，未解忆长安。

香雾云鬟湿，清辉玉臂寒。

何时倚虚幌，双照泪痕干。

17. 杜甫：赠卫八处士

人生不相见，动如参与商。

今夕复何夕，共此灯烛光。

少壮能几时，鬓发各已苍。

访旧半为鬼，惊呼热中肠。

焉知二十载，重上君子堂。

昔别君未婚，儿女忽成行。

怡然敬父执，问我来何方。

问答乃未已，驱儿罗酒浆。

夜雨剪春韭，新炊间黄粱。

主称会面难，一举累十觞。

十觞亦不醉，感子故意长。

明日隔山岳，世事两茫茫。

18. 杜甫：闻官军收河南河北

剑外忽传收蓟北，初闻涕泪满衣裳。

却看妻子愁何在？漫卷诗书喜欲狂。

白日放歌须纵酒，青春作伴好还乡。

即从巴峡穿巫峡，便下襄阳向洛阳。

19. 杜甫：咏怀古迹

群山万壑赴荆门，生长明妃尚有村。

一去紫台连朔漠，独留青冢向黄昏。

画图省识春风面，环珮空归月夜魂。

千载琵琶作胡语，分明怨恨曲中论。

20. 杜甫：客至

舍南舍北皆春水，但见群鸥日日来。

花径不曾缘客扫，蓬门今始为君开。

盘飧市远无兼味，樽酒家贫只旧醅。

肯与邻翁相对饮，隔篱呼取尽余杯。

21. 王维：送元二使安西

　　渭城朝雨浥轻尘，客舍青青柳色新。

　　劝君更尽一杯酒，西出阳关无故人。

22. 王维：山居秋暝

　　空山新雨后，天气晚来秋。

　　明月松间照，清泉石上流。

　　竹喧归浣女，莲动下渔舟。

　　随意春芳歇，王孙自可留。

23. 王维：鹿柴

　　空山不见人，但闻人语响。

　　返景入深林，复照青苔上。

24. 王维：九月九日忆山东兄弟

　　独在异乡为异客，每逢佳节倍思亲。

　　遥知兄弟登高处，遍插茱萸少一人。

25. 王维：竹里馆

　　独坐幽篁里，弹琴复长啸。

　　深林人不知，明月来相照。

26. 白居易：赋得古原草送别

离离原上草，一岁一枯荣。

野火烧不尽，春风吹又生。

远芳侵古道，晴翠接荒城。

又送王孙去，萋萋满别情。

27. 白居易：问刘十九

绿蚁新醅酒，红泥小火炉。

晚来天欲雪，能饮一杯无？

28. 白居易：琵琶行

浔阳江头夜送客，枫叶荻花秋瑟瑟。

主人下马客在船，举酒欲饮无管弦。

醉不成欢惨将别，别时茫茫江浸月。

忽闻水上琵琶声，主人忘归客不发。

寻声暗问弹者谁，琵琶声停欲语迟。

移船相近邀相见，添酒回灯重开宴。

千呼万唤始出来，犹抱琵琶半遮面。

转轴拨弦三两声，未成曲调先有情。

弦弦掩抑声声思，似诉平生不得志。

低眉信手续续弹，说尽心中无限事。

轻拢慢捻抹复挑，初为霓裳后六幺。

大弦嘈嘈如急雨，小弦切切如私语。

嘈嘈切切错杂弹，大珠小珠落玉盘。

间关莺语花底滑，幽咽泉流冰下难。

冰泉冷涩弦凝绝，凝绝不通声暂歇。

别有幽愁暗恨生，此时无声胜有声。

银瓶乍破水浆迸，铁骑突出刀枪鸣。

曲终收拨当心画，四弦一声如裂帛。

东船西舫悄无言，唯见江心秋月白。

沉吟放拨插弦中，整顿衣裳起敛容。

自言本是京城女，家在虾蟆陵下住。

十三学得琵琶成，名属教坊第一部。

曲罢曾教善才服，妆成每被秋娘妒。

五陵年少争缠头，一曲红绡不知数。

钿头银篦击节碎，血色罗裙翻酒污。

今年欢笑复明年，秋月春风等闲度。

弟走从军阿姨死，暮去朝来颜色故。

门前冷落车马稀，老大嫁作商人妇。

商人重利轻别离，前月浮梁买茶去。

去来江口守空船，绕船月明江水寒。

夜深忽梦少年事，梦啼妆泪红阑干。

我闻琵琶已叹息，又闻此语重唧唧。

同是天涯沦落人，相逢何必曾相识。

我从去年辞帝京，谪居卧病浔阳城。

浔阳地僻无音乐，终岁不闻丝竹声。

住近湓江地低湿，黄芦苦竹绕宅生。

其间旦暮闻何物，杜鹃啼血猿哀鸣。

春江花朝秋月夜，往往取酒还独倾。

岂无山歌与村笛，呕哑嘲哳难为听。

今夜闻君琵琶语，如听仙乐耳暂明。

莫辞更坐弹一曲，为君翻作琵琶行。

感我此言良久立，却坐促弦弦转急。

凄凄不似向前声，满座重闻皆掩泣。

座中泣下谁最多，江州司马青衫湿。

29. 崔颢：黄鹤楼

昔人已乘黄鹤去，此地空余黄鹤楼。

黄鹤一去不复返，白云千载空悠悠。

晴川历历汉阳树，芳草萋萋鹦鹉洲。

日暮乡关何处是？烟波江上使人愁。

30. 王之涣：凉州词

　　黄河远上白云间，一片孤城万仞山。

　　羌笛何须怨杨柳，春风不度玉门关。

31. 王之涣：登鹳雀楼

　　白日依山尽，黄河入海流。

　　欲穷千里目，更上一层楼。

32. 王昌龄：出塞

　　秦时明月汉时关，万里长征人未还。

　　但使龙城飞将在，不教胡马度阴山。

33. 柳宗元：江雪

　　千山鸟飞绝，万径人踪灭。

　　孤舟蓑笠翁，独钓寒江雪。

34. 孟浩然：春晓

　　春眠不觉晓，处处闻啼鸟。

　　夜来风雨声，花落知多少。

35. 杜牧：山行

远上寒山石径斜，白云生处有人家。
停车坐爱枫林晚，霜叶红于二月花。

36. 刘禹锡：西塞山怀古

王濬楼船下益州，金陵王气黯然收。
千寻铁锁沉江底，一片降幡出石头。
人世几回伤往事，山形依旧枕寒流。
今逢四海为家日，故垒萧萧芦获秋。

37. 刘禹锡：乌衣巷

朱雀桥边野草花，乌衣巷口夕阳斜。
旧时王谢堂前燕，飞入寻常百姓家。

38. 刘禹锡：石头城

山围故国周遭在，潮打空城寂寞回。
淮水东边旧时月，夜深还过女墙来。

39. 李商隐：无题

相见时难别亦难，东风无力百花残。
春蚕到死丝方尽，蜡炬成灰泪始干。

晓镜但愁云鬓改，夜吟应觉月光寒。

蓬山此去无多路，青鸟殷勤为探看。

40. 李商隐：夜雨寄北

君问归期未有期，巴山夜雨涨秋池。

何当共剪西窗烛，却话巴山夜雨时。

41. 王勃：送杜少府之任蜀川

城阙辅三秦，风烟望五津。

与君离别意，同是宦游人。

海内存知己，天涯若比邻。

无为在歧路，儿女共沾巾。

42. 张继：枫桥夜泊

月落乌啼霜满天，江枫渔火对愁眠。

姑苏城外寒山寺，夜半钟声到客船。

43. 陈子昂：登幽州台歌

前不见古人，后不见来者。

念天地之悠悠，独怆然而涕下。

44. 王翰：凉州词

　　葡萄美酒夜光杯，欲饮琵琶马上催。

　　醉卧沙场君莫笑，古来征战几人回。

45. 孟郊：游子吟

　　慈母手中线，游子身上衣。

　　临行密密缝，意恐迟迟归。

　　谁言寸草心，报得三春晖。

46. 贾岛：寻隐者不遇

　　松下问童子，言师采药去。

　　只在此山中，云深不知处。

47. 卢纶：塞下曲

　　月黑雁飞高，单于夜遁逃。

　　欲将轻骑逐，大雪满弓刀。

48. 高适：别董大

　　千里黄云白日曛，北风吹雁雪纷纷。

　　莫愁前路无知己，天下谁人不识君。

49. 韦应物：滁州西涧

独怜幽草涧边生，上有黄鹂深树鸣。

春潮带雨晚来急，野渡无人舟自横。

50. 常建：题破山寺后禅院

清晨入古寺，初日照高林。

曲径通幽处，禅房花木深。

山光悦鸟性，潭影空人心。

万籁此都寂，但余钟磬音。

扩大记忆

——应记唐诗四十首

1. 李白：《登金陵凤凰台》（凤凰台上凤凰游）；

2. 李白：《梦游天姥吟留别》（海客谈瀛洲）；

3. 李白：《独坐敬亭山》（众鸟高飞尽）；

4. 李白：《关山月》（明月出天山）；

5. 李白：《庐山谣寄卢侍御虚舟》（我本楚狂人）；

6. 杜甫：《梦李白二首》（死别已吞声）；

7. 杜甫：《旅夜书怀》（细草微风岸）；

8. 杜甫：《登楼》（花近高楼伤客心）；

9. 杜甫:《兵车行》(车辚辚，马萧萧);

10. 杜甫:《石壕吏》(暮投石壕村);

11. 杜甫:《哀江头》(少陵野老吞声哭);

12. 杜甫:《哀王孙》(长安城头头白乌);

13. 王维:《杂诗》(君自故乡来);

14. 王维:《终南别业》(中岁颇好道);

15. 王维:《使至塞上》(单车欲问边);

16. 王维:《鸟鸣涧》(人闲桂花落);

17. 王维:《相思》(红豆生南国);

18. 白居易:《长恨歌》(汉皇重色思倾国);

19. 杜牧:《赤壁》(折戟沉沙铁未销);

20. 杜牧:《泊秦淮》(烟笼寒水月笼沙);

21. 杜牧:《寄扬州韩绰判官》(青山隐隐水迢迢);

22. 杜牧:《秋夕》(银烛秋光冷画屏);

23. 元稹:《行宫》(寥落古行宫);

24. 孟浩然:《过故人庄》(故人具鸡黍);

25. 孟浩然:《留别王维》(寂寂竟何待);

26. 孟浩然:《秋登兰山寄张五》(北山白云里);

27. 王昌龄:《芙蓉楼送辛渐》(寒雨连江夜入吴);

28. 王昌龄：《闺怨》(闺中少妇不曾愁)；

29. 王昌龄：《塞下曲》(饮马渡秋水)；

30. 李商隐：《无题》(昨夜星辰昨夜风)；

31. 李商隐：《嫦娥》(云母屏风烛影深)；

32. 李商隐：《乐游原》(向晚意不适)；

33. 李商隐：《无题》(来是空言去绝踪)；

34. 张若虚：《春江花月夜》(春江潮水连海平)；

35. 贺知章：《回乡偶书》(少小离家老大回)；

36. 张九龄：《望月怀远》(海上生明月)；

37. 金昌绪：《春怨》(打起黄莺儿)；

38. 王湾：《次北固山下》(客路青山外)；

39. 许浑：《咸阳城西楼晚眺》(一上高城万里愁)；

40. 高适：《燕歌行》(汉家烟尘在东北)。

第十九节
唐诗应该怎么读

精选了唐诗之后，接下来的问题是，应该如何吸引当代人来读唐诗？

反复地强调它的重要性，没有用。因为正常的人不会成天去追随别人所说的"重要性"，而且要追也追不过来。

用现代传媒的浩大比赛来造势也没有用，因为天下一切浩大造势必然会产生同等规模的疑惑心理和抵拒心理。事实证明，这样的赛事最多只是让观众对几个善于背诵的孩子保持几天的记忆，与诗歌的记忆基本无关。而且谁都知道，善于背诵并不等于善于辨识，更不等于善于创作。那些孩子的脑子里壅塞了那么多古董，文化前途令人担忧。

排除了这一些喧闹，总该可以安心读唐诗了吧？也不，因为还会遇到一个迷宫挡在半道上，那就是学术误导、史迹误导、生平误导、考证误导。

这些误导，看起来并不喧闹，似乎比较安静，比较斯文，比较专业，容易取信于很多不喜欢喧闹的人。但是，这种取信，结果也是悲剧性的。除了半途逃出迷宫的人之外，那些沉进去了的人，尽管很可能被旁人称为"唐诗专家"，其实唐诗在他们那里，早已变得浑身披挂、遍体锈斑、老尘厚积、陈词缠绕，没有多少活气了。

喧闹走不通，安静也走不通，问题究竟出在哪里呢？

问题的关键，在于这两条路都断送了诗情、诗魂。

诗情、诗魂，潜藏在每个人心底。早在牙牙学语的孩童时代，很多人的天性中就包含着某种如诗如梦、如歌如吟、如呓如痴的成分。待到长大，世事匆忙，但只要仍然能以天真的目光来惊叹大地山水，发现人情美丽，那就证明诗情未脱，诗魂犹在。读唐诗，只是对自身诗情、诗魂的印证、延伸。因此，归结点还在于自身。

由于社会分工不同，也有一些专业研究者会去考据一首首唐诗的种种档案资料。他们的归结，不是人人皆有的诗情、诗魂，而是越写越冷的专著、论文。前面所说的迷宫，就是由他们挖掘和搭建的。天底下有一些迷宫也不错，可以让一些闲散人士转悠一下，却不宜诱惑普通民众都进来折腾。尤其是年轻人，只要进入了这样的迷宫，原先藏在心底的诗情、诗魂就会渐渐淡薄，直至荡然无存。

此间情景，就像寻找爱恋对象。如果男女双方不是直接面对眼神表情、举止谈吐、临事态度、气息神韵，而只是一味地查看对方的族亲网络、姓氏渊源、地域历史、早年成绩，能够成功地找到自己的心上人，并长久地生活在一起吗？

我们寻找自己喜爱的唐诗，其实也是在寻找自己的心灵爱恋，寻找能让自己的情感和灵魂震颤的终身伴侣。可惜，我们的很多研究专家，只是户籍科里的档案资料员，与实际发生的恋爱基本无关。

对这件事，我倒是具有双重话语权。长久的学术经历使我对迷宫的沟沟坎坎非常熟悉，而我在专业上毕竟承担着追求感性大美的责任，因此更知道迷宫之外的风景。我很想举出几首唐诗，谈谈不同的阅读方向，来分辨诗魂之所在。

例一：李白的《早发白帝城》，又叫《下江陵》。

这是我选的"必记唐诗五十首"中的第一首，因此先讲。这首诗大家都很熟悉——

朝辞白帝彩云间，
千里江陵一日还。

两岸猿声啼不住，

轻舟已过万重山。

最好的唐诗都不喜欢生僻词汇和历史典故，因此很多研究专家面对这样的诗总是束手无策。这首诗也是这样，明白如话，毫无障碍，研究专家只能在生平事迹上面下功夫了。

这功夫一下可了不得，因为这首诗是李白获得一次大赦后写的。那么，随之而来就要追问：他犯了什么罪？那就必须牵涉到他在"安史之乱"发生后跟随永王李璘平叛的事了。李璘为什么招他入幕？平叛为什么又犯了罪？与他一起跟随永王平叛的将领均已无罪，为什么他反而被判流放夜郎？又为什么获得大赦？……这些问题，都非常重大，当然也是这首诗的历史背景和心理背景。中国学术界常常认为，历史重于艺术，所以一门诗歌课程常常也就变成了历史课程。历史讲了千言万语，诗情、诗魂都被挤到了一边，成了庞大历史的可怜附庸。

接下来，研究专家还会细细讲述，李白在这首诗中写到的千里之外的江陵，是此行的目的地。他到那里何以为生？投靠谁？好像是投靠做太守的朋友韦良宰。后来他又到过洞庭、宣城、金陵，生活困难，最后投奔在当涂做县令的族叔李冰阳，并在那里去世。

诗人的这种生平，常常成为我们论诗的主要内容，其实这是颠倒了。难道一切艺术创作，都是自我经历的直接写照吗？小诗人、小作品也许是，大诗人、大作品就不是了。人类要诗，是在寻求超越——超越时间，超越空间，超越自我，超越身边的混乱，超越当下的悲欢，而问鼎永恒的大美。诗，既是对现实人生的反映，又是对现实人生的叛离，并在叛离中抵达彼岸。不叛离，就没有彼岸。

因此，我虽然也很乐意阅读诗人的生平事迹，却不愿把他们的繁杂遭遇与他们的千古诗句直接对应。那样的繁杂遭遇，人人都碰到过，为什么只有他写出常人无法企及的诗句？可见那是一条孤单的小舟在天性指引下划破浩渺烟波而停泊到了彼岸的神圣诗境，这与此岸的生态已经非常遥远。

遗憾的是，世间的学者、教师，总习惯于删却孤单小舟，删却浩渺烟波，将此岸和彼岸硬拉生扯地搅和在一起，其实也就是驱逐了神圣诗境。

还是回到这首《早发白帝城》吧。李白的高妙，首先是在交通条件还很原始的古代，完成了极短的时间和较长的空间的奇异置换。这种在"一日"和"千里"之间的奇异置换，昭示了人类生命力有可能达到的畅快，因此能使一切读者产生一种生命的动态喜悦。

这种人类生命力的畅快和喜悦实在太珍罕、太精彩了，因此诗人借一些自然力来衬托和喝彩。哪些自然力？一是彩云；二是白帝城；三是千里江陵；四是万重山。这四项，足够气派，又足够美丽，但都是静穆的，还缺一点声音，于是，李白拉出了"猿声"，还"啼不住"，于是视觉和听觉一起调动起来了，全盘皆活。

这"两岸猿声"，是一种自然存在，还是被李白的轻舟惊动，还是为李白的轻舟叫好？都可以。因为它没完没了，也就变成了一种绵绵不绝的交响伴奏。

比彩云、白帝城、千里江陵、万重山、猿声更为主动的，就是那条轻舟。它琐小、不定、无彩、无声，却以一种大运动，压过了前面这一切。山水云邑，只为大运动让路。

始终没有提到这种大运动的执掌者，那就是比轻舟更琐小的诗人。山水云邑为大运动的轻舟让路，其实也就是为诗人让路。边让路边喝彩，今天，千里山河的主人就是他了。由此，千里山河也因他而焕发了诗情、诗魂。是轻舟在写诗，也是彩云、白帝城、千里江陵、万重山、猿声一起在写诗。当然，这就写成了一首真正的大诗。尽管，只有四句，二十八个汉字。

诗的奇迹，莫过于此。因此，我把它列为必记唐诗第一首。

那就紧接着来看看第二首吧，也是李白的，《静夜思》，所有的中国人都会随口背诵。

床前明月光，
疑是地上霜。
举头望明月，
低头思故乡。

这首诗的通俗程度，进一步证明了极品唐诗都不深奥。研究专家更加不知怎么来显摆学识了，这让我深感痛快。我从几十年前开始就不断论述，学问和诗情是两回事，而对人类而言，诗情比学问更重要，却很少有人相信。直到我一次次搬出亚里士多德对诗和历史孰重孰轻的论述，大家还是不相信。人们似乎越来越崇拜那些引经据典、咬文嚼字的装腔群落，而不看重衣带飘飘、心怀天地的行吟身影。

在这个问题上，人们常常过于谦虚了，对于自己童年就会背诵的诗句有点轻视，而对于自己怎么也弄不明白的晦涩学问格外恭敬。其实，一千多年来五湖四海的学童都能琅琅背诵，背诵过后又终生不忘，这本身就是一个关及民族文化心理的宏大课题，比那些晦涩学问重要百倍。

由于那些研究专家对于《静夜思》的通俗无从下手，就走了偏门，专门去研究李白所思的故乡究竟在哪里。这就惹出了大麻烦，几个地方在争抢，都有历史考据文章做主撑，于是一下子又陷入了学术泥淖。"明月光"、"地上霜"全部都蒙上了一层层厚厚的污泥，再也找不到一丝诗情。其中，比较可信的论点是李白出生于今天吉尔吉斯斯坦北部的托克马克城，那时叫碎叶。那么，李白思念的故乡难道就是托克马克城吗，还是童年时迁徙到过的某个地方？我知道这个争抢还会长期继续，我更知道这一切与诗关系不大。

不被争抢的就是这四句诗，二十个字。那么，我们就回到非学术的诗句上来吧。

把"明月光"疑看成"地上霜"，很美，但美在诗人还没有醒透。因为诗人的床不会在露天，所以永远也不可能结霜在床前之地。如此一疑，倒是醒了。一醒就知道是月光，但如此明亮却是罕见，于是抬起头来望月。

——至此，已经有了诗意，却还没有诗情。诗情，往往产生于大空间的滑动式联想。也就是说，李白从一个疑似的错觉很诗意地找到月亮，而要调动诗情，还必须从月亮联想开去，而且必须是大空间的想象。他，很自然，又很天才地从明月联想到了故乡。

为什么说，从明月联想到了故乡至关重要？因为这个联想终于成了所有中国人的"习惯想象"。几乎一切中国人，在静夜仰月时都会联想到故乡，这个习惯就是由李白的这首诗养成的。以前也有人这样联想过，但不普及，不经典，与千年民众的心理习惯关系不大。一个诗人如果能用几句诗建立千年民众的心理习惯，那实在是问鼎了稀世伟大。李白用这首最通俗的诗，做到了。

由明月联想到故乡，他只是一笔带过，但这一笔之中包含的内容却极其丰富。人人都会从这个联想伸发出自己的各种感受，例如——

这月亮，我最早看到，是在故乡的屋顶；

这里与故乡远隔千里，只有它完全一样；

那夜妈妈正在门前月光下安排晚餐，一个骑士的黑暗遮住了餐桌，我们抬头一看，爸爸背了一个大月亮；

故乡童年的游戏，总是在夜间野外，因此，月亮是所有小伙伴每天的期盼；

今夜故乡的明月照见了什么？有没有几个我认得的身影？

可能没有什么变化，可能已经大变，月亮，你能告诉我吗？

这就是从月亮联想故乡的起点性话题，但这个话题又会无限展开，于是李白就从"举头"变成了"低头"。"举头"时已经想了很多，一"低头"，那就会想得越来越深入。因此，今天晚上李白要失眠一段时间了。

广大读者顺着李白铺下的"习惯想象"轨道，一见月亮就想故乡。月亮老是在头上，因此，故乡也就总是在心中。这就是一首名诗交给天下大地的魅力。

少数知道李白的读者在联想之后还会在心中发问：这个写下"中华第一思乡诗"的诗人，为什么总也不回故乡看看呢？他又没有什么公务缠身，也不怕长途跋涉，却一直思乡而不回乡，这中间一定有更深刻的哲理吧？

这里确实蕴藏着一种"诗人的哲理",那就是:最美的故乡就在思念中。真回去了,那就太实了,不美了。因此,李白的故乡只能隐隐地浮动于"地上霜"和"明月光"之中,只能飘飘地出没在"举头"和"低头"之间。他太懂这种"诗人的哲理",因此要小心翼翼地维护,决不走上回乡的路。

其实,对李白来说,故乡早已泛化、虚化、诗化。因此研究专家们不管做多少考证,写多少文章,都在背离他心中诗化了的故乡。你们争论得再热闹,他也不会关心,甚至还会气恼。

再讲必记唐诗第三首,还是李白的,题为《黄鹤楼送孟浩然之广陵》。也是四句——

故人西辞黄鹤楼,
烟花三月下扬州。
孤帆远影碧空尽,
唯见长江天际流。

研究专家们一定会花不少笔墨来写李白与孟浩然的友情,追溯他们这次告别的原因,以及孟浩然到扬州去干什么,李白当时的处境，等等。这些背景资料，说说也可，但不能本末倒置，而忘了千古诗魂。

《唐诗选脉会通评林》引陈继儒对这首诗的裁断："送别诗之祖"。

送别诗，本是古今诗坛中最重要的门类之一，居然可以在这首诗中认祖，可见这二十八个汉字成了一个极关键的始发之源。也就是说，它为后代的各种送别诗提供了"传代基因"。显然，这已经远远超越了两个人的具体交往。

那么，导致超越和传代的"基因"是什么呢？

第一，用高超的方式表现送别，往往只写景，少抒情，甚至不抒情。因为情分等级，一般之情可抒，最深之情不可抒，最好衍生出一个惊人的时空结构来安顿。

第二，用高超的方式表现送别，往往不拥抱、不拭泪、不叮咛，而是十分安静，好像什么事也没有发生。

第三，用高超的方式表现送别，不宜左顾右盼，最好聚焦于一方，着笔于另一方离开之后。

第四，用高超的方式表现送别，除特别需要的悲痛和细腻之外，多数要呈示出一种典仪高度，在气氛烘托上力求美丽、大气、开阔。

这四点，正可以由李白的这首诗来印证。

这首诗的送别礼仪，布置得美丽而贵重。地点是黄鹤楼，时间是烟花三月，至于被送者的目标扬州则更加美丽和贵重。诗的上半首有了这番提领，今天的送别就有了超常的力度。但是，这个力度并没有落到告别的两人身上，而是故意放过两人的场面，只留下送行者一人，安静地看着友人乘船远去。其实连友人的身影都见不到，看到的只是"孤帆远影"。那就是说，他们已经分手好一会儿了。

这里就出现了写诗的一种美学策略。短短四句，万千深情，只能严选一个"最有意味的场景"。李白显然是选对了：一个人，在高处眺望友人的孤舟越来越远，一直到完全看不见，消失在碧空之中。但是，这个场景的主角并不是孤舟，也不是孤舟上的友人，而是这个站在高处的眺望者。他凭着超长时间的眺望，凭着眼里只要还有一丝朋友的痕迹就绝不离开的行为，成了感动读者的主体形象。诗中没有写眺望者自己，却不经意地把自己写成了主角——送别的主角，江边的主角，情感的主角。这个无形的主角与孤帆远影连在一起，就构成了一个真正丰厚无比的"最有意味的场景"。这种美学策划，确实高明。

　　但是事情还没有完。等到孤帆消失于碧空之中，诗人还没有离开，又呆呆地看了一会儿长江。"唯见长江天际流"，这已经成了一个"空镜头"。但是，正是这个"空镜头"的定格，展现了送别的无限深度和广度。

　　由此，说这首诗是"送别诗之祖"，完全合格。

　　有人说，这几句诗，又用长江象征着友情。是吗？抱歉，这一点我倒是没有看出来。

　　就像我不喜欢抒情之诗一样，我也不喜欢哲理之诗。诗中本可渗透一点哲理，但是如果拿一首诗来做哲理的象征，或者通过象征达到哲理，都有点反客为主。哲理有不小的派头，它一来，诗情、诗魂只能让到一边去了，这就是"鸠占鹊巢"，不太好。诗的最高等级，还在于不动声色的极致情景。且让我们再诵读一遍这两句诗："孤帆远影碧空尽，唯见长江天际流。"

　　本来，我想顺着上面的路子，把我选的"必记唐诗五十首"都讲述一遍，甚至扩大篇目，写成一本像模像样的《余读唐诗》。而且可以想象，这是一件非常轻松、愉快的事情。

　　但是，考虑再三，决定不写这本书了。因为我觉得前面对三首唐诗的讲述，已经大体展示了我的读诗方法。真要写下去，当然也可以精彩，但我这个人历来害怕花很多时间做一项差不多的工作。反正已经开了一道门，其他读者可以从这道门进入后自己走下去，更可以开出很多自己的门，走自己的路。我希望不同的读者在唐诗面前能够展现出不同的解读自由。唐诗是一种"远年引信"，能够激发出我们每个人天性中早就储存着的诗情、诗魂，因此应该有大量不同的门径。

我在上文讲了几句对研究专家不太恭敬的话，请专家们谅解。其实你们也提供了解读的一种门径，只可惜，我觉得这些门径离诗情、诗魂还有较大的距离，因此要对年轻人做一点区分。

那就干脆，在这篇文章的最后，对接触唐诗不久的年轻人做几点更完整的提示吧。

一、唐诗是诗，不是学问。诗与我们每个人的内心相关，因此，你们尽可以一门心思地去读那些"一上眼就喜欢"的诗。"一上眼就喜欢"，是现代心理学研究的重要现象，证明那些诗句与你自己的心理结构存在着"同构关系"。喜欢李白的这两句，证明千年之后的你，与写诗时的李白有一种隔代的心理共振。这是通向伟大的缆索，因此要抓住不放，反复吟诵。读这样的诗，其实是在读自己。读自己，也可以说是用唐诗唤醒自己，唤醒一个具有潜在诗魂的人。

二、太复杂、深奥、艰涩的诗，可以暂时搁置。如果今后你选了中国古典文学专业，再读也不迟。我在前面说过，最好的唐诗都不喜欢生僻词汇和历史典故。这是唐诗在楚辞和汉赋之后的一次整体解放，也是唐诗能够轰动社会的原因之一。最好的唐诗，不允许学术硬块来阻挡流荡的诗情，而真正的诗情因为直通普遍人性，所以一定畅然无碍，人人可感。

三、由此引出第三点提示：读唐诗就是读唐诗，不要把衍生体、派生体、次生体当作唐诗本体。衍生体中，精简的注释倒是可以偶尔读一下，却不宜让太多知识性、资料性、考证性的文本挡住了视线。写这些文本的人，以诗的名义失去了诗，实在是一种无奈的文化牺牲，我们应该予以同情，却不必追随他们的失去程序。

第二十节
唐代散文导读

    唐代文学的精粹，主要集中在唐诗了，散文领域的成就比较一般。历史上所谓的"唐宋八大家"，有两个是唐代的，有六个是宋代的。唐代的两个，就是韩愈和柳宗元。

    韩愈和柳宗元在文学上的最大贡献，是推动了唐代的"古文运动"。他们所提倡的"古文"，主要是指先秦两汉时代那种散落自由、不受形式局限的文体，以针对魏晋以来"骈体时文"的流行病。因此，他们所推动的"古文运动"，初一看是倒退，由"时文"倒退到了"古文"，其实是切中时弊，对流行长久的那种藻饰繁丽的陈词滥调进行了批判和否定。韩愈和柳宗元本身又是散文作家，用成功的实践对自己的文学主张做出了示范，影响不小。因此，后来苏东坡赞扬韩愈"文起八代之衰"，也就是为文学的传承找到了新起点。

    但是，起点是找到了，弊病也指出了，成果却不太大。"文起八代之衰"的说法，是对一场改革运动的宏观赞扬，而不是对当时文学成果的全面肯定。因此苏东坡又说了："唐无文章，惟韩退之《送李愿归盘谷序》一篇而已。"（见《东坡题跋》）这话的口气太大，不太像是苏东坡说的，我以后还会考证一下。但不管怎么说，在散文上，唐代确实比不过宋代。

韩愈写过不少既可以说是论文，又可以说是散文的文章，例如《原道》、《原毁》、《师说》、《争臣论》等等，都很著名，但在我看来，这些文章主要应该属于论文，缺少文学成色。他也写了一些带有情感色彩的文章，而文学品相更独特的，确实是那篇《送李愿归盘谷序》。

就散文而论，柳宗元的成就高过韩愈。除了具有散文风致的论文《封建论》外，柳宗元还写过一些带有寓言色彩的哲理散文，而成就最大的是那些山水游记，例如《至小丘西小石潭记》、《石涧记》、《钴鉧潭西小丘记》、《永州崔中丞万石亭记》、《游黄溪记》等等。而我更喜欢的，则是《愚溪诗序》。这就形成了唐代散文"基础记忆"和"扩大记忆"的篇目。

基础记忆

1.韩愈:《送李愿归盘谷序》；

2.韩愈:《送孟东野序》；

3.韩愈:《进学解》;

4.柳宗元:《愚溪诗序》;

5.柳宗元:《捕蛇者说》;

6.柳宗元:《种树郭橐驼传》。

扩大记忆

1.韩愈:《师说》;

2.韩愈:《马说》;

3.柳宗元:《始得西山宴游记》;

4.柳宗元:《钴鉧潭西小丘记》;

5.柳宗元:《至小丘西小石潭记》。

第二十一节
《送李愿归盘谷序》今译

太行山南面，有一个盘谷。在盘谷间，泉水甘洌，土地肥沃，草木茂盛，居民稀少。有人说，它环在两山之间，所以叫盘。有人说，这个山谷，幽深而险阻，是隐士们的去处。

我的朋友李愿，就住在那里。

为什么住在那里？李愿对我说了这么一番话——

"人们所说的大丈夫，我知道。他们把利益施于他人，得名声显于一时。他们身在朝廷，任免百官，辅佐皇上，发号施令。一旦外出，便竖起旗帜，排开弓箭，武夫开道，随从塞路，负责供给的人捧着物品在道路两边奔跑。他们高兴了，就赏赐；生气了，就刑罚。才俊之士挤满他们眼前，说古道今来歌颂他们的盛德，他们听得入耳，并不厌烦……

"他们身后又有不少女子，曲眉丰颊，声清体轻，秀外慧中，薄襟长袖，施粉画黛。这些女子，列屋闲居，妒宠而又自负，争妍而求爱怜……

"受皇上信任而执事于当今的大丈夫，就是这种行为状态。

"我并不是因为厌恶这一切而逃开，只是命中注定，未曾有幸达到。

"我，贫居山野，登高望远，在茂密的树林下度过整日，在清澈的溪泉间自洗自洁。作息不讲时间，只求舒适安然。

"我想，与其当面备受赞誉，不如背后没有毁谤；与其身体享受快乐，不如内心没有忧愁。这样，就不必在乎车马服饰的等级，不用担心刀锯刑罚的处分，不必关心时世治乱的动静，不必打听官场升降的消息。——这就是不合时世的大丈夫，这就是我。

"如果不是这样，伺候于公卿之门，奔走于权势之途，刚要抬脚就畏缩，刚想开口就嗫嚅，身处污秽而不羞，触犯刑法而获诛，一生都在求侥幸，直到老死方止步。这样做人，究竟是好，还是不好？"

——我韩愈听了李愿的这番话，决定为他壮行。

我为他斟上酒，还为他作了歌——

盘谷啊盘谷，真是你的地方。

盘谷的泥土，让你垦稼种粮，

盘谷的溪泉，让你洗濯游荡，

盘谷的险阻，让你不必守防。

幽远而深秘，

开廓而空旷，

环绕而曲折，

似往而回向。

盘谷之乐，

乐而无殃。

虎豹远去，

蛟龙遁藏。

鬼神守护，

阻止不祥。

有饮有食寿而康，

知足常乐无奢望。

且为车辆添油膏，

喂罢马匹握住缰，

我要随你去盘谷，

终生逍遥复徜徉。

第二十二节

《送李愿归盘谷序》原文

太行之阳有盘谷。盘谷之间，泉甘而土肥，草木丛茂，居民鲜少。或曰："谓其环两山之间，故曰'盘'。"或曰："是谷也，宅幽而势阻，隐者之所盘旋。"友人李愿居之。

愿之言曰："人之称大丈夫者，我知之矣。利泽施于人，名声昭于时。坐于庙朝，进退百官，而佐天子出令。其在外，则树旗旄，罗弓矢，武夫前呵，从者塞途，供给之人，各执其物，夹道而疾驰。喜有赏，怒有刑。才畯满前，道古今而誉盛德，入耳而不烦。曲眉丰颊，清声而便体，秀外而惠中，飘轻裾，翳长袖，粉白黛绿者，列屋而闲居，妒宠而负恃，争妍而取怜。大丈夫之遇知于天子，用力于当世者之所为也。吾非恶此而逃之，是有命焉，不可幸而致也。

"穷居而野处，升高而望远，坐茂树以终日，濯清泉以自洁。采于山，美可茹；钓于水，鲜可食。起居无时，惟适之安。与其有誉于前，孰若无毁于其后；与其有乐于身，孰若无忧于其心。车服不维，刀锯不加，理乱不知，黜陟不闻。大丈夫不遇于时者之所为也，我则行之。

"伺候于公卿之门，奔走于形势之途，足将进而趑趄，口将言而嗫嚅，处污秽而不羞，触刑辟而诛戮，侥幸于万一，老死而后止者，其于为人贤不肖何如也？"

昌黎韩愈，闻其言而壮之，与之酒而为之歌曰："盘之中，维子之宫。盘之土，可以稼。盘之泉，可濯可沿。盘之阻，谁争子所？窈而深，廓其有容；缭而曲，如往而复。嗟盘之乐兮，乐且无央。虎豹远迹兮，蛟龙遁藏。鬼神守护兮，呵禁不祥。饮且食兮寿而康，无不足兮奚所望？膏吾车兮秣吾马，从子于盘兮，终吾生以徜徉。"

第二十三节
《愚溪诗序》今译

灌水北面，有一条溪，向东流入潇水。有人说，过去有一家姓冉的住在这里，所以这溪也有了姓，叫冉溪；又有人说，这溪可以漂染丝帛，所以按功能叫染溪。

我因愚钝而触罪，被贬到潇水边上，却爱上了这条溪。沿溪水走进去二三里，见到一个景色绝佳处，便安了家。古代有愚公谷，我以溪安家，叫什么呢？当地人还在争论是冉溪还是染溪，看来不能不改个名字了，那就叫愚溪吧。

我又在愚溪边上买了一个小山丘，取名为愚丘；从愚溪朝东北方向走六十步，有泉水，我又买了下来，取名为愚泉；愚泉有六个泉穴，泉水都来自山下平地而向上涌出，合流后弯曲向南，我取名为愚沟；在愚沟上堆土积石，塞住隘口，取名为愚池；愚池的东边，建了愚堂；愚池的南边，盖了愚亭；愚池的中间，有一个愚岛。——算一下，共有八愚。这么些错落有致的嘉木异石，都是山水奇迹，却因为我，一起蒙上了"愚"的屈辱。本来水是智者所乐，为什么眼下这道溪水独独以愚相称？你看，它水位很低，不能用来灌溉；它水流峻急，又多嶙峋，大船进入不了；它幽深浅狭，蛟龙不屑一顾，因为不能在这里兴云作雨。总之，它不能被世间利用，恰恰与我类似。那么，委屈一下以愚相称，也可以。

春秋时的宁武子说，国家混乱时要变得愚笨，这是聪明人之愚；颜回在听孔子讲述时从不发问，貌似愚笨，这是睿悟者之愚。他们都不是真愚。我生于有道之世，却违背时理，做了傻事。因此要说愚，莫过于我了。这也就是说，天下谁也不能来与我争这条溪，只能由我拥有，由我命名。

但是，回过来说，这溪虽然不能被世间利用，却能映照天下万物。它清莹秀澈的水流，金石铿锵的声音，能使一切愚者喜笑眷恋，乐而忘返。

我虽然与世俗不合，却也能用文墨慰藉自己、洗涤万物、掌控百态，什么也逃不出我的笔下。因此，我今天以愚辞来歌颂愚溪，便觉得茫茫然与此溪相合，昏昏然与此溪同归。超然于鸿蒙混沌，相融于虚静太空，寂寥于无我之境。于是，便作了一首《八愚诗》，刻记在溪石之上。

第二十四节
《愚溪诗序》原文

　　灌水之阳有溪焉，东流入于潇水。或曰：冉氏尝居也，故姓是溪为冉溪。或曰：可以染也，名之以其能，故谓之染溪。予以愚触罪，谪潇水上。爱是溪，入二三里，得其尤绝者家焉。古有愚公谷，今予家是溪，而名莫定，土之居者，犹龂龂然，不可以不更也，故更之为愚溪。

　　愚溪之上，买小丘，为愚丘。自愚丘东北行六十步，得泉焉，又买居之，为愚泉。愚泉凡六穴，皆出山下平地，盖上出也。合流屈曲而南，为愚沟。遂负土累石，塞其隘，为愚池。愚池之东为愚堂。其南为愚亭。池之中为愚岛。嘉木异石错置，皆山水之奇者，以予故，咸以愚辱焉。

　　夫水，智者乐也。今是溪独见辱于愚，何哉？盖其流甚下，不可以溉灌。又峻急多坻石，大舟不可入也。幽邃浅狭，蛟龙不屑，不能兴云雨，无以利世，而适类于予，然则虽辱而愚之，可也。

　　宁武子"邦无道则愚"，智而为愚者也；颜子"终日不违如愚"，睿而为愚者也。皆不得为真愚。今予遭有道而违于理，悖于事，故凡为愚者，莫我若也。夫然，则天下莫能争是溪，予得专而名焉。

溪虽莫利于世，而善鉴万类，清莹秀澈，锵鸣金石，能使愚者喜笑眷慕，乐而不能去也。予虽不合于俗，亦颇以文墨自慰，漱涤万物，牢笼百态，而无所避之。以愚辞歌愚溪，则茫然而不违，昏然而同归。超鸿蒙，混希夷，寂寥而莫我知也。于是作《八愚诗》，纪于溪石上。

第二十五节
宋词导读

　　宋词是继唐诗之后的又一个文化奇迹。文学史上的这种文化奇迹，是一种新兴文体的全方位创造状态，人才啸聚，大师辈出，佳作汇涌。中国已经驾驭过唐诗的大潮，因此，在宋词上出现的这种文化奇迹，就呈现得更加从容自如了。

　　在宋朝建立之初，有一个被关在俘虏屋里的人，竟然是这个朝代典范文体的初创者，他就是李煜。在一般文学史上，他并不归属于宋朝，但我却因宋词的理由把他看作宋代文学的先行者。王国维说，词因他，"境界始大"。因此，在宋词排序之前，我们必须先把他的四个代表作介绍出来。而且，都被列录于"基础记忆"的范畴。

　　李煜——

　　1.《虞美人》(春花秋月何时了)；

　　2.《浪淘沙》(帘外雨潺潺)；

　　3.《相见欢》(无言独上西楼)；

4.《破阵子》（四十年来家国）。

读过了他的四首词，我们就可以来为宋词排序了。

与唐诗一样，对宋词的排序也先分词人，再分作品。作品次序，考虑多方因素，首看民众熟知程度。

宋词与唐诗一样光芒万丈，但它们之间也有一个明显的区别，那就是，从整体看，唐诗较少重复，而宋词则较多因袭。唐诗有一种天地初开的拓展劲头，而宋词却在低吟慢唱中过多地关顾前后左右。宋词的中等作品之下，有大量近似的"意向模式"和"高频率语块"。因此，宋词的创造魅力，更多地集中在那几个站在前沿的巨匠身上。这一事实，让我们在排序时更会把注意力投向那些响亮的名字。

以下，就是对宋词中"基础记忆"和"扩大记忆"篇目的排序。

基础记忆

——必记宋词三十五首

1.苏轼：念奴娇·赤壁怀古

大江东去，浪淘尽，千古风流人物。故垒西边，人道是，三国周郎赤壁。乱石穿空，惊涛拍岸，卷起千堆雪。江山如画，一时多少豪杰。

遥想公瑾当年，小乔初嫁了，雄姿英发。羽扇纶巾，谈笑间，樯橹灰飞烟灭。故国神游，多情应笑我，早生华发。人生如梦，一樽还酹江月。

2.苏轼：水调歌头·中秋

明月几时有？把酒问青天。不知天上宫阙，今夕是何年。我欲乘风归去，又恐琼楼玉宇，高处不胜寒。起舞弄清影，何似在人间！

转朱阁，低绮户，照无眠。不应有恨，何事长向别时圆？

人有悲欢离合，月有阴晴圆缺，此事古难全。但愿人长久，千里共婵娟。

3.苏轼：卜算子·黄州定惠院寓居作

缺月挂疏桐，漏断人初静。谁见幽人独往来，缥缈孤鸿影。

惊起却回头，有恨无人省。拣尽寒枝不肯栖，寂寞沙洲冷。

4.苏轼：江城子·乙卯正月二十日夜记梦

十年生死两茫茫，不思量，自难忘。千里孤坟，无处话凄凉。纵使相逢应不识，尘满面，鬓如霜。

夜来幽梦忽还乡，小轩窗，正梳妆。相顾无言，惟有泪千行。料得年年肠断处，明月夜，短松冈。

5.苏轼：蝶恋花·花褪残红青杏小

花褪残红青杏小。燕子飞时，绿水人家绕。枝上柳绵吹又少，天涯何处无芳草。

墙里秋千墙外道。墙外行人，墙里佳人笑。笑渐不闻声渐悄，多情却被无情恼。

6.苏轼：定风波·沙湖道中遇雨

莫听穿林打叶声，何妨吟啸且徐行。竹杖芒鞋轻胜马，谁怕？一蓑烟雨任平生。

料峭春风吹酒醒，微冷，山头斜照却相迎。回首向来萧瑟处，归去，也无风雨也无晴。

7.苏轼：临江仙·夜归临皋

夜饮东坡醒复醉，归来仿佛三更。家童鼻息已雷鸣。敲门都不应，倚杖听江声。

长恨此身非我有，何时忘却营营？夜阑风静縠纹平。小舟从此逝，江海寄余生。

8.苏轼：江城子·密州出猎

老夫聊发少年狂，左牵黄，右擎苍，锦帽貂裘，千骑卷平冈。为报倾城随太守，亲射虎，看孙郎。

酒酣胸胆尚开张。鬓微霜，又何妨！持节云中，何日遣冯唐？会挽雕弓如满月，西北望，射天狼。

9.李清照：声声慢·寻寻觅觅

寻寻觅觅，冷冷清清，凄凄惨惨戚戚。乍暖还寒时候，最难将息。三杯两盏淡酒，怎敌他、晚来风急！雁过也，正伤心，却是旧时相识。

满地黄花堆积，憔悴损，如今有谁堪摘？守着窗儿，独自怎生得黑！梧桐更兼细雨，到黄昏、点点滴滴。这次第，怎一个愁字了得！

10.李清照：如梦令·昨夜雨疏风骤

昨夜雨疏风骤。浓睡不消残酒。试问卷帘人，却道海棠依旧。知否、知否？应是绿肥红瘦。

11. 李清照：醉花阴·薄雾浓云愁永昼

薄雾浓云愁永昼，瑞脑销金兽。佳节又重阳，玉枕纱厨，半夜凉初透。

东篱把酒黄昏后，有暗香盈袖。莫道不销魂，帘卷西风，人比黄花瘦。

12. 李清照：一剪梅·红藕香残玉簟秋

红藕香残玉簟秋。轻解罗裳，独上兰舟。云中谁寄锦书来？雁字回时，月满西楼。

花自飘零水自流。一种相思，两处闲愁。此情无计可消除，才下眉头，却上心头。

13. 李清照：如梦令·常记溪亭日暮

常记溪亭日暮，沉醉不知归路。兴尽晚回舟，误入藕花深处。争渡，争渡，惊起一滩鸥鹭。

14. 辛弃疾：永遇乐·京口北固亭怀古

千古江山，英雄无觅孙仲谋处。舞榭歌台，风流总被雨打风吹去。斜阳草树，寻常巷陌，人道寄奴曾住。想当年，金戈铁马，气吞万里如虎。

元嘉草草，封狼居胥，赢得仓皇北顾。四十三年，

望中犹记，烽火扬州路。可堪回首，佛狸祠下，一片神
鸦社鼓。凭谁问：廉颇老矣，尚能饭否？

15. 辛弃疾：水龙吟·登建康赏心亭

楚天千里清秋，水随天去秋无际。遥岑远目，献愁
供恨，玉簪螺髻。落日楼头，断鸿声里，江南游子。把
吴钩看了，栏干拍遍，无人会，登临意。

休说鲈鱼堪脍，尽西风季鹰归未？求田问舍，怕应
羞见，刘郎才气。可惜流年，忧愁风雨，树犹如此！倩
何人唤取，红巾翠袖，揾英雄泪？

16. 辛弃疾：菩萨蛮·书江西造口壁

郁孤台下清江水，中间多少行人泪。西北望长安，
可怜无数山。

青山遮不住，毕竟东流去。江晚正愁余，山深闻
鹧鸪。

17. 辛弃疾：破阵子·为陈同甫赋壮词以寄之

醉里挑灯看剑，梦回吹角连营。八百里分麾下炙，
五十弦翻塞外声，沙场秋点兵。

马作的卢飞快，弓如霹雳弦惊。了却君王天下事，

赢得生前身后名。可怜白发生！

18. 辛弃疾：青玉案·元夕

东风夜放花千树。更吹落，星如雨。宝马雕车香满路。凤箫声动，玉壶光转，一夜鱼龙舞。

蛾儿雪柳黄金缕，笑语盈盈暗香去。众里寻他千百度，蓦然回首，那人却在，灯火阑珊处。

19. 辛弃疾：西江月·夜行黄沙道中

明月别枝惊鹊，清风半夜鸣蝉。稻花香里说丰年，听取蛙声一片。

七八个星天外，两三点雨山前。旧时茅店社林边，路转溪桥忽见。

20. 辛弃疾：丑奴儿·书博山道中壁

少年不识愁滋味，爱上层楼。爱上层楼，为赋新词强说愁。

而今识尽愁滋味，欲说还休。欲说还休，却道天凉好个秋。

21. 辛弃疾：西江月·遣兴

醉里且贪欢笑，要愁那得工夫。近来始觉古人书，信着全无是处。

昨夜松边醉倒，问松我醉何如，只疑松动要来扶，以手推松曰去！

22. 辛弃疾：鹧鸪天·有客慨然谈功名因追念少年时事戏作

壮岁旌旗拥万夫，锦襜突骑渡江初。燕兵夜娖银胡䩮，汉箭朝飞金仆姑。

追往事，叹今吾，春风不染白髭须。却将万字平戎策，换得东家种树书。

23. 辛弃疾：南乡子·登京口北固亭有怀

何处望神州？满眼风光北固楼。千古兴亡多少事？悠悠，不尽长江滚滚流！

年少万兜鍪，坐断东南战未休。天下英雄谁敌手？曹刘。生子当如孙仲谋！

24. 陆游：卜算子·咏梅

驿外断桥边，寂寞开无主。已是黄昏独自愁，更著风和雨。

　　无意苦争春，一任群芳妒。零落成泥碾作尘，只有香如故。

25. 陆游：诉衷情·当年万里觅封侯

　　当年万里觅封侯，匹马戍梁州。关河梦断何处？尘暗旧貂裘。

　　胡未灭，鬓先秋，泪空流。此生谁料，心在天山，身老沧洲。

26. 陆游：鹊桥仙·一竿风月

　　一竿风月，一蓑烟雨，家在钓台西住。卖鱼生怕近城门，况肯到红尘深处？

　　潮生理棹，潮平系缆，潮落浩歌归去。时人错把比严光，我自是无名渔父。

27. 陆游：鹊桥仙·华灯纵博

　　华灯纵博，雕鞍驰射，谁记当年豪举？酒徒一半取封侯，独去作江边渔父。

　　轻舟八尺，低篷三扇，占断蘋洲烟雨。镜湖元自属闲人，又何必官家赐与？

28.陆游：钗头凤·红酥手

红酥手，黄縢酒。满城春色宫墙柳。东风恶，欢情薄。一怀愁绪，几年离索。错，错，错。

春如旧，人空瘦。泪痕红浥鲛绡透。桃花落，闲池阁。山盟虽在，锦云难托。莫，莫，莫！

29.张元幹：贺新郎·送胡邦衡待制

梦绕神州路。怅秋风，连营画角，故宫离黍。底事昆仑倾砥柱，九地黄流乱注？聚万落千村狐兔。天意从来高难问，况人情，老易悲难诉！更南浦、送君去。

凉生岸柳催残暑。耿斜河、疏星淡月，断云微度。万里江山知何处？回首对床夜语。雁不到、书成谁与？目尽青天怀今古，肯儿曹恩怨相尔汝？举大白，听《金缕》。

30.岳飞：满江红·怒发冲冠

怒发冲冠，凭栏处、潇潇雨歇。抬望眼、仰天长啸，壮怀激烈。三十功名尘与土，八千里路云和月。莫等闲、白了少年头，空悲切。

靖康耻，犹未雪。臣子恨，何时灭。驾长车踏破，贺兰山缺。壮志饥餐胡虏肉，笑谈渴饮匈奴血。待从头、收拾旧山河，朝天阙。

31. 柳永：雨霖铃·寒蝉凄切

寒蝉凄切，对长亭晚，骤雨初歇。都门帐饮无绪，留恋处，兰舟催发。执手相看泪眼，竟无语凝噎。念去去，千里烟波，暮霭沉沉楚天阔。

多情自古伤离别，更那堪，冷落清秋节？今宵酒醒何处？杨柳岸，晓风残月。此去经年，应是良辰好景虚设。便纵有千种风情，更与何人说？

32. 范仲淹：渔家傲·秋思

塞下秋来风景异。衡阳雁去无留意。四面边声连角起。千嶂里，长烟落日孤城闭。

浊酒一杯家万里。燕然未勒归无计。羌管悠悠霜满地。人不寐，将军白发征夫泪。

33. 秦观：鹊桥仙·七夕

纤云弄巧，飞星传恨，银汉迢迢暗度。金风玉露一相逢，便胜却人间无数。

柔情似水，佳期如梦，忍顾鹊桥归路。两情若是久长时，又岂在朝朝暮暮。

34. 晏殊：浣溪沙·一曲新词酒一杯

一曲新词酒一杯，去年天气旧亭台。夕阳西下几时回？

无可奈何花落去，似曾相识燕归来。小园香径独徘徊。

35. 陈亮：水调歌头·送章德茂大卿使虏

不见南师久，漫说北群空。当场只手，毕竟还我万夫雄。自笑堂堂汉使，得似洋洋河水，依旧只流东？且复穹庐拜，会向藁街逢！

尧之都，舜之壤，禹之封。于中应有，一个半个耻臣戎！万里腥膻如许，千古英灵安在，磅礴几时通？胡运何须问，赫日自当中！

扩大记忆

——应记宋词十五首

1. 辛弃疾：《贺新郎·别茂嘉十二弟》（绿树听鹈鴂）；

2. 辛弃疾：《清平乐·村居》（茅檐低小）；

3. 晏殊：《浣溪沙》（一向年光有限身）；

4. 姜夔：《琵琶仙》（双桨来时）；

5. 秦观:《踏莎行·郴州旅舍》(雾失楼台);

6. 贺铸:《青玉案》(凌波不过横塘路);

7. 欧阳修:《蝶恋花》(庭院深深深几许);

8. 欧阳修:《生查子·元夕》(去年元夜时);

9. 宋祁:《玉楼春·春景》(东城渐觉风光好);

10. 吴文英:《唐多令·惜别》(何处合成愁);

11. 蒋捷:《虞美人·听雨》(少年听雨歌楼上);

12. 蒋捷:《一剪梅·舟过吴江》(一片春愁待酒浇);

13. 刘克庄:《玉楼春·戏林推》(年年跃马长安市);

14. 刘克庄:《一剪梅·余赴广东,实之夜饯于风亭》(束
缊宵行十里强);

15. 陈与义:《临江仙·夜登小阁忆洛中旧游》(忆昔午桥
桥上饮)。

第二十六节
宋词的最高峰峦

　　宋代文学的第一主角，是词。其实宋诗也不错，但是面对前辈唐诗和同辈的宋词，应该谦让了。宋代的散文超过唐代，但是边上有了词，也应该谦让了。

　　"词"这个东西，就像我们现在歌唱界常说的"歌词"、"曲词"一样，与音乐有紧密关系。唐代是一个充满歌声的时代，从胡乐到燕乐的歌词，常被称为"曲子词"。中唐之后一些文人开始认真地依声填词，这就形成了与诗很不一样的"长短句"。白居易、刘禹锡、张志和等人都写过不错的词，晚唐温庭筠的贡献更大一些。到了南唐小朝廷时期，国事纷乱而文事发达，宰相冯延巳和国君李璟都是一代词家，而李璟的儿子李煜，更是一个划时代的巨匠。

　　李煜后来成了宋朝的俘虏。这个俘虏他的王朝的最高文学标志，却由他在俘虏屋里擦着眼泪默默奠基。这事很怪异，也很幽默。不管哪个朝代、哪个国家，俘虏营、俘虏屋、俘虏岛，大多是汇聚大量奇险而悲怆诗情的地方。只不过，那些作品很难传得出来。李煜是特例，不仅传出来了，而且几乎整个中国都记住了他的一些句子。"春花秋月何时了，往事知多少"；"问君能有几多愁，恰似一江春水向东流"；"流水落花春去也，天上人间"；"剪不断，理还乱，是离愁，别是一般滋味在心头"……

"一江春水向东流"的幽咽之叹，终于变成了"大江东去"的豪迈之声。宋词堂皇登台，一时间风起云涌。

宋词的第一主角，是苏东坡。

对此，很少听到异议。因为有《念奴娇·赤壁怀古》和《水调歌头·中秋》。

这两首词的巨大魅力，已经远远超出词的范畴，也远远超越了宋代。苏东坡本人，也因它们而登上了最高文化峰峦。

为什么会这样？为什么是这两首？

大家早就习惯了大概念的讲述，我今天且另辟蹊径，只讲具体创作技法。

第一个原因：由宏大情景开头。

篇幅不大的文学作品，开头非常重要。如果开头平平，多数粗心的读者就不会继续深入，而对那些很有耐心的读者而言，也失落了"开门见山"的惊喜。因此，能否把读者一把拉住，而且拉得有力，开头占了一半功效。

很多诗词的开头，会从一个心理感慨出发，包括很多佳作也是如此。但是，多数读者在刚刚面对一个作品时，心理结构的大门尚未完全打开，还处于一种试探状态。兜头一盆感慨之水或哲理之水，会让人缺少足够的接受准备。因此，感慨和哲理不妨放后一点儿，最好的开头应该是情景。让读者进入情景比较容易，一旦进入，就可以任你引导了。

但是，情景的设定也大有讲究。多数诗词的情景，往往出自诗人当下的庭院图像，如霜晨飞雀，篱下落花，可触可感，容易动情。这样当然也能写出优秀作品，但毕竟，气格小了一点儿，缺少一种强大的吸附之力和裹卷之力。

这就可以发现苏东坡这两首词的不凡之处了，那就是，具有强大的吸附之力和裹卷之力。

这两种力的起点，是宏大情景。一首，是俯看滚滚长江；另一首，是仰视中秋之月。这两个情景，人人都能感受，一感受便能拓宽胸怀，找到一种浩渺的亲切感，其实也就是找到了一个提升了的自己。这就会让读者立即移情，黏着于词句之间了。"大江东去，浪淘尽，千古风流人物"，这是任何人在江边都产生过的感受；"明月几时有，把酒问青天，不知天上宫阙，今夕是何年"，这是任何人在仰月时都产生过的想象。也就是说，只要是人，面对巨大而恒久的自然物时都会在内心迸发出天赋诗意，苏东坡的这两首词把这种诗意叩发出来了。

因此，读诗的人，已经是半个诗人。

第二个原因：宏大情景粘住了读者，还不够，必须粘得更深一点儿，把这个宏大情景写足、写透。

这是很多诗词做不到的。有了一个好的开头，往往就纵笔滑走，匆忙表述自己的感悟了。例如比苏东坡晚了四百多年的杨慎写的《临江仙》就是一种标准格式："滚滚长江东逝水，浪花淘尽英雄，是非成败转头空。"这也写得不错，却是通常的写作套路。苏东坡不会这样，他一定要把已经引出来的大江写透，写"故垒西边"，写"乱石穿空，惊涛拍岸"，写"卷起千堆雪"，这就把进入情景的读者深度裹卷了，而且是感性裹卷，很难拒绝。当读者已经被深度裹卷，于是只要轻轻点化一句感悟，大家全都顺势接受了："江山如画，一时多少豪杰。"

那首《水调歌头》，也没有立即从月亮联想到一个意念，而是把观月的情景描写到了无以复加的地步。你看，既在猜想天宫中的日历，又在设想自己如果飞上去了之后受不住上面的寒冷。 寒冷归寒冷，但那是非常美丽的"琼楼玉宇"。
既然上不去，那就看月光下来吧，"转朱阁，低绮户，照无
眠"。 请注意，写了那么多，还没有把意念塞给读者，仍然是
在透彻地赏月。 这实在是高明极了，赏月赏到了天上人间的
无垠穿越，把一个情景搅成了极致性的运动状态，而这一切
又全在广大读者都能感受的范围之内。

由此可知，最高等级的大作品，总是着力于想象和描写，
而不是议论和抒情。 如果急急地进入议论和抒情，也可能是
好作品，却不可能是大作品。

第三个原因：感悟于低调、朦胧。

在情景里翻腾得那么透，享受了那么久，最后总要表达
一些感悟了吧。

这当然是需要的，否则作品缺少了一个归结点，很难结
束。 但是，这里最常见的误会是，以为大作品必须引出一个
最深刻、最响亮的结论。 很多文学史家也常常用这种思路来
分析各个作品。

但是不能忘了，文学就是文学，并不是哲学。 在美的领
域，要的是寻常的感悟，而不是惊世的结论。 真正传世的大
作品，精神走向一定不是战歌式的嘹亮清晰，而总是朦胧的、
低调的、模糊的，因此也是浩茫的、多义的、无限的。

请看《念奴娇》，在道尽了大江英雄陈迹之后，并不伤感，并不批判，也不说教，只是淡淡表示自己在"多情"的"神游"中已经"早生华发"。感叹了一下"人生如梦"之后就举起了酒杯祭洒。祭洒给谁？是给大江？给周瑜？给人生？给自己？都可以。就在这"都可以"的低调朦胧中，一个大作品才没有陷落于一端而变小。而且，正是在低调朦胧中，美的景象才能留存得完满而没有被意念割碎。

《水调歌头》也是一样，没有决断，没有怨恨，没有结论。这个作品归结于一种温暖的劝慰：即使离别也"不应有恨"。"人有悲欢离合，月有阴晴圆缺，此事古难全。"是啊，在"悲欢离合"这四个字当中，每个字都能做出大量激情勃发的好文章，但苏东坡站在这些好文章之上轻轻一笑，说这都是自然现象，不必求全。彼此活得长一点儿，就好了，而这也只是一个愿望。仍然是一片暖洋洋的朦胧，足以融化一切。

正是这种低调朦胧，使一切读者都能放松进入，又放松离开。好像没有得到什么，却看到了一个知心的异代兄长的精神微笑。这种精神微笑，又与自己有关，因此分外亲切。

这就是这两首词让人百读不厌的技术原因。

第二十七节
宋诗和宋文导读

宋代以词名世，其实诗亦很好。尤其是苏轼、陆游、王安石、文天祥的诗，皆可传世。所列不多，均应熟读。

基础记忆

1. 陆游：剑门道中遇微雨

衣上征尘杂酒痕，远游无处不消魂。

此身合是诗人未？细雨骑驴入剑门。

2. 陆游：示儿

死去元知万事空，但悲不见九州同。

王师北定中原日，家祭无忘告乃翁。

3. 陆游：秋夜将晓出篱门迎凉有感（其二）

三万里河东入海，五千仞岳上摩天。

遗民泪尽胡尘里，南望王师又一年。

4.陆游：书愤

　　早岁那知世事艰，中原北望气如山。

　　楼船夜雪瓜洲渡，铁马秋风大散关。

　　塞上长城空自许，镜中衰鬓已先斑。

　　出师一表真名世，千载谁堪伯仲间！

5.陆游：游山西村

　　莫笑农家腊酒浑，丰年留客足鸡豚。

　　山重水复疑无路，柳暗花明又一村。

　　箫鼓追随春社近，衣冠简朴古风存。

　　从今若许闲乘月，拄杖无时夜叩门。

6.苏轼：题西林壁

　　横看成岭侧成峰，远近高低各不同。

　　不识庐山真面目，只缘身在此山中。

7.苏轼：和子由渑池怀旧

　　人生到处知何似？应似飞鸿踏雪泥。

　　泥上偶然留指爪，鸿飞那复计东西。

　　老僧已死成新塔，坏壁无由见旧题。

　　往日崎岖还记否？路长人困蹇驴嘶。

8. 苏轼：惠崇春江晚景（其一）

　　竹外桃花三两枝，春江水暖鸭先知。

　　蒌蒿满地芦芽短，正是河豚欲上时。

9. 王安石：泊船瓜洲

　　京口瓜洲一水间，钟山只隔数重山。

　　春风又绿江南岸，明月何时照我还？

10. 李清照：乌江

　　生当作人杰，死亦为鬼雄。

　　至今思项羽，不肯过江东。

11. 朱熹：观书有感（其一）

　　半亩方塘一鉴开，天光云影共徘徊。

　　问渠那得清如许？为有源头活水来。

12. 文天祥：过零丁洋

　　辛苦遭逢起一经，干戈寥落四周星。

　　山河破碎风飘絮，身世浮沉雨打萍。

　　惶恐滩头说惶恐，零丁洋里叹零丁。

　　人生自古谁无死？留取丹心照汗青。

13. 文天祥：正气歌

　　天地有正气，杂然赋流形。下则为河岳，上则为日星。于人曰浩然，沛乎塞苍冥。皇路当清夷，含和吐明庭。时穷节乃见，一一垂丹青。

　　在齐太史简，在晋董狐笔，在秦张良椎，在汉苏武节；为严将军头，为嵇侍中血，为张睢阳齿，为颜常山舌；或为辽东帽，清操厉冰雪；或为出师表，鬼神泣壮烈；或为渡江楫，慷慨吞胡羯；或为击贼笏，逆竖头破裂。是气所磅礴，凛烈万古存。当其贯日月，生死安足论。

　　地维赖以立，天柱赖以尊。三纲实系命，道义为之根。嗟余遘阳九，隶也实不力。楚囚缨其冠，传车送穷北。鼎镬甘如饴，求之不可得。阴房阒鬼火，春院闷天黑。牛骥同一皂，鸡栖凤凰食。一朝蒙雾露，分作沟中瘠。如此再寒暑，百沴自辟易。哀哉沮洳场，为我安乐国。岂有他缪巧，阴阳不能贼。顾此耿耿在，仰视浮云白。悠悠我心忧，苍天曷有极。

　　哲人日已远，典刑在夙昔。风檐展书读，古道照颜色。

扩大记忆

1.苏轼:《六月二十七日望湖楼醉书五绝·其一》(黑云翻墨未遮山);

2.苏轼:《饮湖上,初晴后雨·其二》(水光潋滟晴方好);

3.朱熹:《春日》(胜日寻芳泗水滨);

4.杨万里:《小池》(泉眼无声惜细流);

5.叶绍翁:《游园不值》(应怜屐齿印苍苔);

6.林升:《题临安邸》(山外青山楼外楼);

7.王安石:《登飞来峰》(飞来山上千寻塔);

8.郑思肖:《寒菊》(花开不并百花丛)。

宋代散文,依"唐宋八大家"的排列,有六家,即欧阳修、苏洵、苏轼、苏辙、曾巩、王安石,确实各有特色,但是如果以宋词和宋诗的光亮来对照,真正能够平视的,也只有伟大的苏轼。尤其是他的《前赤壁赋》和《后赤壁赋》,文学地位崇高,哲理等级非凡,大家应该反复熟读乃至背诵。除苏轼外,欧阳修的散文也不错,特别是那篇《秋声赋》,朗诵起来很有味道。

第二十八节
《前赤壁赋》今译

壬戌年的那个秋天，农历七月十六，我和客人坐船，到赤壁下面游玩。

在风平浪静之间，我向客人举起酒杯，朗诵《明月》之诗，吟唱《窈窕》之章。不一会儿，月亮从东山升起，徘徊于东南星辰之间。白雾横罩江面，水光连接苍穹，我们的船恰如一片苇叶，浮越于万顷空间。眼前是那么开阔，像是要飞到天上，不知停在哪里；身子是那么轻飘，像是要遗弃人世，长了翅膀而成仙。

于是我们快乐地喝酒，拍着船舷唱起了歌。歌中唱道：

桂树为橹，

兰木做桨。

橹划空明，

桨拨流光。

我的怀念，

渺渺茫茫。

心中美人，

天各一方。

有一位客人吹起了洞箫，为歌声伴奏。那呜呜咽咽的声音，像是怨恨，又像是爱慕；像是哭泣，又像是诉说。余音婉转而悠长，就像一缕怎么也拉不断的丝线，简直能让深壑里的蛟龙舞动，能让孤舟里的独女哀泣。

我心中顿觉凄楚，便端正了一下自己的姿态，问那位吹箫的客人："为什么吹成这样？"

那位客人说："'月明星稀，乌鹊南飞'——这不是曹操的诗句吗？想当年，不也是这个地方，西对夏口，东对鄂州，山环水复，草木苍翠，曹操被周瑜所困？那时候，他刚刚攻下荆州，拿下江陵，顺流东下，战船延绵千里，旌旗遮天蔽日，对着大江饮酒，横握长矛吟诗，真可谓是一代豪杰啊，然而，他今天在哪里？

"那就更不必说你我之辈了：捕鱼打柴为生，鱼虾麋鹿做伴，驾着小船出没，捧着葫芦喝酒，既像昆虫寄世，又像小米漂海，哀叹生命短暂，羡慕长江无穷。当然我也想与仙人一样遨游，与月亮一起长存，但明知都得不到，只能把悲伤吐给秋风。"

我听完，就对这位客人说："你也应该知道水和月的玄机吧。这水，看似日夜流走，其实一直存在；这月，看似时圆时缺，其实没有增减。从变化的角度看，天地之间瞬刻不同；但从不变的角度看，万物和我们都可以永恒，那又有什么好羡慕的呢？

"何况，天地万物各有所属，如果不是我们的，分毫都不该占取。只有江上的清风，山间的明月，经由我们的耳朵而成为声音，经由我们的眼睛而成为色彩，可以尽管取用，怎么也用不完。这是大自然的无穷宝藏，足供你我共享。"

客人听罢，高兴地笑了，洗了杯子，重新斟酒。终于，菜肴果品全都吃完，空杯空盘杂乱一片，大家就互相靠着身子睡觉，直到东方露出曙色。

第二十九节
《前赤壁赋》原文

壬戌之秋，七月既望，苏子与客泛舟，游于赤壁之下。清风徐来，水波不兴。举酒属客，诵明月之诗，歌窈窕之章。少焉，月出于东山之上，徘徊于斗牛之间。白露横江，水光接天。纵一苇之所如，凌万顷之茫然。浩浩乎如冯虚御风，而不知其所止；飘飘乎如遗世独立，羽化而登仙。

于是饮酒乐甚，扣舷而歌之。歌曰："桂棹兮兰桨，击空明兮溯流光。渺渺兮予怀，望美人兮天一方。"客有吹洞箫者，倚歌而和之。其声呜呜然，如怨如慕，如泣如诉，余音袅袅，不绝如缕。舞幽壑之潜蛟，泣孤舟之嫠妇。

苏子愀然，正襟危坐而问客曰："何为其然也？"客曰："'月明星稀，乌鹊南飞'，此非曹孟德之诗乎？西望夏口，东望武昌，山川相缪，郁乎苍苍，此非孟德之困于周郎者乎？方其破荆州，下江陵，顺流而东也，舳舻千里，旌旗蔽空，酾酒临江，横槊赋诗，固一世之雄也，而今安在哉？况吾与子渔樵于江渚之上，侣鱼虾而友麋鹿，驾一叶之扁舟，举匏樽以相属。寄蜉蝣于天地，渺沧海之一粟。哀吾生之须臾，羡长江之无穷。挟飞仙以遨游，抱明月而长终。知不可乎骤得，托遗响于悲风。"

苏子曰："客亦知夫水与月乎？逝者如斯，而未尝往也；盈虚者如彼，而卒莫消长也。盖将自其变者而观之，则天地曾不能以一瞬；自其不变者而观之，则物与我皆无尽也，而又何羡乎！且夫天地之间，物各有主，苟非吾之所有，虽一毫而莫取。惟江上之清风，与山间之明月，耳得之而为声，目遇之而成色，取之无禁，用之不竭，是造物者之无尽藏也，而吾与子之所共适。"

客喜而笑，洗盏更酌。肴核既尽，杯盘狼籍。相与枕藉乎舟中，不知东方之既白。

第三十节
《后赤壁赋》今译

　　这年十月十五，我从雪堂出发，回临皋去。两位客人跟着我，过黄泥坂。那是霜降季节，树叶已经落尽。见到自己的身影在地上，便仰起头来看月亮，不禁心中一乐，就边走边唱，互相应和。走了一会儿，我随口叹道："有客而没有酒，有酒而没有菜肴，这个美好的夜晚该怎么度过？"一位客人说："今天傍晚，我网到一条鱼，口大鳞细，很像松江鲈鱼。但是，到哪儿去弄酒呢？"我急忙回家与妻子商量。妻子说："我有一斗酒，藏很久了，就是准备你临时需要的。"

　　于是我们带了酒和鱼，又一次来到赤壁之下。那儿，江流声声，岸壁陡峭。因为山高，月亮被比得很小。水位下落，两边坡石毕露。与上次来游，才隔多久，景色已经变得认不出来了。

　　我撩起衣服，踏着山岩，拨开茂草，蹲上形如虎豹的巨石，跨过状如虬龙的古木，攀及禽鸟筑巢的大树，俯瞰深幽难测的长江。两位客人跟不上我，便尖声长啸。他们的声音震动了草木，震荡着山谷，像是一阵风，吹起了波浪。我突然忧伤，深感恐慌，觉得不能在这里停留。

下到船上，漂在江中，不管它停在哪里，歇在何处。快到半夜了，四周一片寂静。忽然看到一只孤鹤越过大江从东边飞来，翅膀像轮子一样翻动，身白尾黑，长鸣一声从我们船上飞过，向西而去。

一会儿客人走了，我也就入睡了。梦见一个道士，穿着羽毛般的衣服飘然而到临皋，拱手对我说："赤壁之游，快乐吗？"问他姓名，他低头不答。我说："啊呀，我知道了。昨天半夜从我头顶飞鸣而过的，就是你吧？"道士笑了，我也醒了。开门一看，什么也没有。

第三十一节

《后赤壁赋》原文

是岁十月之望，步自雪堂，将归于临皋。二客从予，过黄泥之坂。霜露既降，木叶尽脱。人影在地，仰见明月。顾而乐之，行歌相答。已而叹曰："有客无酒，有酒无肴，月白风清，如此良夜何？"客曰："今者薄暮，举网得鱼，巨口细鳞，状似松江之鲈。顾安所得酒乎？"归而谋诸妇。妇曰："我有斗酒，藏之久矣，以待子不时之须。"

于是携酒与鱼，复游于赤壁之下。江流有声，断岸千尺；山高月小，水落石出。曾日月之几何，而江山不可复识矣。

予乃摄衣而上，履巉岩，披蒙茸，踞虎豹，登虬龙，攀栖鹘之危巢，俯冯夷之幽宫。盖二客不能从焉。划然长啸，草木震动，山鸣谷应，风起水涌。予亦悄然而悲，肃然而恐，凛乎其不可久留也。

返而登舟，放乎中流，听其所止而休焉。时夜将半，四顾寂寥。适有孤鹤，横江东来，翅如车轮，玄裳缟衣，戛然长鸣，掠予舟而西也。

　　须臾客去，予亦就睡。梦一道士，羽衣翩跹，过临皋之下，揖予而言曰："赤壁之游乐乎？"问其姓名，俯而不答。"呜呼！噫嘻！我知之矣。畴昔之夜，飞鸣而过我者，非子也耶？"道士顾笑，予亦惊悟。开户视之，不见其处。

第三十二节
《秋声赋》今译

　　欧阳子正在夜里读书，听到有声音从西南方向传来，心里一惊，侧耳倾听，不禁自语："好奇怪呀！"

　　这声音，初听淅淅沥沥，萧萧飒飒，忽然奔腾澎湃，就像波涛夜惊，风雨骤至。而且，这波涛和风雨似乎还撞到了什么，发出琮琮琤琤的金铁之声。再听，又像是奔赴战场的兵士们衔着禁声之枚疾步而走，没有口令，只有人马行进的声音……

　　我问书童："这是什么声音？你出去看看。"

　　书童看了回来说："星星、月亮、银河都很明亮，四周并没有人声，声音来自树间。"

　　我一想就明白了，说："啊呀，悲哉，这就是秋声，秋天的声音！它，怎么就来了呢？"

　　要说秋天的相貌，它的颜色有点儿惨淡。烟雾飞动，云岚聚敛，容色清净，天高日明，气息凛冽，砭人肌骨，意态萧条，山川寂寥。因此，它所发出的声音，既凄凄切切，又呼号奋发。虽然绿草还在争茂，佳木依然葱茏，但只要一碰到这种声音，绿草就会变色，佳木就会落叶。究竟是什么力量使草木摧败零落？那就是强大的秋气。

秋天，是季节的执刑官。时序属阴，有用兵之象；五行属金，藏天地刀气，有肃杀之心。天道对于生物，春生而秋实。所以在音乐中，秋音为商，秋律为夷。商为西部之音，指向悲伤；夷为七月之律，指向杀戮。生物老了就会悲伤，生物过盛就会杀戮。

啊，我不禁叹息道，草木无情，还会按时飘零，人为动物，独有灵性，自然会有各种忧愁触心，各种事务劳身。触心和劳身的结果，又必定会损伤精神。更何况，还要去思索那些力所不及的问题，担忧那些智所不能的事情。这当然会使红润的容颜变得如同枯木，乌黑的头发也白斑丛生。我们的身体并无金石之质，怎么可能超越草木而一直茂盛？

真要好好想想，究竟是谁摧残了我们？看来，怨不得这满耳的秋声。

我这样自言自语，书童无从对话，已经垂头打盹。陪我叹息的，是四周墙下的唧唧虫声。

声在树间余
悲哉此秋声也胡为乎
来哉盖夫秋之为状也
其色惨淡烟霏云敛
其容清明天高日晶其气
栗冽砭人肌骨其意萧
条山川寂寥故其为
声凄凄切切呼号愤发
丰草绿缛而争茂佳
木葱茏而可悦草拂
之而色变木遭之而叶脱
其所以摧败零落者乃
一气之余烈故其为秋刑官

欧阳修《秋声赋》（余秋雨行书，局部）

第三十三节
《秋声赋》原文

　　欧阳子方夜读书，闻有声自西南来者，悚然而听之，曰："异哉！"初淅沥以萧飒，忽奔腾而砰湃，如波涛夜惊，风雨骤至。其触于物也，鏦鏦铮铮，金铁皆鸣；又如赴敌之兵，衔枚疾走，不闻号令，但闻人马之行声。余谓童子："此何声也？汝出视之。"童子曰："星月皎洁，明河在天，四无人声，声在树间。"

　　余曰："噫嘻悲哉！此秋声也，胡为而来哉？盖夫秋之为状也：其色惨淡，烟霏云敛；其容清明，天高日晶；其气慄冽，砭人肌骨；其意萧条，山川寂寥。故其为声也，凄凄切切，呼号愤发。丰草绿缛而争茂，佳木葱茏而可悦；草拂之而色变，木遭之而叶脱；其所以摧败零落者，乃其一气之余烈。夫秋，刑官也，于时为阴；又兵象也，于行用金。是谓天地之义气，常以肃杀而为心。天之于物，春生秋实，故其在乐也，商声主西方之音，夷则为七月之律。商，伤也，物既老而悲伤；夷，戮也，物过盛而当杀。

　　"嗟乎！草木无情，有时飘零。人为动物，惟物之灵；百忧感其心，万事劳其形，有动于中，必摇其精。而况思其力之所不及，忧其智之所不能，宜其渥然丹者为槁木，黝然黑者为星星。奈何以非金石之质，欲与草木而争荣？念谁为之戕贼，亦何恨乎秋声！"

　　童子莫对，垂头而睡。但闻四壁虫声唧唧，如助余之叹息。

第三十四节
元明清剧作和小说导读

中国文学的主脉，在元明清转向大型叙事文学，主要是元杂剧、明清传奇和明清小说。诗、词、文都还在产生，但整体脉象已弱。

由于主要作品形体很大，开列"基础记忆"和"扩大记忆"反而变得简便。只需一提篇名，就会连带出丰富的内容。

且分"剧作"和"小说"两大部分，来分别排列记忆次序。

剧作基础记忆

1. 关汉卿：《窦娥冤》；

2. 关汉卿：《救风尘》；

3. 关汉卿：《望江亭》；

4. 王实甫：《西厢记》；

5. 纪君祥：《赵氏孤儿》；

6. 汤显祖：《牡丹亭》；

7. 孔尚任:《桃花扇》。

剧作扩大记忆

1. 马致远:《汉宫秋》;

2. 白朴:《墙头马上》;

3. 高明:《琵琶记》;

4. 洪昇:《长生殿》;

5. 李玉:《一捧雪》。

小说基础记忆

1. 曹雪芹:《红楼梦》;

2. 吴承恩:《西游记》;

3. 施耐庵:《水浒传》;

4. 罗贯中:《三国演义》。

小说扩大记忆

1. 兰陵笑笑生:《金瓶梅词话》;

2. 蒲松龄:《聊斋志异》;

3. 吴敬梓:《儒林外史》。

此外，在散文领域，晚明时期袁中郎、袁中道、王思任、张岱的"小品"，也值得一读。我本人在写作散文的初期，曾在语言的精致、质感、收敛、节奏上，受到晚明小品的正面影响。

第三十五节
明清小说闪问闪答

要讲小说，我就隐隐有些担心，因为这些小说篇幅都很长，人物众多，故事复杂，如果要认真展开来一一讲述，必然要花费不少篇幅，这就会严重影响课程的整体节奏。而且，那几部小说大家都很熟悉，历来论述它们的著作已经汗牛充栋，我如果再凑上去，就违背了本课程"不与他人重叠"的原则。

这实在是个难题。

我面对难题，总喜欢试着从相反的方向解决。

如果说，那些小说像是文学干道上的一重重山丘，大家都不得不进去攀越、探寻、蹀躞，那么，我何不站在山口的坡台上简单提示几句，让大家从容地进去，再从容地出来呢？

这也就是说，用极简来对付极繁，用三言两语来解脱千言万语。

这个方法我曾在北大讲课时用过，学生与我建立了一种

"闪问闪答"的环节，把很多怎么也说不清的大问题解决在顷刻之间。这个环节不仅在课堂上大受欢迎，后来讲课记录出版，读者评价最高的也是这个部分。

于是，我也想用这个方式来完成有关明清时期小说的课程。预先请了几位学生设计了一些简短的问题，由我做简短回答。虽然算不上"闪问闪答"了，也算是"短问短答"吧。

把这样的问答方式引入本课程，是一个尝试，我很高兴。

短问：中国四部古典小说，产生的时间顺序如何排列？文化的等级顺序又如何排列？

短答：时间顺序是《三国演义》、《水浒传》、《西游记》、《红楼梦》。很巧，文化的等级顺序也这样排列，一阶阶由低到高。

短问：那就先问第一台阶，《三国演义》。您认为这部历史小说的文化价值何在？

短答：第一次以长篇故事和鲜明人物，强烈地普及了最正宗的"中国观念"，即大奸、大义、大智。大奸是曹操，大义是关羽，大智是诸葛亮。这种普及，社会影响巨大。

短问：那么《水浒传》呢？

短答：与正宗观念反着来了，"流寇"被看作了英雄，认为他们是在"替天行道"，这就颠覆了天理和道统。英雄人物武松、鲁智深、李逵、林冲写得很生动。宋江则是一个在"江湖道德"和"正统道德"之间的徘徊者。

短问：金圣叹为什么把聚义之后的情节砍了？

短答：砍得好。英雄们上山了，施耐庵就下不了山了。一个总体行动已经结束，他无法继续，只能硬拖。

短问：您觉得英雄上山后，小说还能写下去吗？

短答：能。更换一个方位，加上悲剧意识和宗教意识。我有过几个具体设想，这儿就不说了。

短问：难道闹闹腾腾的《西游记》也算上了一个台阶？

短答：对。《西游记》出现了一种寓言式的象征结构，这在小说中很是难得。鲁迅说它"实出于游戏"，我不同意。

短问：有哪些象征？

短答：第一象征是，自由本性，纵横天地，必受禁锢；第二象征是，八十一难，大同小异，终能战胜；第三象征是，师徒四人，黄金搭配，处处可见。

短问：终于要面对《红楼梦》了。我们耳边，有"红学家"们的万千声浪，您能用一句话来概括这部小说的意涵吗？

短答：这部小说通过写实和象征，探寻了人性美的存在状态和幻灭过程。

短问：在小说艺术上您最赞叹它哪一个方面？

短答：以极为恢宏的大结构，写出了五百多个人物，其中贾宝玉、林黛玉、王熙凤、晴雯可谓千古绝笔。这么多人物又分别印证了大结构的大走向，那就是大幻灭。

短问：红学家们对作者曹雪芹的家族有大量研究，您能用最简单的语言说两句吗？

短答：在清代"康雍乾盛世"中，曹家在康熙初年发达，雍正初年被查，乾隆初年破落。曹雪芹过了十三年的贵族生活后，辛苦流离。三十八岁开始写这本书，四十八岁就去世了。

短问：有些红学家对高鹗续书评价极低，您认为呢？

短答：这不公平。高鹗当然比不上曹雪芹，但他保持了全书的悲剧走向，写出了黛玉之死和宝玉婚礼的重叠情节，难能可贵。见过几种续书，他的最好。没有续书，很难流传。

短问：您曾多次论述，这四部小说不能并列，因为《红楼梦》高出太多，是吗？

短答：是的。

短问：除了这四部，还有几部小说也比较著名，您能约略说几句吗，例如《金瓶梅》？

短答：《金瓶梅》很重要。《三国演义》中的历史人物、《水浒传》中的英雄好汉、《西游记》中的神仙鬼怪都不见了，只写日常市民，这些人也没有像样的故事，因此情节淡化。这样的作品当然不会来自说唱艺术，是第一部由文人独立创作的小说。

短问：内容有意义?

短答：有。它表现了暴发商人如何让传统社会结构崩塌，崩塌时看不到一个好人。

短问:《金瓶梅》后来最受诟病的，是露骨的色情描写。这种诟病是否出自封建保守思想?

短答：文学天地很大，色情描写应该容忍。不怕露骨，只怕粗鄙。《金瓶梅》在这方面粗鄙了，甚至肮脏了，跌破了美学的最后底线，因此很难为它辩护。

短问：还有一本短篇小说集影响也很大，《聊斋志异》。这本书内容很杂，又荒诞不经，为什么会这么出名?

短答:《聊斋志异》的各种故事中，有一抹最亮眼的异色，那就是狐仙和人的恋爱。很多读者都把这些狐仙看作了幻想中的恋人，因为她们生气勃勃，非常主动，机智任性，无视规矩，这是人世间的女友很难具备的。

短问：您是说，这些故事突破了现实题材的各种限制？

短答：要弥补现实，当然必须突破现实。一突破，连情节都变得艳丽奇谲、不可思议了。于是，一种特殊而陌生的美，压过了恐惧心理。为了美，人们宁肯拥抱不安全。为什么戏曲、电影都喜欢在《聊斋志异》中取材？因为它在弥补现实的同时也弥补了艺术。

短问：您的回答已经开始有点儿长了，要不要继续下去？

短答：一长就违背了我们的约定，那就结束吧。

——以上，就是有关中国古典小说的"短问短答"。

一部部厚厚的小说，我们竟然用这么简洁的语言来评说，其中包含着一种故意的逆反心理。这也有好处，通过远视、俯视、扫视，我们发现了这些文学丘壑的灵窍所在。如果反过来，采用近视、逼视、久视，很容易一叶障目。

正是在匆匆扫视中我们发现，仅仅这几部小说，也都在不长的时间里完成了勇敢的文化背叛。你看，《三国演义》首先以浩荡的情节和鲜明的形象，反转了历来儒家的道义传扬方式；《水浒传》则以一座梁山，反叛了三国的道义；到了《西游记》，一座梁山已经不够玩的了，从花果山、天宫到一个个魔窟，都是孙悟空反叛的连绵梁山；《金瓶梅》反叛三国型、水浒型、西游型的各类英雄，以彻底非英雄化的平民腐烂方式，让人别开眼界；《聊斋志异》则把人间全都反叛了，送来夜半狐仙的爽朗笑声；《红楼梦》的反叛就更大，对繁华、人伦、情爱，全都疑惑，又决然地拔身而去……

由此可见，创造就是反叛，反叛得有理有据，又有声有色。如果把文化创造仅仅看成是顺向继承，那一定是艺术生命的"穷途"。正是在一层层反叛的过程中，艺术创造日新月异。你看，仅仅这几部小说，仅仅在人物塑造上，《三国演义》的类型化，《水浒传》的典型化，《西游记》的寓言化，《金瓶梅》的群氓化，《聊斋志异》的妖仙化，实在是琳琅满目，更不必说《红楼梦》在幻灭祭仪中的整体诗化了。

面对如许美景，我们不能不心生敬佩。与欧洲艺术界形成一个个流派不同，中国的这些小说作家没有流派，而是一人成派，一书成派，不求追随，拒绝沿袭，独立天地，自成春秋。

更让我们敬佩的是，他们所处的时代并不好，个人的处境更潦倒，却能进入如此精彩的创作状态，实在不可思议。我常想，不必去与楚辞、唐诗、宋词比了，只需拿出古典文化衰落期的这几部小说，就会令我们现代文学和当代文化深深羞愧。知道羞愧还好一点儿，问题是我们总不知道羞愧，永远自信满满，宏词滔滔。

余秋雨文化大事记

· 1946 年 8 月 23 日出生于浙江省余姚县桥头镇（今属慈溪），在家乡读完小学。

· 1957 年至 1963 年，先后就读于上海新会中学、晋元中学、培进中学至高中毕业。其间，曾获上海市作文比赛首奖、上海市数学竞赛大奖。

· 1963 年考入上海戏剧学院戏剧文学系，但入学后以下乡参加农业劳动为主。

· 1966 年夏天遇到了一场极端主义的政治运动，家破人亡。父亲余学文先生因被检举有"错误言论"而被关押十年，全家八口人经济来源断绝；唯一能接济的叔叔余志士先生又被造反派迫害致死。1968 年被发配到军垦农场服劳役，每天从天不亮劳动到天全黑，极端艰苦。

· 1971 年"九一三事件"后，周恩来总理为抢救教育而布置复课、编教材。从农场回上海后被分配到"各校联合教材编写组"，但自己择定的主要任务是冒险潜入外文书库独自编写《世界戏剧学》，对抗当时以"八个革命样板戏"为代表的文化极端主义。

· 1976 年 1 月，编写教材被批判为"右倾翻案"，又因违反禁令主持周恩来的追悼会而被查缉，便逃到浙江省奉化县大桥镇半山一座封闭的老藏书楼研读中国古代文献，直至此年 10 月那场政治运动结束，下山返回上海。

·1977 年至 1985 年，投入重建当代文化的学术大潮，陆续出版了《世界戏剧学》、《中国戏剧史》、《观众心理学》、《艺术创造学》、*Some Observations on the Aesthetics of Primitive Chinese Theatre* 等一系列学术著作，先后获全国优秀教材一等奖、上海哲学社会科学著作奖、全国戏剧理论著作奖。

·1985 年 2 月，由上海各大学的学术前辈联名推荐，在没有担任过副教授的情况下直接晋升为正教授。

·1986 年 3 月，因国家文化部在上海戏剧学院举行的三次民意测验中均名列第一，被任命为上海戏剧学院副院长、院长。主持工作一年后，即被文化部教育司表彰为"全国最有现代管理能力的院长"之一。与此同时，又出任上海市咨询策划顾问、上海市写作学会会长、上海市中文专业教授评审组组长兼艺术专业教授评审组组长。被授予"国家级突出贡献专家"、"上海十大高教精英"等荣誉称号。

·1989 年至 1991 年，几度婉拒了升任更高职位的征询，并开始向国家文化部递交辞去院长职务的报告。辞职报告先后共递交了 23 次，终于在 1991 年 7 月获准辞去一切行政职务，包括多种荣誉职务和挂名职务。辞职后，孤身一人从西北高原开始，系统考察中国文化的重要遗址。当时确定的考察主题是"穿越百年血泪，寻找千年辉煌"。在考察沿途所写的"文化大散文"《文化苦旅》、《山居笔记》等，快速风靡全球华文读书界，由此成为最具影响力的华文作家之一。

·1991 年 5 月，发表《风雨天一阁》，在全国开启对历代图书收藏壮举的广泛关注。

·1992 年 2 月开始，先后被多所著名大学聘为荣誉教授或兼职教授，例如复旦大学、上海交通大学、同济大学、上海大学、中国科技大学、西安交通大学等。

·1993 年 1 月，发表《一个王朝的背影》，充分肯定少数民族王朝入主中原的特殊生命力，重新评价康熙皇帝，开启此后多年"清宫戏"的拍摄热潮。

·1993 年 3 月，发表《流放者的土地》，系统揭示清朝统治集团迫害和流放知识分子的凶残面目，并展现筚路蓝缕的"流放文化"。

·1993 年 7 月，发表《苏东坡突围》，刻画了中国文化史上最有吸引力的人格典范，借以表现优秀知识分子所必然面临的一层层来自朝廷和同行的酷烈包围圈，以及"突围"的艰难。此文被海峡两岸暨香港、澳门的报刊广为转载。

·1993 年 9 月，发表《千年庭院》，颂扬了中国古代最优秀的教学方式——书院文化，发表后在全国教育界产生不小影响。

·1993 年 11 月，发表《抱愧山西》，系统描述并论证了中国古代最成功的商业奇迹——晋商文化，为当时正在崛起的经济热潮寻得了一个古代范本。此文发表后读者无数，传播广远。

·1994 年 3 月，发表《天涯故事》，梳了沉埋已久的海南岛文化简史，并把海南岛文化归纳为"生态文明"和"家园文明"，主张以吸引旅游为其发展前景。

·1994 年 5 月至 7 月，发表长篇作品《十万进士》(上、下)，完整地清理了千年科举制度对中国文化的正面意义和负面意义。

·1994 年 9 月，发表《遥远的绝响》，描述魏晋名士对中国文化的震撼性记忆。由于文章格调高尚凄美，一时轰动文坛。

·1994 年 11 月，发表《历史的暗角》，系统列述了"小人"在中国文化中的隐形破坏作用，以及古今君子对这个庞大群体的无奈。发表后在海峡两岸暨香港、澳门引起巨大反响，被公认为"研究中国负面人格的开山之作"。

·1995 年 4 月，应邀为四川都江堰题写自拟的对联"拜水都江堰，问道青城山"，镌刻于该地两处。

·1996 年 7 月，多家媒体经调查共同确认余秋雨为"全国被盗版最严重的写作人"，由此被邀请成为"北京反盗版联盟"的唯一个人会员，并被聘为"全国扫黄打非督导员（督察证为 B027 号）"。

·1998 年 6 月，新加坡召集规模盛大的"跨世纪文化对话"而震动全球华文世界。对话主角是四个华人学者，除首席余秋雨教授外，还有哈佛大学的杜维明教授、威斯康星大学的高希均教授和新加坡艺术家陈瑞献先生。余秋雨的演讲题目是《第四座桥》。

·1999 年 2 月，为妻子马兰创作的剧本《秋千架》隆重上演，极为轰动，打破了北京长安大戏院的票房纪录。在台湾地区演出更是风靡一时，场场爆满。

·1999 年开始，引领和主持香港凤凰卫视对人类各大文明遗址的历史性考察，成为目前世界上唯一贴地穿越数万公里危险地区的人文教授，也是"9·11"事件之前最早向文明世界报告恐怖主义控制地区实际状况的学者。由此被日本《朝日新闻》选为"跨世纪十大国际人物"。

·2002 年 4 月，应邀为李白逝世地撰写《采石矶碑》（含书法），镌刻于安徽马鞍山三台阁。

·从 2000 年开始，由于环球考察在海内外所造成的巨大影响，国内一些媒体为了追求"逆反刺激"的市场效应而发起诽谤。先由北京大学一个学生误信了一个上海极左派文人的传言进行颠倒批判，即把当年冒险潜入外文书库独自编写《世界戏剧学》的勇敢行动诬陷为"文革写作"，并误植了笔名"石一歌"。由此，形成十余年的诽谤大潮，并随之出现了一批"啃余族"。余秋雨先生对所有的诽谤没有做任何反驳和回击，他说："马行千里，不洗尘沙。"

·2003年7月，由于多年来在中央电视台的文化栏目中主持"综合文史素质测试"而成为全国观众的关注热点，上海一个当年的造反派代表人物就趁势做逆反文章，声称《文化苦旅》中有很多"文史差错"，全国上百家报刊转载。10月19日，我国当代著名文史权威章培恒教授发文指出，经他审读，那个人的文章完全是"攻击"和"诬陷"，而那个人自己的"文史知识"连一个高中生也不如。

·2004年2月，由于有关"石一歌"的诽谤浪潮已经延续四年仍未有消停迹象，余秋雨就采取了"悬赏"的办法。宣布"只要证明本人曾用这个笔名写过一篇、一段、一节、一行、一句这种文章，立即支付自己的全年薪金"，还公布了执行律师的姓名。十二年后，余秋雨宣布悬赏期结束，以一篇《"石一歌"事件》做出总结。

·2004年3月，参加联合国开发计划署《人类发展报告》的设计、研讨和审核。

·2004年年底，被联合国教科文组织、北京大学、《中华英才》杂志社等单位选为"中国十大文化精英"、"中国文化传播坐标人物"。

· 2005 年 4 月,应邀赴美国巡回演讲:

1) 4 月 9 日讲《中国文化的困境和出路》(在纽约市立大学亨特学院);

2) 4 月 10 日讲《中国知识分子的问题所在》(在北美华文作家协会);

3) 4 月 12 日上午讲《空间意义上的中华文化》(在马里兰大学);

4) 4 月 12 日下午讲《君子的脚步》(在华盛顿国会图书馆);

5) 4 月 13 日讲《时间意义上的中华文化》(在耶鲁大学);

6) 4 月 15 日讲《中国文化所追求的集体人格》(在哈佛大学);

7) 4 月 17 日讲《中华文化的三大优势和四大泥潭》(在休斯敦美南华文写作协会)。

· 2005 年 7 月 20 日,在联合国"世界文化大会"上发表主旨演讲《利玛窦的结论》,论述中国文明自古以来的非侵略本性,引起极大轰动。演说的论据,后来一再被各国政界、学界引用。收入书籍时,标题改为《中华文化的非侵略本性》。

· 2005 年 11 月,应邀撰写《法门寺碑》(含书法),镌刻于陕西法门寺大雄宝殿前的影壁。

· 2006 年 4 月，应邀撰写《炎帝之碑》（含书法），镌刻于湖南株洲炎帝陵纪念塔。

· 2005 年至 2008 年，被香港浸会大学聘请为"健全人格教育奠基教授"，每年在香港工作时间不少于半年。

· 2006 年，在香港凤凰卫视开办日播栏目《秋雨时分》，以一整年时间畅谈中华文化的优势和弱势，播出后在海内外产生广泛影响。

· 2007 年 1 月，发表《问卜中华》，详尽叙述了甲骨文的出土在中国文明濒临湮灭的二十世纪初年所带来的神奇力量，同时论述了商代的历史面貌。

· 2007 年 3 月，发表《古道西风》，系统叙述了中华文化的两大始祖老子和孔子的精神风采。

· 2007 年 5 月，发表《稷下学宫》，对比古希腊的雅典学院，将两千年前东西方两大学术中心进行平行比照。

· 2007 年 7 月，发表《黑色的光亮》，以充满感情的笔触表现了平民思想家墨子的人格光辉。

· 2007 年 8 月，应邀为七十年前解救大批犹太难民的中国外交官何凤山博士撰写碑文（含书法），镌刻于湖南益阳何凤山纪念墓地。

·2007年9月，发表《诗人是什么》，论述"中国第一诗人"屈原为华夏文明注入的诗化魂魄，分析了他获得全民每年纪念的原因，并解释了一些历史误会。

·2007年11月，发表《历史的母本》，以最高坐标评价了司马迁为整个中华民族带来的历史理性和历史品格。

·2008年5月12日，中国发生"汶川大地震"，第一时间赶到灾区参加救援。见到遇难学生留在废墟间的破残课本，决定以夫妻两人三年薪水的总和默默捐建三个学生图书馆，却被人在网络上炒作成"诈捐"，在全国范围喧闹了两个月之久。后由灾区教育局一再说明捐建实情，又由王蒙、冯骥才、张贤亮、贾平凹、刘诗昆、白先勇、余光中等名家纷纷为三个学生图书馆题词，风波才得以平息。

·2008年9月，上海市教育委员会颁授成立"余秋雨大师工作室"。上海市静安区政府决定为"余秋雨大师工作室"赠建办公小楼。

·2008年12月，为妻子马兰创作的中国音乐剧《长河》在上海大剧院隆重上演，受到海内外艺术精英的极高评价。

·2009年5月，应邀为山西大同云冈石窟题词"中国由此迈向大唐"，镌刻于石窟西端。

· 2010 年 1 月,《扬子晚报》在全国青少年读者中做问卷调查"你最喜爱的中国当代作家",余秋雨名列第一。"冠军奖座"是钱为教授雕塑的余秋雨铜像。

· 2010 年 3 月 27 日,获澳门科技大学所颁"荣誉文学博士"称号。同时获颁荣誉博士称号的有袁隆平、钟南山、欧阳自远、孙家栋等著名专家。

· 2010 年 4 月 30 日,接受澳门科技大学任命,出任该校人文艺术学院院长。宣布在任期间每年年薪五十万港元全数捐献,作为设计专业和传播专业研究生的奖学金。

· 2010 年 5 月 21 日,联合国发布自成立以来第一份以文化为主题的"世界报告",发布仪式的主要环节,是联合国教科文组织总干事博科娃女士与余秋雨先生进行一场对话。余秋雨发言的标题为《驳"文明冲突论"》。

· 2012 年 1 月至 9 月,最终完成以莱辛式的"极品解析"方法来论述中国美学的著作《极品美学》。

· 2012 年 10 月 12 日,中国艺术研究院成立"秋雨书院"。北京众多著名学者、企业家出席成立大会,并热情致辞。该书院是一个培养博士生的高层教学机构,现培养两个专业的博士研究生:一、中国文化史专业;二、中国艺术史专业。

·2013 年 10 月 18 日下午，再度应邀赴美国纽约联合国总部大厦演讲《中华文化为何长寿》。当天联合国网站将此演讲列为国际第一要闻。

·2013 年 10 月 20 日，在纽约大学演讲《中国文脉简述》。

·2013 年 12 月，完成庄子《逍遥游》的巨幅行草书写，并将《逍遥游》译成可诵可吟的现代散文。

·2014 年 1 月，完成屈原《离骚》的巨幅行书书写，并将《离骚》译成可诵可吟的现代散文。

·2014 年 1 月 31 日，完成《祭笔》。此文概括了作者自己握笔写作的艰辛历程。

·2014 年 3 月，发表以现代思维解析《般若波罗蜜多心经》的文章《解经修行》，并由此开始写作《修行三阶》、《〈金刚经〉简释》、《〈坛经〉简释》。

·2014 年 4 月，《余秋雨学术六卷》出版发行。

·2014 年 5 月，古典象征主义小说《冰河》（含剧本）出版发行。

·2014 年 8 月，系统论述中华文化人格范型的《君子之道》出版发行，立即受到海峡两岸读书界的热烈欢迎。

· 2014 年 10 月，《秋雨合集》二十二卷出版发行。

· 2014 年 10 月 28 日，出任上海图书馆理事长。

· 2015 年 3 月，再度应邀在海峡对岸各大城市进行"环岛巡回演讲"，自台北市、新北市、台中市到高雄市。双目失明的星云大师闻讯后从澳大利亚赶回，亲率僧侣团队到高雄车站长时间等待和迎接。这是余秋雨自 1991 年后第四次大规模的环岛演讲。本次演讲的主题是"中华文化和君子之道"。

· 2015 年 4 月，悬疑推理小说《空岛》和人生哲理小说《信客》出版。

· 2015 年 9 月，应邀为佛教胜地普陀山书写《心经》，镌刻于该岛回澜亭。

· 2016 年 3 月，应邀为佛教胜地宝华山书写《心经》，镌刻于该山平台。

· 2016 年 7 月，中华书局出版《中华文化读本》七卷，均选自余秋雨著作。

· 2016 年 11 月，被选为世界余氏宗亲会名誉会长。

· 2017 年 5 月 25 日至 6 月 5 日，中国美术馆举办"余秋雨翰墨展"（中国艺术研究院主办），参观者人山人海，成为中国美术馆建馆半个多世纪以来最为轰动的展出之一。中国文联主席兼中国作协主席铁凝说："这个展览气势恢宏，彰显了秋雨先生令人慨叹的文化成就，使我对先生的为人和为文有了新的感受。"中国书法家协会原主席张海说："即使秋雨先生没有写过那么多著作，光看书法，也是真正专业的大书法家。"国务院参事室主任王仲伟说："余先生的书法作品，应该纳入国家收藏。"据统计，世界各地通过网络共享这次翰墨展的华侨人数，超过千万。

·2017年9月，记忆文学集《门孔》出版发行。此书被评为《中国文脉》的当代续篇，其中有的文章已成为近年来网上最轰动的篇目。作者以自己的亲身交往描写了巴金、黄佐临、谢晋、章培恒、陆谷孙、星云大师、饶宗颐、金庸、林怀民、白先勇、余光中等一代文化巨匠，同时也写了自己与妻子马兰的情感历程。作者对《门孔》这一书名的阐释是："守护门庭，窥探神圣。"

·2017年12月，《境外演讲》出版发行。此书收集了作者在联合国的三次演讲，又汇集了在美国各地和我国港澳地区巡回演讲和电视讲座的部分记录，被专家学者评为"打开中华文化之门的钥匙"。

·2018年全年，应喜马拉雅网上授课平台之邀，把中国艺术研究院"秋雨书院"的博士课程向全社会开放，播出《中国文化必修课》。截至2019年10月，收听人次已经超过六千万。

（周行、刘超英整理，经余秋雨大师工作室校核）

图书在版编目（CIP）数据

给青少年的中国文化课 .3，熟读这些作品 / 余秋雨
著 .— 北京：北京联合出版公司，2020.6（2022.3 重印）
ISBN 978-7-5596-4116-8

Ⅰ . ①给… Ⅱ . ①余… Ⅲ . ①中华文化 – 青少年读物
Ⅳ . ① K203-49

中国版本图书馆 CIP 数据核字（2020）第 062058 号

给青少年的中国文化课 .3，熟读这些作品

作　　者：余秋雨
责任编辑：张　萌
排版制作：今亮后声 HOPESOUND pankouyugu@163.com

北京联合出版公司出版
（北京市西城区德外大街 83 号楼 9 层　　100088）
河北鹏润印刷有限公司印刷　　新华书店经销
字数 115 千字　880 毫米 ×1230 毫米　1/32　印张 7
2020 年 6 月第 1 版　　2022 年 3 月第 6 次印刷
ISBN 978-7-5596-4116-8
定价：32.00 元